人在旅行时，
才能真切地听得到内心的声音。

它会告诉你，
这世界比想象中的宽阔。

一生一定要去的100个中国小镇

墨 非◎编著

中国華僑出版社

图书在版编目（CIP）数据

一生一定要去的100个中国小镇 / 墨非编著. — 北京：中国华侨出版社，2016.7

ISBN 978-7-5113-6167-7

Ⅰ. ①一… Ⅱ. ①墨… Ⅲ. ①乡镇—介绍—中国 Ⅳ. ①K928.5

中国版本图书馆CIP数据核字（2016）第171662号

● 一生一定要去的100个中国小镇

编　　著 / 墨　非

责任编辑 / 文　喆

责任校对 / 王京燕

装帧设计 / 环球互动

经　　销 / 新华书店

开　　本 / 710毫米×1000毫米　1/16　印张 /20　字数 /328千字

印　　刷 / 北京柯蓝博泰印务有限公司

版　　次 / 2016年10月第1版　2016年10月第1次印刷

书　　号 / ISBN 978-7-5113-6167-7

定　　价 / 38.00元

中国华侨出版社　北京市朝阳区静安里26号通成达大厦3层　邮编：100028

法律顾问：陈鹰律师事务所　　编辑部：（010）64443056　64443979

发行部：（010）64443051　　传　真：（010）64439708

网　址：www.oveaschin.com　　E-mail：oveaschin@sina.com

PREFACE 前　言

著名探险家余纯顺说："在远天底下，有许多我迟早要去，也终必能去的地方——我摆脱不了在心灵中流浪，又要在天地间流浪的命运的诱惑。"是的，流浪，是很多人的梦想，世界是何其广大，人人皆向往自由，谁不想踏上陌生的土地，领略神奇的异域风光，徜徉于沉淀了千载岁月的古遗址旁，任思绪驰骋，纵横古今，跨越时空和地域的阻隔，尽情尽兴地流浪？

无论是温婉秀丽的江南水乡，还是宛若伊甸园的滇西风情，抑或是黄土高原雄浑苍凉的胜景和边陲小镇的大漠、西风、驼影，都能让人产生耳目一新的感觉，优美的自然风光、古色古香的特色建筑、淳朴奇异的风土人情，无一不令人心驰神往。旅行是一场心灵的放逐。每一次出发，每一次到达，都能使我们的心灵得到净化，让我们远离都市的喧嚣，忘却尘世的纷纷扰扰，收获最简单的幸福和快乐，一次有意义的旅行很可能会改变我们整整一生。

大自然是美的，人在天性上都有拥抱自然的渴望，蜿蜒的泥土小径、参天挺拔的古树、一望无际的稻田、绿油油的田野，鸟啼、蛙鸣、野花香，都是自然界给予我们的丰厚馈赠，如果我们有幸与之相伴，已经麻木的视觉、听觉、嗅觉将蓦然觉醒，这种体验是很奇妙的。人文景观也是美的，它们是岁月的见证，历史的活化石，浓缩了人类建筑艺术的精华，也勾勒出了波澜壮阔的历史画面，一砖一瓦、一桥一屋，皆是余韵绵长，值得细细品读。漫步于悠长悠长的古巷，驻足于古朴典雅的深宅大院，就仿佛在和一个遥远的时代隔空对话，全然忘记了身在何处，今夕是何夕，这种感觉是微妙而浪漫的。

小镇上闲散悠然的生活是令人羡慕的，无论是坐在摇椅上舒服地晒着太阳的老人，还是无忧无虑的青年男女，抑或是调皮嬉闹的儿童，给人的感觉都是美好的。那里的时光仿佛是停滞了，祖祖辈辈延续着传统的男耕女织生活。

一个个风情小镇，融自然和人文于一体，步步皆有美景，文化沉淀深厚，山水秀美，人杰地灵，如诗如画，俯仰大自然雄奇的造化，抚摸古老文明的斑驳印痕，心悠然，意悠远，本书收录了100个各具特色的美丽小镇，通过图文并茂的叙述方式，带你走进一个梦幻般瑰丽的世界，它是一场新鲜有趣的旅行，也是一次虔诚的文化之旅，为你畅游中国、怀古探幽提供一个窗口，也可以成为你选择旅行目标的参考。

从小桥流水人家的水乡小镇，到大气凛然的北国重镇，再到白雪皑皑的雪域高原、风吹草低见牛羊的辽阔草原，这些比梦更美的真实景致定能给你带来不一样的感受，即便是一抹霞光、绵绵丝雨也能勾起你内心缱绻的温柔，而斜阳残照的古城墙则焕发出沧桑的美感，你会陶醉于水墨氤氲的画里诗镇、红叶浸染的千亩树林、气象万千的水上丹霞以及异域风情浓郁的边陲小镇，寻觅跌落人间的世外桃源，不再是一个不可企及的美梦，它可以由一个天真烂漫的梦想变成一个美好的现实，只要你愿意，随时都可以背起行囊出发。

CONTENTS 目录

云南

贵州

四川

重庆

江 苏

同里——东方小威尼斯

人说五十五桥连五湖，素有“东方小威尼斯”美誉的同里小镇就如一颗明珠镶嵌在其中。不同于威尼斯的热闹和喧嚣，同里是一座古色古香的水城古镇，蕴含着千年浓郁的文风，传承着千载的文化底蕴，却有一种低调奢华的静谧和恬淡。同里和威尼斯虽然在风格上截然不同，然而却都因沿袭和保留了具有民族特色的文化传统而享有盛名，威尼斯是世界公认的水上王城，同里则是江南小镇最具特色的风景名片。

走进同里，就仿佛穿越时空，走进了连绵不绝的历史画页，这静若处子的亭台楼阁、枕河而建的古朴民居、砖青色的狭长街巷，虽然历经千年岁月的打磨，仍然那么灵气逼人，焕发着持久的生命力，仿佛在向世人述说着遥远的故事和动人的传说。踏上石板街的那一刻，古老的气息便扑面而来，耳畔是悠扬婉转的昆曲名弹，眼前是古韵盎然的黛瓦青砖，半开半掩的窗扉上雕刻着精美绝伦的花纹，光阴在枝繁叶茂的银杏树下流转。蓦然抬头，

有几只鸟雀从天际掠过，消失在晴空里，不留一点痕迹。一只通体雪白的老猫慵懒地卧在镌刻着沧桑感的屋脊上休憩，一抹扎眼的白色衬着凝重的青灰色调，生命的灵动之美便焕然而生。骑马墙上青苔犹在，给这些古老的建筑群落平添了几分寂寥之感。

同里的建筑以明清名居为多，最负盛名的当属兴建于晚清时期的退思园，顾名思义，这家私家园林是园主人回乡归隐、颐养天年之所，此园是朝廷命官任兰生被罢官之后建造的。园林虽小，但却玲珑雅致，匠心独运。建筑格局大胆突破常规，改纵向为横向，自西向东分别为宅邸、庭院、园林。漫步园中，顿感时光都迟缓起来。走进退思园过茶厅，便来到了正厅，这是园主人任兰生当年接待宾客的地方，大厅上方悬挂着两对苍劲有力的草书条幅“水榭风来香入座，琴房月照静闻声”、“映日晴窗闲试墨，寒泉古鼎自煮茶”，体现出主人悠然闲适的雅兴。

离开正厅过中庭，可见一艘栖泊着的有头无尾的船型建筑，名曰“旱船”，船两侧有园主人亲手所植的白玉兰和广玉兰各一棵，与园主人名字中的“兰”字相呼应。夏日里在旱船里消暑纳凉是再惬意不过的事，躲在玉兰树的浓荫之下，只觉凉爽宜人，眼前一片葱绿，好景美不胜收。放眼眺去，由假山和奇花异草组成的景致更是绝妙，伫立船头，心中油然生起一种行舟归岸的踏实感觉，这不正是那位饱经仕途忧患、回乡归隐的老人所渴求的吗?

如果说是错落有致的古建筑为同里这个水乡小镇构建了美轮美奂的框架，那么款款经过古镇的悠悠河水就是其精魂所在了。同里几乎“家家临水，户户通舟”，江南的灵秀氤氲在水汽中，晕染开了一幅水墨丹青的画卷。船行其中，两岸粉墙黛瓦的民宅在揉碎的绿波里荡漾，有一种亦真亦幻的朦胧感，那轻摇的桨声把人带入了更多的思绪中。

万物皆由水生，水让人想起生命的本源，尤其会让人忆起美好的童年，很多熟悉的画面在这水光天色中就这样慢慢浮现出来。天涯游子在畅行同里古镇时不会有断肠的感慨，反而感到无比亲切和温暖，连河埠旁浣衣女子的身影，都令人难忘和留恋。江南人对水情有独钟，据说，同里人至今保留着古老的生活习惯，他们延续的不仅是一种文化情愫，更是河水的生命。

夕阳西下时，波光粼粼的河面升起了水汽，水雾和着袅袅升起的炊烟，依稀幻化出一种虚幻般的美丽来，如此意象，最美的诗也形容不出，落日的余晖映着鼎盛的烟火，真让人辨不清自己是在天上还是在人间。

趣闻传说

同里这个名字可以说是“一波三折”，叫了好多不同的名字，最终才将这个小镇定名为“同里”，而关于这个名字的由来，还有着这样一个有趣的故事。

相传，最初同里的名字叫“富土”，是因为这个地方的土地非常的富足。唐朝的时候曾因为“富土”这个名字太侈，所以改名“铜里”，不过人们还是习惯于称这里为“富土”。后来到了宋朝，朝廷让“富土”人上交许多公粮，“富土”人不愿多交，可每次收缴公粮的人都会问：“你们这里是‘富土’，是富裕的土地，为什么不愿多交公粮呢?”对此，“富土”人便想到了改名的办法来应付。

一次，又到了收缴公粮的时候，收缴人再次问道：“你们这里是‘富土’，为什么不多交一点呢?”于是当地人回答说：“我们这里不叫富土，而是叫‘同里’。”（因为过去汉字是竖排的，“富土”二字是将“富”字的一点抹去，然后再将下面的“田”和“土”组成一个“里”，便是“同里”。）从那之后，“同里”这个名字便被叫开了，直到今天，这座美丽的小镇依然被称之为“同里”。

周庄——闪耀姑苏的璀璨明珠

提起周庄，你也许会马上想起陈逸飞的名画《双桥》：波澜不兴的水面上架着两座弯弯的石拱桥，如仕女的眉黛一般娇俏细致，斑驳的桥身和沿岸色彩古朴厚重的木阁楼透出一种浓郁的历史文化气息。于是人们对周庄的印象就定格在这幅名画的笔触里了。这里不仅人杰地灵、古韵十足，还是商贾巨富沈万三的故乡，然而真正让它名震天下的却是电影《摇啊摇，摇到外婆桥》，有多少游人一边听着桥下潺潺的水声和摇橹声一边追寻光影中的记忆，像寻根一般找寻着久违的归属感。那种不是故乡却亲如故乡的亲近感，尤为令人动容，就连走遍万水千山的女作家三毛也曾为它洒下过清泪，周庄的魅力由此可见一斑。

周庄的美，美在不假雕饰的天然品质和富含着古典气息的独特韵味，它汇集了江南水乡所有的旖旎和优雅，宛若在水中悄然绽放的一朵睡莲，安静地栖息于澄湖、淀山湖、南湖的环绕之中，历经九百多年风雨的侵蚀，仍能完美地再现出古镇水乡独有的唯美风韵。漫步周庄，它的精致、细腻、古雅将给你留下难以磨灭的印象，那狭窄的河道、蓊蓊郁郁生长着的杨柳、翩若惊鸿的古桥，无一不吸引着你我驻足观赏。

周庄至今保存着14座别具一格的古桥，这些隔河相望、形异而韵重的古桥不仅构成了水乡的交通网络，还给这座古镇增添了不少亮色。在古桥建筑中，最引人入胜的当属双桥，双桥联袂而建，格局和形态丝丝入扣，桥面一横一竖，桥洞一方一圆，好似古代铸造的钥匙，因此又被形象地称作钥匙桥。旅美画家陈逸飞在游览双桥时，突发灵感，创作了名画《双桥》，使这座别致美观的古桥走进了人们的视野，同时也将周庄的魅力勾勒了出来。

登上双桥，品味着周庄的幽雅与静美，有一种远离世事尘嚣的宁静感，一时间仿佛自己已经和这里的景致融为了一体，真想永远陶醉在它梦幻般的诗意里，在温润的水光中感受着灵魂的荡涤。在双桥下泛舟也别有一番情趣，听着“依依呀呀”的橹声和缭绕在上空的评弹演唱，蓦地，想起了《摇呀摇，摇到外婆桥》的经典镜头，不禁沉浸在这种着迷的氛围中久久不能自拔。

周庄的夜是美妙动人的，在迷蒙的夜色中，心情雀跃地登上一艘游船，耳边传来低回婉转的江南丝竹声和清脆悦耳的琵琶声，徐徐地穿梭于一座又一座拱桥之下，桥洞里流光溢彩的花灯正等着你，斑斓的灯光映入河面，将一座座千年古桥的倩影也镶嵌在上面，真有一番“灯光古桥泛船影”的意境。赏玩累了，就在河岸的茶楼里呷几口阿婆茶，选个靠窗的位置边品茗边观景，湿湿的水汽拂过脸庞带来丝丝的凉意，温热

的茶和淡淡的茶香给人一种暖暖的感觉。对面客栈挂着旧红的灯笼，窗棂里隐隐透出微微的人影，也许是热恋的情侣，也许是谈笑风生的好友，总之有人的气息在，夜便是暖的。

周庄有着造化缔造的美景，也有人工斧凿的痕迹，可是两者却能天然地融为一体，给人以一种天人合一的感觉。它始终幽静着，并兀自美丽着，温婉含蓄，像待字闺中的害羞少女，然而它却从不寂寞，因为这里的一石一瓦、一草一木都有着蓬勃的生命力，走进同里，你时时刻刻都能感受到它独特的风韵，徜徉其中也许你会迷失自己，却找到了灵魂皈依的故乡。

趣闻传说

人人都知道周庄有个商贾巨富叫沈万三，然而却鲜有人知道沈万三是如何成为江南巨贾的。

相传沈万三出生在南浔的一个普通人家，在家中排行老三，原名叫沈富，他有两个哥哥一个弟弟。有一年夏天，浙北平原遭受了一场洪灾，外加天气炎热，造成了瘟疫的蔓延，很多人因为得了瘟疫死去了，其中就包括沈万三的母亲和两个哥哥，父亲带着他和弟弟逃难到了周庄。

尽管人丁单薄，沈家还是很快就在周庄定居了，主要以务农为生。长大成人后沈万三萌生了经商的想法，有一次竟独自跟着一艘货船去了苏州，暗暗下定决心要在苏州大展拳脚。第一笔生意是卖扇子，他试图把苏州的扇子大批销往淮南。可惜天公不作美，扇子刚刚运到淮南就遇上了梅雨天气，丝绸做的扇面被雨水淋烂了，几乎让他血本无归。

沈万三狼狈地回到周庄后，父亲坚决反对他做生意，还为他安排了亲事，希望他能安定下来。沈万三却不甘心，没过多久就挥别妻子又去了苏州。有了前车之鉴，他变得更加谨慎，广泛打听消息，做起了私盐的买卖，赚得了人生的第一桶金，生意越来越兴隆，可是老家的妻子却在他如日中天的时候抱病去世了。沈万三很伤心，从悲痛中恢复过来之后和苏州大商人陆德源的女儿结为了伉俪，他有了雄厚的财力后，利用水路交通把生意拓展到了海外，一跃成为了江南巨富。而今周庄依然流传着沈万三经商发迹的故事。

枫桥——画里诗镇，风韵水乡

初到枫桥小镇，也许你对它的印象仅停留在张继的那首古诗上："月落乌啼霜满天，江枫渔火对愁眠。姑苏城外寒山寺，夜半钟声到客船。"在粗浅的认识里，枫桥和寒山寺就是江南的缩影，那个充满诗情画意的地方写满了缱绻的乡愁。小镇里最为令人津津乐道的自然是这两处的景致。

枫桥是一座横跨大运河的单孔石拱桥，在桥上车来人往热闹非凡，景象十分繁荣，因此在古桥旁自然形成了以桥命名的小镇，小镇古色古香，至今完好地保留着历史的痕迹。枫桥的美在于气质和意蕴，它宛若半边彩虹横卧在枫江之上，轮廓优雅和谐，透着股韵律美。论伟岸，它比不上能使天堑变通途的钱塘江大桥；论秀丽，它比江苏的宝带桥还略逊一筹，可是它却从骨子里透出一股铅华洗尽的美，随着岁月的流逝，更显芳华绰约。真正触动心灵的美感是不可言喻的，它就像艺术品一样妙不可言，令人沉醉，让人销魂。

枫桥风光绮丽，自古以来就有不少文人骚客为它赋诗，有诗云："画桥三百映江城，诗里枫桥独有名。"可见枫桥名气之大。在众多久传不衰的名诗当中，影响力最大的还是张继写下的那首《枫桥夜泊》。站在枫桥上，遥想当年张继曾在桥下夜泊，有种说不清道不明的情愫在心头涌动，是有关羁旅乡愁的。到了夜里，万籁俱寂，枫桥依然是那个枫桥，古渡也还是那个古渡，晨钟暮鼓也不曾改变，可是却似乎很难感受到诗人当时的惆怅、落寞和孤独，可能是心境不同，所看到的景色也会不相同吧。诗人饱受羁旅之苦，由此发出生若飘萍、乡关何处的人生感慨，望着对岸的江枫渔火，听着浑厚悠远的钟声，内心更觉悲凉，以至愁肠百转，难以成眠。而作为游客，只是为了访古和寻觅诗境而来，感受到的多半是一种浪漫的情愫罢了。

距枫桥百步之遥便是寒山寺，寒山寺也因《枫桥夜泊》一诗而蜚声全国，寒山寺和枫桥隔河对望，沿河是一户户粉墙黛瓦的江南人家，这座千年古刹散发着浓郁的古典气息，让人产生一种不胜幽古之感。而今往来如织的游人们为了谛听古寺苍凉的钟声，纷纷聚集在庭院里跃跃欲试地敲钟，试图在这样的氛围里陶冶性情，这种心态本是无可厚非的，可是却破坏了古寺的幽静，在日日喧嚣尘上的气氛里，怕是再也难寻到诗境里的钟声了吧。

白居易有诗云："江南好，风景旧曾谙。"你若想深嗅独属江南的气息，就不能错过最能代表江南特色的地方，你只有走进枫桥，走进寒山寺，才能领略到江南的神韵。如今的枫桥，在岁月的洗礼中有了更多的沉淀，于古老和斑驳中显露出纯净的质感，就像没有经过任何渲染的黑白胶片一样，素净洗练，却能给人带来心灵深处的冲击。寒山寺的钟声时而从对岸飘来，透过千年的迷雾，把一抹浓浓的诗意也携卷了过来，有时还会让人想起一首经典老歌——《涛声

依旧》："月落乌啼总是千年的风霜，涛声依旧不见当初的夜晚。今天的你我怎样重复昨天的故事，这一张旧船票能否登上你的客船。"诗与歌都符合眼前的景致，心情却不相同，张继的诗表达的是一份文人的情怀，带着寂寥与哀伤，而《涛声依旧》却表达出了一种对逝去美好岁月的感叹，渴望有情人终成眷属。诗也好，歌也好，枫桥总缺少不了诗情画意，它虽然朴实无华，却烙上了永远无法抹去的历史印痕，文人歌咏它，游人为之沉迷，这也许就是这座古镇历久而弥新的原因所在吧。

趣闻传说

枫桥因张继的《枫桥夜泊》而名扬四海，关于这首名垂千古的古诗民间一直流传着各种离奇的传说。相传唐武宗非常痴迷《枫桥夜泊》一诗，在临死前一个月，命令京城第一石匠刻制了一块《枫桥夜泊》的诗碑，想要在归天后和诗碑一起下葬，并颁布遗旨，后人决不可与他齐福，谁若敢擅刻《枫桥夜泊》的诗碑，必遭天谴，万劫不复！

四百多年以后，明代才子文徵明书刻了诗碑，没过多久便身染重病含恨而终，据说在他之前已有数人刻完诗碑后暴毙，那么真的是唐武宗的诅咒应验了吗？事实并非如此，文徵明去世时已经 89 岁了，算是寿终正寝，而且他也不是刻完诗碑后马上去世的，而是相隔了 40 年后才安详地辞世的。虽然民间的传说与事实不符，但是从中我们可以看出人们对《枫桥夜泊》这首古诗的喜爱，帝王愿意与其同葬，文人一再书刻它，因为它的流芳百世，枫桥成为了江苏的文化名镇，吸引着无数游人前来感受古诗中的意境。

光福——湖光山色，洞天福地

光福是一座嵌入太湖的半岛，有人说它是"湖光山色，洞天福地"，它享有"鱼米之乡"的美称，还是苏绣的发源地之一，相传光福四季有果，花果遍地，是一个终年飘散着花香和果香的风水宝地。

这里山水如画，在蓝天白云的映衬下更是清新宜人，若赶上细雨纷飞的时节游览光福，也无须扫兴，江南凄迷的烟雨将为它蒙上一层曼妙的水色，使它更具风致。撑上一把漂亮精巧的油纸伞，行走在逶迤狭窄的古巷，任凭雨水在伞上奏曲，踏着湿滑的青石板路踽踽前行，不禁想起了戴望舒的《雨巷》，也许逢不上散发着丁香芬芳的姑娘，看不到她的哀怨和彷徨，可是那种悠然的美感依然伴着眼前的景色深深扎根在了心底。

光福的古街古巷富有诗意，古老的高塔、寺庙也堪称一绝，兴建于梁代大同年间的光福塔，塔高足有 38 米，它雄踞山巅，有凌云之姿，可谓雄伟壮丽，然而却不乏轻盈秀美，故有古诗这样描述它：“苍岛孤生白浪中，倚天高塔势翻空。烟凝远岫列寒翠，霜染疏林坠碎红。汀沼或栖彭泽雁，楼台深贮洞庭风。六时金磬落何处，偏傍苇丛惊钓翁。”

东汉大司徒邓禹将军筑造的司徒庙以四株古拙奇丽的古柏而名扬江南，据传古柏为邓禹将军亲手所植，距今已有一千九百多年的历史了。四株古柏造型迥异，姿态奇绝，素有“清”、“奇”、“古”、“怪”之说。“清”者枝干高耸入云，峭拔稳健，枝繁叶茂，英姿勃勃，给人以一种挺秀清朗之感；“奇”者主干被断成两枝，一枝低垂到地面又郁郁青青，离它不远处探出了新枝，长成了一棵傲然的古柏，这种朽木发新枝的奇景着实令人赞叹；“古”者皮少顶秃，苍劲遒力，粗犷的纹理有若蛟龙盘绕在身，给人以粗犷豪放之感；“怪”者曾遭遇过可怕的雷击，被生生劈成了两爿，一爿脱离母体生根，卧地三曲，另一爿为母体，贴地卧倒，似游龙伏地，是一副昂首欲飞的姿态。

光福镇最不可错过的旅游胜地当属香雪海，人常道：“梅花之盛不得不推吴中，而必以光福诸山为最。”邓尉山上的“香雪海”是我国四大探梅胜地之一，每逢赏梅时节，处处繁花盛放，有如一片雪海，微风吹过，暗香浮动，令人闻之欲醉。古闻梅轩和梅花亭若隐若现地掩映在花丛中，宛若建造在雪海之上的琼楼玉宇，巧夺天工，又似人间仙境。沿着蜿蜒曲折的花径前行，便有一种“入山无处不花株，远近高低路不知”的感觉。登上梅花亭向远处眺望，漫山雪海蔚为壮观，一片雪浪银波尽收眼底，真是美得难以描摹。

走下梅山，在光福镇的大街上寻一处农家，小酌几杯桂花美酒，品尝几口产自太湖的美味水鲜，解乏之余，享受酒足饭饱之欢，又能吃到地道的江南美食，那滋味真是曼妙无穷。如果时间比较充裕，还可以到其他景点看看，毕竟光福镇峰峦罗列，有着长达 67 公里的湖岸线，名胜古迹星罗棋布，石楼、石壁、古塔屹立其中，几乎步步皆景，让人目不暇接，在古意深浓的小镇里畅游，似有蒙蒙的烟雾遮了双眼，让一切变得像幻梦一样不真实起来。

趣闻传说

光福镇位于太湖之滨，拥有浩渺水域，水产资源丰富，其中白虾、银鱼、白鱼最为知名，人称“太湖三白”，银鱼营养丰富，肉质细嫩，被称作“鱼参”，素有“洞庭枇杷黄，太湖银鱼肥”之说。关于银鱼，民间还流传着一段有趣的传说故事呢。

相传在春秋时代，吴王夫差击败越国后，开始贪图享乐，终日与西施泛舟太湖，边游乐边吃鱼，常把吃剩的鱼脍直接倒进湖中，后来这些残剩的鱼脍就变成了一条条银光闪闪的银鱼，因此太湖银鱼又被称作是残脍鱼。

当夫差沉浸在胜利的喜悦中，长期寻欢作乐时，越王勾践却励精图治，招募贤良，训练兵马，随时准备背水一战一雪前耻。后来在攻打吴都时久攻不下，兵马疲乏，粮草也耗尽了，他正欲退兵时，忽然有人禀报太湖之中有许多小鱼。勾践大喜，马上命令士兵撒网捕鱼，其实那些小鱼正是银鱼，士兵吃了银鱼之后，立即恢复了战斗力，一举攻破了吴都。

甪直——水巷小桥多，人家尽枕河

甪直小镇离苏州城仅有一个小时的车程，小镇虽然不大，但却富有灵气。小镇的交通命脉就是那些只有两米宽的清澈小河，河道虽窄，却不妨碍小小的乌篷船往来穿梭。在乌篷船上，艄公轻轻地划着桨，一个人置身在船舱里，望着水中荡漾的碧波，竟痴痴地失了神，逃离喧嚣的都市，难得有这份放松，这浸染着江南风情的小桥流水自然成了自己眼中最美的风景。

甪直水系纵横交错，桥梁众多，临水成街，家家户户枕河而居，正应了古诗中的那句“水巷小桥多，人家尽枕河”。傍水而居的生活想必一定很是惬意吧，每天对着一弯绿水，感受着“江客柴门枕浪花，鸣机寒橹任呕哑。轻舟过去真堪画，惊起鸬鹚一阵斜”的美妙意境，就仿佛寻到了人间的桃花源。

河岸的两旁可见许多条石砌成的“之”字台阶，那是居民登船的渡口。渡口历经风吹雨打，条石上也长了青苔，这一切都好像在提醒世人去寻梦一个悠远的年代，历史虽然逝去，但是它的精髓却以活化石的形式被珍藏起来，不禁使人产生一种怀古幽思的情怀。

这座古朴幽逸的江南小镇，没有留下任何废墟遗址，少了乌衣巷、朱雀桥的沧桑，少了雁门关、易水畔的悲怆，但却因为拥有“中隐隐于世”的味道，而成为众多文化名人修身养性的隐居之地，唐之甫里先生就是其中的一位，他仕途受挫后隐居于甪直镇，尽情享受着这里的清净和安适，常邀三五好友一起吟诗作赋，还用亲制的两道名菜甫里蹄和甫里鸭来招待客人。而今斯人已逝，斗鸭池犹在，虽然没有完整地保留好原来的风貌，我们仍可从现存的残迹中推想当年觥筹交错的盛况。

院落里的老屋青砖黛瓦、飞檐重重，错落有致地排列着，厚重的黑漆门透出深宅大院独有的肃穆和凝重感，不禁让人发出“庭院深深深几许”的感慨。看惯了拔地而起的摩天大厦和整齐划一的现代化楼宇，这些历史气息浓重的老宅反而更能给人以一种返璞归真的感觉，想必在这幽静无比的深宅大院里居住也有别样的快乐。

走出老宅，漫步在鹅卵石铺成的古道上，深深的街巷和狭长的河道带给人几分逼仄之感，街道两旁商铺林立，给小镇平添了几分生机，居民的宅第多为明清时代的建筑，皆是青砖翘脊、木制门窗、墙壁上还雕刻着精美的花纹。

如果说古巷古街老宅是甪直的标志，那么参天挺立的银杏树就是甪直古老的象征，小镇上共有 7 株银杏树，最古老的一株树龄已有 1300 年了，高度达到 50 米，三个成年男子合抱也抱不住。叶圣陶写过一篇叫作《高高的银杏树》的文章，他这样描写甪直的古银杏：“形象高大、意志坚强，气魄宏伟。”寥寥数语，道出了银杏树的可贵精神。站在古树下，看着它擎天的华盖和茂密的枝叶，不禁为它旺盛的生命力而感动，它历尽千年风霜，依然那么挺拔苍翠，就如这座古镇，任岁月静静流淌，千载过后风韵犹存，时光不曾让它老去，反而给它镀上了神秘瑰丽的色彩，这也正是它能吸引无数游人慕名而来的原因所在吧。

不知不觉夜已阑珊，选了一处临水复古的小店歇脚，然而在饱览了这么多的美景之后，眼睛仍贪婪地搜寻着美妙的景致，倚窗而坐，夜色中的小镇在灯火的辉映下显得越发柔和，品一盏清茶，闻着幽幽的茶香，沉醉在这梦一般的江南水乡，忽见微风乍起，吹皱了一池碧水，此刻胸中的尘虑立时被一洗而尽了……

趣闻传说

很多人迷恋甪直，除了是因为它典雅的风景，还有就是它与众不同的历史文化与传说。

关于甪直的历史传说，流传最为广泛的就是“甪直”的“甪”字来历。据《甫里志》记载，甪直原名并不叫“甪直”，而是叫“甫里”。后来因为镇东有直港，通向六处，水流形状酷似一个“甪”字，所以便将此地改名为“甪直”。不过，关于此地名字的来历传说并不唯一，还有一种说法，说是有一次古代独角神兽“甪端”巡察神州大地路经甪直此地，发现此地实为一块风水宝地，所以就长期落在甪直，于是人们便将这个地方称之为“角直”。而且，角直这个地方有史以来，从来没有发生过战乱，没有闹过旱涝饥荒，当地人永远都是丰衣足食，年年有余。

以上，就是关于“角直”之名来历的两个传说故事。

锦溪——清晰可辨的水上天堂

锦溪，一个多么富有诗意的名字，它不同于那些氤氲缭绕、朦朦胧胧的江南古镇，所有的细节都是那么明晰，一如掌上的纹络。诗意的锦溪，是梦想中的水乡天堂，邂逅锦溪，时间仿佛都停止了，它让你魂牵梦绕、流连忘返，沈从文曾将其比作“睡梦中的少女”，刘海粟夸它是“江南之最”，冯紫英则称它“浓妆淡抹总相宜”，它的水巷、河埠、拱桥、骑楼、廊坊、街市足有2000年的历史了，无一不蕴藏着悠悠的、沉静的人文气息，走进锦溪就好像走进了一个遥远的时代。

锦溪具有水美、桥多、巷幽、园静的特点，不身临其境，很难感受

它的奇妙。锦溪的生命是水赋予的，锦溪最令人难忘的也是这里的湖光山色。坐在船头，任摇橹船在水巷里悠然地穿行，身穿蓝色碎花衣服的船娘们，不仅能熟练地驾船，而且个个都是好嗓子，一时间，动听的歌声在整个水乡回荡，湖水却没有因为这歌声兴起一丝波澜，它依然恬静如斯，就像凝碧的翡翠，绿得叫人心醉，又通透如明镜，映着两岸如诗如画的景色，在朝晖夕阴的光景里变换着色调，真有一番“一溪穿镇而过，夹岸桃李纷披，晨霞夕辉，尽洒江面，满溪跃金，灿若锦带”的意境，可见“锦溪”二字绝非浪得虚名。

锦溪的桥非常多，有三十六桥之说。古桥中最具特色的是镇口的古莲桥，桥身长长的，横卧在水中央，像一弯初升的新月，桥的中部耸立着一个造型别致的亭子，飞檐高高翘起，在阳光的照射下，就如同镂空的剪纸般美丽。

桥下有许多穿梭而过的小船，在水面上留下了一片波光粼粼的桨影，橹声欸乃，顷刻就钻入了桥洞。不少站在桥上的游人端起相机对着摇橹的水乡船娘拍照，歌声朗朗的船娘面对着镜头竟害羞起来，不禁让人想起了徐志摩的一首很美的小诗《沙扬娜拉》：“最是那一低头的温柔，像一朵水莲花不胜凉风的娇羞，道一声珍重，道一声珍重，那一声珍重里有蜜甜的忧愁——沙扬娜拉！”那温柔娇羞的神态恰似这小镇的神韵，流转的眼波也似小镇的流水那般清澈动人。

锦溪镇不大，水巷由北向南绵延而去，老街临河而建，漫步在古镇的弹格路上，时常能听到幽幽的琴瑟声，不知是哪位少女在弹奏《梅花三弄》。听说小镇的古瓦砖很有名，便忍不住伸手触摸老墙上的一块块古砖，砖是冰冷的，却有一种说不出的厚重感。听着幽怨的古筝声，低头抚摸着古老的砖墙，一丝缱绻的忧愁袭上了心头，遥想千年以前，这里也曾走过无数对痴男怨女，发生过许多缠绵悱恻的故事，而今全都湮没在巷弄里，皆不可寻见了。

在老街的一隅深藏着形形色色的博物馆，锦溪最负盛名的博物馆是中国砖瓦博物馆，馆内的每块砖都有自己的故事，一片瓦就是一段历史。博物馆内成列的古砖古瓦都很有特色，有一种特殊的瓦片叫瓦当，是专门安放在瓦楞下的，既能护檐，又能起到装饰作用。弧型朝上安放的，谓为滴水，弧型朝下安放的，是檐头。有一块长方形的古砖是经过 136 道工序，在窑中烧 120 天，取出后浸在桐油中 100 天风干后制成的。叩之清脆有声，摸上去十分滑润。

锦溪的飞檐黛瓦、轮廓分明的建筑、风格各异的小桥以及摇着乌篷船朗声歌唱的船娘，都能给人留下美的印象。它既有曲径通幽的特色，又不乏生态美，安然、清雅之中夹带着浓郁的生活气息。到了晚上八九点钟的光景，小镇仍无店铺的喧嚣，它不同于灯火通明的不夜城，而是像溪流中静静摇曳着的灯火倒影，默默守候了千年，可是未曾改变过……

趣闻传说

锦溪是一座美丽的江南古镇，同时，在锦溪，还流传着各种各样的动人故事，其中有一个绝美的爱情故事，世人大为感动。

锦溪曾有一段时间被称之为“陈墓”，而此地之所以被称之为“陈墓”，是因为此地曾是南宋皇妃香消玉殒之地。相传，南宋孝宗帝曾有一位深爱的妃子——陈妃，不过可惜的是，这个陈妃生得美丽却红颜薄命，年纪轻轻便去世，没能与自己深爱的人白头到老。陈妃去世后的很长一段时间，孝宗帝都沉浸在悲伤之中，不能自拔。因为南宋建临安的时候，孝宗帝赵睿携宠妃陈妃途经此地，陈妃对此地情有独钟，于是陈妃去世之后孝宗帝便将她葬于此地，并将此地改名为“陈墓”，长达八百多年。

直到今天，这个故事依旧在锦溪镇流传，许多情侣都因为这样一个动人的传说来到锦溪镇，欣赏锦溪镇的美景，感受锦溪镇的浪漫。

震泽——风景旧曾谙

江南是个好地方，震泽古镇再次印证了这句老话。震泽是一个人文底蕴深厚、风景优美的江南水乡小镇，有一种天然去雕饰的清新和自然。早春时节的震泽，气候温润，流水悠悠，令人心旷神怡。徐徐的春风扑面而来，带来大地回春的暖意，不禁让人心神荡漾。

在微微晨光中伫立着的黛瓦粉墙和布满青苔的石柱，仿佛述说着它的古老和沧桑。脚下是蜿蜒的青石板路，古街两旁是错落有序的宅院、商铺、民居和茶馆，古镇的气息悠然逼来。荻塘河水汩汩流淌，将古镇浓缩成一抹倒影，仿佛在述说着这座千年小镇的前尘往事。震泽是娟秀的、安详的，同时又带着一点超凡脱俗的淡泊和从容，使人置身其中，内心瞬间酥软。

立在禹迹桥上，荻塘河水，一道古旧的老街，自东向西，所有的景致一览无余。震泽最热闹的街市当属宝塔街，它位于禹迹桥上的西侧。街道狭长，中部犹窄，最窄处仅见两侧房檐的一线蓝天，逢上春

雨绵绵，可见两条水帘垂地，在青石板上溅起珠玉般的水花，过往的行人紧贴店面行走，衣衫一点都没有溅湿，可谓是一奇景。坚硬的石板路经过雨水的冲刷和行人的踏磨，变得十分光滑，在阳光的照耀下散发着一种清冷的光辉。宝塔街两侧多为黛瓦粉墙的明清建筑，风格质朴无华。一些商居背水而设，屹立在岸边，映入水中，与荡漾的波光一动一静形成谐趣。

宝塔街虽有368米长，然而甚少拐弯，所以通视颇好。站在师俭堂前远眺，几乎可通览两端景色，向西望去，可见熙熙攘攘的大街，那里人头攒动，一派热闹景象；从拱门向东望去，可见仰天耸立的玲珑宝塔——慈云塔，这座砖身木檐的古塔足有38米多高，翼角微微翘起，塔刹尤为精美，高度占整个塔高的四分之一，由铁质的盆、仰莲、五重相轮、宝盖、宝珠、受花和铜质的葫芦形宝瓶组成，宝瓶有1米多高，四角系有四条铁链，每个角上都饰有铜铃，每有微风拂过，铜铃就会发出悦耳的叮当声，与风声和在一起，有若天籁之音。塔尖直指蓝天，端庄又有气魄，常常成为画家写生的点睛之笔，难怪宝塔街会以此塔命名。

观完了师俭堂的外景，可进入里面一观洞天。师俭堂集河埠、行栈、商铺、街道、厅堂、内宅、花园、下房为一体，被誉为江南的“大宅门”，内部装修别具一格，各种精细的雕刻让人叫绝，砖雕、木雕、漆雕都十分精美，各色图案惟妙惟肖，人物花鸟栩栩如生，好像随时都能从图案中挣脱出来。这里的装饰雕刻手法多样，笔触细致，典雅美观，着实令人惊叹。江南多园林，师俭堂内的锄经园，占地面积仅为半亩，亭台楼阁却一应俱全，可谓是布局精妙。所有建筑依势而建，东为沿壁回廊，西为假山，山石花木点染其间，好似一座微缩版的江南园林。遥想当年，园主人闲庭信步游园或是抚琴轻吟，一定别有一番情趣。

走进震泽，就好像走进了一片世外桃源，虽不见桃花朵朵、落英缤纷，又被冠以一个十分刚性的名字，可是它的恬美仍然给每一个来到这里的人留下了深刻的印象，即使游完了全部胜景，一步步走出那里，心中仍有一段割舍不断的深深爱恋，这就是震泽的魅力所在吧。

趣闻传说

震泽的慈云寺塔有着悠久的历史，相传，慈云寺塔的来历还有着这样一段故事。

据说，赤壁大战之后，孙权派鲁肃到刘备那里讨还荆州，但却没有成功，于是，孙权采纳了周瑜的“美人计”，准备诱杀刘备。另一面，刘备在军师诸葛亮的巧妙安排下，与孙夫人（孙权御妹）完婚后，双双顺利归蜀。不久之后，孙权以国太病重，诓骗孙夫人归吴后不再放回。结果，孙夫人对丈夫日思夜念，最终思念成疾。为此，国太焦虑中苦思良策，决定在太湖边的震泽镇东建立一座塔，六面五级，层层设通道回廊，以供孙夫人观景消愁。

塔建成之后，国太携孙夫人逐级爬上塔顶。站在塔顶，享受迷人景色：北望洞庭，南瞰麻溪，碧波绿野尽收眼底。孙夫人顿时感觉心旷神怡。而也就是从那之后，孙夫人安身塔下，每天都会登上塔顶眺望美景，以寄托相思之情，希望自己可以早日与夫君团聚。

后来孙夫人病逝，这座塔就被称之为“望夫塔”。但后来年久失修，塔逐渐塌毁。不过到了南宋的时候，金兵入吴徽宗皇帝被俘，慈云公主南逃到吴江，终日郁郁寡欢，侍者们为了帮助慈云公主解脱忧愁，于是就以孙夫人为鉴，在望夫塔旧址建寺造塔，寺称慈云禅寺，塔称慈云寺塔。而公主为了缓解忧愁，经常临塔北眺，盼望父王可以早日归来与自己团聚。这便是慈云寺塔的由来故事。

虞山——十里青山半入城

虞山横卧在常熟城西北部，形如卧牛，因此又被称作卧牛山，由于半入古城，故有“十里青山半入城”之说。虞山的地理位置极为特殊，北临长江，南抵尚湖，可谓是依山傍湖，集山水的秀雅和丰富的人文景观于一体，是江南不可错过的一处旅游胜地，也是一处不错的休闲度假之地，那是一个青山环抱、绿水长流、鸟语花香的地方，置身其中就久久不愿离开，恨不得驻守在那里永享静美的时光。

虞山就有如一位轻笼面纱的妙龄女子，不施粉黛，不爱笙歌，款款而来，环佩叮当，靠近它你才知江南的灵秀，走近它你才知江南的柔情。选在一个丝雨缠绵的日子访虞山，就像邂逅一个风华绝代的名门闺秀，心中有几分忐忑，又有几分欣喜。

细雨飘飘洒洒，好似给虞山盖上了一层迷迷蒙蒙的轻纱，透过细密的雨丝窥见它的芳容，更多了几分神秘和可爱。口中吟咏着“自在飞花轻似梦，无边丝雨细如愁”的诗句，撑伞走在碎石铺成的小路上，花香草香扑鼻而来，沁人心脾。道路两旁的松柏郁郁青青，在细雨的洗濯下愈发苍翠。不时传来悦耳的鸟叫声，在寂静的小径上回响。风声、雨声、鸟叫声构成了大自然的交响乐，而并不凛冽的草木气息却使你的嗅觉变得敏锐起来。这便是梦中的虞山了，自然、清新、质朴，没有半点喧闹，就像明眸皓齿、巧笑倩兮的美人，发出的只有莺声燕语，留给世人的则是娇花照水的美态。

在石子小径上继续前行，有时会与三三两两的游人擦肩而过，人们撑着花花绿绿的雨伞，低声地说笑着，没有人高声喧哗，像是怕打扰了谁的清梦。这呢喃般的细语声仿佛电影里的背景音乐一样不真实，而眼前的景色却没有半点虚幻的色彩，这种反差反而使虞山生出一种缥缈的美感来。

静静地听着虞山的风雨声，远处忽然传来了悠远浑厚的钟声，这苍凉的钟声是从虞山北麓的兴福寺传来的。兴福寺是外观驰名千载的古刹之一，寺前有三株枫香古树，又有飞泉石桥、漫山竹林，颇有“深山藏古刹”的意味，适合“调素琴，阅金经”。难怪唐代大诗人常见游览此寺时，会挥毫写下“清晨入古寺，初日照高林。曲径通幽处，禅房花木深。山光悦鸟性，潭影空人心。万籁此俱寂，但余钟磬音”的诗句。

站在虞山山巅俯瞰四方，漫山遍野一片绿色，微风拂过，林海发出沙沙的声响，好似翻滚的浪花声。地势平缓处是一大片茶园，旁边是微波荡漾的尚湖。尚湖面积足有 1.2 万亩，是西湖的 1.5 倍大，形状酷似一只振翅欲飞的蝴蝶，穿湖而设的大堤是蝶身，大堤两侧的尚湖是舒展的蝶翅，翠林掩翳的湖岸边还有一个度假村。走倦了可以到这个掩映在青山绿水间的度假村中歇歇脚，最好再喝杯虞山特产的绿茶。

虞山绿茶因其碧绿清爽、馨香四溢而驰名中外。茶园面向尚湖，不仅能吸收日月精华，还能吸足水分，茶品自是不同。每每茶树长出嫩芽，人们便会及时到茶园里采摘，因为错过了最佳采茶期就会影响绿茶的口感。

在虞山赏湖、品茶、听钟，都别有一番意趣。碧湖水波潋滟，绿茶幽香弥漫，钟声雄浑苍凉，这里时时都能给你以一种耳目一新的感觉。在虞山待上个把小时，你会全然忘记都市里的一切，汽车川流不息的街道、行色匆匆的人群、毫无生气的水泥森林，都离你远去了，虞山的雨已经洗净了你皮鞋上的风尘，也洗去了你身上的烦忧，在这里你可以自由遐想，也可以什么都不想，任凭雨滴敲打自己的心窗，感受万物生长的美妙，谛听嫩芽萌动的声音，在一缕清幽的茶香中体验心灵的悸动，幻想着自己就这样慢慢终老，在新雨过后的午后，日复一日地重复着这快乐安然的日子，直到走到时光的尽头。

趣闻传说

虞山绿茶是当地的特产，关于这道名茶的来历民间流传着这样一个传说。

相传在很久很久以前，虞山并没有遍植茶树，山上到处是岩石和荆棘，土壤十分贫瘠，居民非常穷苦。民间盛传剑门有宝藏，只要能找到钥匙开启剑门，就能得到数不清的金银财宝，贫苦的百姓怀揣着发财梦，翻遍了虞山的乱石，也没有寻到打开宝藏的钥匙。

在虞山南麓住着一个叫阿根的年轻人，他以打柴为生，是个勤劳善良的小伙子，有一天在山路上遇到了一位衣衫褴褛的老翁，便把柴火送给了这位可怜的老翁，老翁很是感激，向他透漏了一个秘密，说了句谜语般的话："若得剑门宝，尚湖边上觅，太公垂钓处，无节芦苇找。"阿根本没有贪念，可是想要用所得的财富造福乡里，于是根据老翁的指点开始寻找无节芦苇，找了七七四十九天，仍一无所获，正灰心丧气之际，芦苇旁边出现了一个垂钓的老人，老人拔起一根芦苇递给了阿根，果然是无节的，其实这人就是那个衣衫褴褛的老翁，阿根还没来得及反应，老人就消失不见了。

阿根手持芦苇，在虞山之巅望海墩的一片奇石中找到了钥匙孔，将无节芦苇插进去，拨动了一下锁孔，只听一声巨响，石门轰然洞开，阿根在洞里发现了难以计数的金银珠宝，他还看到了角落一隅的一只麻袋，里面装满了树种。阿根想金银珠宝虽好，可却易让人产生坐吃山空的惰性，而树籽却能绿化荒山，造福后代，于是毅然带走了一麻袋树种，一颗珠宝也没拿。

经过一番辛苦地耕耘和劳作，阿根使荒山变成了森林，人们不知道山上种的是什么树，只觉得叶子闻起来清香宜人，便试着把叶子晒干泡水喝，发觉它味道幽香，能提神醒脑，于是唤它为绿茶，这就是虞山绿茶的由来了。

木渎——秀绝江南的美镇

木渎小镇的历史和苏州古城一样古老，距今已有两千五百多年的历史了，它被称作是“江南第一园林古镇”，有着“秀色冠江南”的殊荣，这座水乡古镇四周群山环伺，又临近太湖这种依山傍水的格局在江南古镇中并不多见，私家园林和名胜古迹又给小镇平添了浓郁的人文气息。木渎是连通苏州城和浩淼太湖的交通枢纽，在明清时期曾是苏州城西最为繁华的商埠，据传乾隆六次下江南，六次均驻跸木渎，可见木渎的魅力之大。木渎的格局和风貌并未发生改变，现在它仍然是吴西商埠、姑苏秀色最美的水镇。

逐级而下，刻有“木渎”二字的码头映入眼帘，登上一艘乌篷船，小船轻驶，流水悠然，好像身临唐诗宋词的幽雅意境，那里古宅庭院深深，粉墙黛瓦层层叠叠，很多老宅中至今生活着许多人家，人游其间，处处都有生活气息。弃船登岸，沿着小镇南街缓步向前走去，恣意地享受着这里的阳光，仿佛自己也变成了木渎人。古街之中，山塘街可谓是木渎的精华所在，整条老街沿香溪河而筑，这条街的格局和苏州的山塘街颇为相似，具有典型的姑苏特征，整条街绿荫延绵、街巷幽深、古迹星罗棋布，街的一端连接着幽奇壮美的山壑，另一端连接着繁华的商市。

香溪河是山塘河的雅称，香溪水从光福、善人桥，自西向东流入木渎山塘街斜桥口，汩汩地汇入胥江。香溪源自山溪水，而胥江为太湖水，两脉水流在斜桥下相汇，一清一浊、一缓一急，形成了独特的分水奇观。香溪河两岸是鳞次栉比的古朴民居，在骄阳的照射下，有着画卷上才有的质感，恍若旧胶片上凝固的图影。

沿着香溪河前行，不多时就来到了虹饮山房。作为中国第一园林古镇，木渎在明清时期就兴建了三十多处私家园林，至今有十余处的园林保留了下来，其中最引人注目的便是让乾隆乐不思返的虹饮山房和赫赫有名的严家花园。虹饮山房设计独特，门对香溪，背倚灵岩，有“溪山风月之美，池亭花木之胜”，乾隆每次下江南游玩，都不愿错过木渎的虹饮山房，故这里又被称作乾隆帝的“民间行宫”。虹饮山房门前有一个宽阔的广场，还有一座码头，相传此码头是乾隆帝弃舟登岸的地方，所以又被称作“御码头”，码头两旁各有一亭，喜欢舞文弄墨的乾隆南巡时，见此处幽深奇绝，便诗兴大发，赋诗一首，后来这首诗被镌刻在石碑上，置于亭内，人称“御碑亭”，与对面明代建造的“怡泉亭”相映成趣，成为木渎小镇一大景观。

严家花园与虹饮山房仅有 200 米之遥，它秉承了苏州园林的精致幽深，又不乏大气，同时又充满山林间才有的野趣。严家花园厅堂的建筑富丽恢宏，显得庄重严正，而园区的建筑则色彩多样，构造也显得活泼精巧，亭台楼榭富于变化，体现出造园者高超的造园技艺。园无花木，便无生机。严家花园在植物花草的布局上也颇为讲究，巧妙地培植四季花木，从东到西依次形成春、夏、秋、冬四个各具特色的景区。四季不败的花木和典雅古朴的建筑相互映衬，花木丛中的严家花园更显旷远幽深，移步换景，处处都有精妙，难怪会被专家奉为江南园林翘楚，凡是身临其间的人都会深以为然。

走出严家花园，已经临近傍晚，夕阳中的木渎，更显得宁和，落日的余晖照在粉墙黛瓦上，镀上了一层淡淡的金色，香溪水静静地流淌着，映着两岸昏黄的灯火，天上的星辉也倒影在水中，和点点灯火融成了一片，制造出一种迷离的错觉，让人生出一种如梦如幻的感觉，眼前的景色似乎也跟着迷蒙了起来……

趣闻传说

人们在欣赏木渎小镇美景时，心中不禁会产生这样一个疑问：木渎这个名字是怎么来的呢？其实它的来历与春秋时期吴越争霸的历史有关。

吴王夫差打败了越国，越王勾践忍辱负重成为了阶下囚，不仅为夫差牵马，还曾为了检查夫差肠胃健康状况亲尝过他的大便。夫差确定勾践已经臣服，于是在囚禁了他三年之后把他遣回了越国。然而勾践却不忘雪耻，誓言一定要讨伐吴国，想出了一系列灭吴的计谋。第一计便是美人计，他派大夫范蠡到民间挑选绝色美女，用以迷惑吴王，浣纱女西施成了这一人选。

西施有倾城之貌，在被进献给吴王之后，终日与夫差饮酒作乐，夫差沉浸在温柔香里不能自拔，疏于理会朝政。为了博美人一笑，夫差热衷于大兴土木，扬言要为西施建造一座最宏伟最富丽的宫殿，先是扩建了姑苏台，又在吴中第一峰灵岩山建造了规模更为宏大的离宫别苑——馆娃宫。因为工程量浩大，数万工匠从四方云集而来，越国进贡的木材也泛江过海，从水路源源运到灵岩山下，竟堵塞了山下的所有河道，以致“木塞于渎”，于是，便有人称这里为“木渎”。

黎里——温婉多情的水墨小镇

江南的许多风情小镇表面看来风格都极为相似，然而仔细咂摸，才发掘它们各有千秋。江南四里，黎里居于其中，它没有纵横交错的复杂河道，没有逶迤狭窄的街巷，一条直通三里的长长市河，是它最柔媚窈窕的腰线。江南水乡多水，更多情，只是听着它们的名字就能感受到其中的温柔与婉约。黎里，一个多么具有诗情画意的名字，这里的流水、小桥、古街、旧宅、小巷、月色和杏花春雨，皆是如诗如梦，每次来到黎里都有不同的感觉，它似乎时时都能给人带来别样的惊喜。

沿着小镇中心的河道一路向东走，可见河面上卧着的一座座造型独特的古桥，这些桥不同于其他江南小镇的石拱桥，它们大多是平桥，桥的石级为两折，这在其他水乡小镇上是很少见的。两岸的驳岸保存得颇好，造型各异的船缆石和穿鼻石处处可见，至今保存完好的船缆石有 250

颗之多，堪称江南古镇之最。小镇的河道非常开阔，河水潺潺地流动着，水面上舟来楫往，沿岸各色保存完好的廊棚次第展开，那些直行的、曲折的，斜坡式的、挑梁式的屋顶在柔缓的光线里，现出岁月雕琢的质地，在日光之下，显得更加幽深神秘，使得这座富有情调的小镇有了层次感和立体感，它不再是一个简简单单的平面，而是纵深的、蜿蜒的，让你一眼望不穿，从一幅漂亮的水墨画，变成了一本耐人寻味的书、一部惹人迷思的电影，等着人细细品读、慢慢鉴赏。

沿着河岸缓缓前行，天空突然淅淅沥沥地下起了雨，雨滴敲打在雨伞上发出滴答滴答的声音，看着眼前的老树、古桥和斑驳的老屋，一种怀旧的感觉油然而生。不知不觉就来到了柳亚子的故居。这是座坐南朝北的大宅子，厅堂楼室气宇轩昂，雕栏画栋精美绝伦，砖雕门楼尤为精巧细致，在一排排朴实无华的民宅之中，这座宅邸尤为引人注目。它就像青灰色调里的一抹彩色，能迅速让人的视线聚焦。

故居的两栋住宅楼光线通透，房间宽敞明亮，两楼均设有回马廊，可供人自由穿行。一些摄影爱好者迫不及待地支起了三脚架，冒雨拍摄老宅，希望通过光影技术把眼前的一幕永远珍藏在记忆里，这座古色古香的江南名宅固然还保留着昔日的风光，可是人们驻足此地，并不仅仅是为了欣赏这里的建筑，而是为了怀念一位忧国忧民的爱国诗人。这座旧宅不仅具有极高的历史价值和艺术价值，还给世人留下了宝贵的精神财富。

下午，向小镇的西部走去，在石板铺成的古巷里漫步，一栋栋古老的房屋历经风吹日晒雨淋，墙体的局部已经变得斑驳灰暗，剥落的墙泥露出了墙砖，高高的墙上嵌着一个个小窗户，就像是一只只好奇的眼睛，在注视着远方的来客。脚下的路在经年雨水的浸润下，发出淡淡的微光，这似有似无的光晕模糊而朦胧，像缥缈的迷雾一般。不知不觉中，已是夕阳西下，这里没有“古道西风瘦马”的景致，却有“丰年留客足鸡豚”的欢乐场景，腹中饥饿时，寻一个好去处喝上三盏两杯淡酒，品尝一下黎里最正宗的特色美味辣鸡脚，是一件饶有趣味的事。大啖几口辣鸡脚，那种甜中带辣、酸中带甜的独特味道即刻在口中澎湃开来，迅速征服了味蕾，就像这小镇一样在一瞬间攫住自己的心。

每一次来黎里似乎都有不同的感觉，它就像山中的清泉，凛冽中透着灵气，比酒更容易让人醉。它又像月夜下的童话镇，神秘、古老，你只有找回儿时的纯真才能真正读懂它，寻梦黎里，就好像找回失去的自我，偎依在它的怀抱里，你的灵魂也跟着战栗起来……

趣闻传说

在黎里，每年的八月十五都会出会三天三夜，出会时，城隍菩萨出巡，总有两块牌子：一块是“钦命”，一块是“永镇松陵”。而这其中的原因，还要追溯到唐朝。

唐朝贞观年间，唐太宗李世民命令他的第14个儿子李明到南方去发运军粮。李明在前进的路上，路过松陵，当时正是吴江县接连遭受三年旱灾，田地龟裂，颗粒无收，百姓饿殍遍地，甚至易子而食，整个松陵一片凄惨的景象。李明见此惨状，犹如刀刺在心，非常同情百姓们的遭遇，于是就想用军粮赈救百姓。可军粮又不能随便动用，必须要得到父皇的同意才行，可如果请奏父皇，那在等待父皇恩准的时候，恐怕就已经一切都晚了。

“救灾如救火”，救济百姓刻不容缓。于是，李明并没有得到父皇的恩准，便擅自做主，先将军粮拿来救济百姓了，同时还拨发了一部分种籽让灾民们耕种。

第二年的时候，此地获得大丰收，灾民为此感激不尽。但是，李世民认为儿子的“先斩后奏”是有违军纪的，并为此大发雷霆，说道：“我不能治家，焉能治国?”声称要对李明从严处理。李明也知道自己是有违军纪，内心有愧于父皇，便投河自尽。后来，李明的尸体随水漂流到黎里罗汉寺背后，黎里百姓因为感激李明的恩德，就将李明的尸体打捞了起来，埋在罗汉寺地下，并奏请皇上敕封。李世民允奏，封李明为曹王，后又改封广佑王，还对当地百姓说："如果你们认为他好，那就让他永远留在你们那里吧。"就这样，黎里百姓供奉李明为城隍，城隍庙起初设在罗汉寺后面，至明代另建城隍庙。所以每年的八月十五出城隍会时有两块行牌：一为"钦命"，一为"永镇松陵"。

安 徽

宏村——中国画里的乡村

小时候听到“一生痴绝处，无梦到徽州”的美妙诗句，古徽州的黛瓦粉墙便像乡愁一样在心里扎了根。到徽州宏村旅行或是流浪就成了一个小小的梦想。长大后走进这个“中国画里的乡村”，霎时便被它的宁静古雅征服了。那里绿水萦绕、青山环抱，风光十分秀美，长街曲巷和古老的建筑笼罩在如烟如织的细雨中，像精美绝伦的中国画一样淡雅清新，透着一点远离尘世喧嚣、不食人间烟火的纯净和高洁。

宏村是古老的，它有着悠久的历史和厚重的文化底蕴，可是它给人的感觉却像初吻一样令人心潮澎湃，放眼望去，这个形如卧牛的古村落，仿佛洁白宣纸上的浅墨隶书，雅致庄重，又格外写意，即使世上最出色的画家怕是也画不出它的美态。村落里流水潺潺、清渠绕户，花香弥漫，诗意无限，哪怕只看上它一眼，你也会被它的纤尘不染所打动，一辈子都不会将它遗忘。

宏村的最南端是南湖，南湖整体为弓字形，湖对岸建有楼舍书院，堤岸杨柳依依，花木葱茏，近处有半月形的青色拱桥横跨水面，黛瓦粉墙参差错落，远处是隐隐的青山，放眼一望，有如置身在山水画卷里。曾以为乌镇是梦境，见到宏村的南湖，才知什么是真正的脱俗，南湖的水不仅清澈可鉴，而且不染世间尘埃，蓝天白云倒映其中，真有几分“天光云影共徘徊”的感觉。南湖水平如镜，靠近它，你可以清晰地看到自己的影子，在粼粼的水光中，你的影像与周遭的美景融合到了一起，似乎也跟着沾染了一丝灵气。

赏完了南湖，不经意间走进了一条巷子，两侧徽墨般的古朴民居，浸润着书馨墨香和幽幽的历史气息。高大的马头墙将天空遮成窄窄的一线，墙头有几根藤蔓绕着屋瓦伸了出来，给这些清冷的古宅增添了些许绿意。屋脊飞檐到处雕刻着飞禽走兽，这些活灵活现的图案在街头巷尾随处可见。石灰剥落的墙头已变得斑驳不堪，裸露的青砖上覆盖着一层尘痕，那是溅落的历史的尘埃。厚重的黑漆大门，静默无语，窗棂上精美的石刻木雕也是同样缄默，似乎深藏着昔日的繁华旧梦。

村中的院落里不少人家都建造了别致的亭台水榭，还种植了许多盆景花草，村民悠闲地侍弄着花草，精心地装点着院落，有的人家还栽种了柿树，几棵柿树虽不是什么稀罕物，可是在这古村落里偶尔瞥见，心头也会萌生暖意，那红灿灿的果实就像一个个小小的红灯笼高挂在枝头，给人带来喜庆的感觉。

村庄里有很多手艺人，很多人家都临着街巷做生意，以制作祖传的木雕、竹雕为生，他们心灵手巧，做出的工艺品十分灵秀精巧，最有特色的是刻有宏村徽派民舍的竹木工艺品，这些精美的手工艺品虽不是出自有名的能工巧匠之手，却沿袭了徽州雕刻的传统技法，体现出徽州宏村人独特的智慧。

走在弯弯绕绕的石板路上，夜色渐渐降临了，月夜下的古村落显得更加庄严而神秘。鸟儿们归巢了，院落里传来几声狗吠声，不禁让人想到古诗里“柴门闻犬吠，风雪夜归人”的温馨场景，这里没有纷纷扬扬的大雪，却有着同样朴素的温情。走倦了，进入一家小店，买些桂花饼、御膳饼充饥，临窗欣赏着无边的夜色，满口桂花香味，满眼都是秀色，真是大饱了口福和眼福。

宏村天生就是为画而生的，任何文字都道不尽它的美，任何笙歌也唱不出它的风情。在这幅完美无瑕的天然画卷前，所有的语言都是多余的，面对这令人窒息般的美景，你不想多说一个字，只想抛开尘俗的一切纷纷扰扰，独享这份安宁与静谧。天然的画页和历史的长廊皆让人留恋，可是眼前的万家灯火却更让人动情，渐渐走出村庄，在村外的街道上寻见几家酒坊，尝遍了各种果酒，忽然对普通人拥有的简单快乐感到满足，很羡慕宏村人，平日里就能享受美景、美酒、美食，人生如此夫复何求呢？

趣闻传说

宏村的木坑竹海是宏村的一处必去景点，其实木坑竹海实是竹海，但却被名之为“木坑”，而关于这个，还流传着这样一个美丽神奇的传说故事。

据说在很久很久以前，这个地方曾是松杉成林，漫山遍野古木参天，山农们依山傍水，快乐地生活在一起，村庄如沉绿浪谷底，所以人们将这里称之为“木坑”。

可不知道什么时候，这个地方忽然来了一条黑龙。可恶的黑龙欺压这里的百姓，还霸占了北山的山泉水潭，不让水潭里的水流出一滴，造成了山下溪流干涸，山上树木干枯，村边田地荒芜，所以村民们都纷纷外出逃生，让原本快乐幸福的村庄变成了一个“荒村”。

不过，虽然大部分村民都外出逃生了，但村中有一位姓傅的木匠却没有离开，他将斧子磨得铿亮，决心上山去找黑龙拼个你死我活，为乡亲们报仇。

就这样，傅师傅只身一人拿着斧子来到了北山，找到了黑龙，并与黑龙搏斗了七天七夜，最终将黑龙制服。黑龙怕了傅师傅，只得千里迢迢赶到罗浮山，挖来龙公竹，将其交给傅师傅作为赔偿，并答应这位勇敢的木匠自己会沉入五溪山中深潭，永不作乱。直到今天，宏村西北的五溪山还有黑龙潭的存在。

黑龙不再作恶了，山泉水又流下来了，傅师傅把龙公竹栽到了山上，不久，木坑的四周就漫山遍野都是竹子了，而也就是从那之后，木坑成为了竹的世界。同时，百姓们为了纪念除去黑龙的傅师傅，就将木坑的名字保存下来了，直到今天也没有更换。所以才有木坑竹海。

唐模——中国水中园林第一村

唐模，这个典雅的名字会让人立时想起大唐盛世的繁荣气象，凡是到过唐模的人，无一不为它惊叹，无一不为它称奇，这座有着一千四百多年历史的古老村落依然保留着唐风古韵，处处都有浓郁的徽派气息。

唐模融恬静的田园风光和古朴的人文景观于一体，素有“风雅山水田园，徽派古建长廊”的美誉，这里汇聚了18位书法名家的真迹碑刻，更有私家水口园林的典范之作——檀干园以及诗韵悠长的水街，这里的一屋一桥都有历史的印痕，一木一石都是历史的记录，行走在唐模的千年水街上，遥想着亘古的往事和逝去的流年，一株株古老的樟树和古银杏树，像一首首古老的歌谣，于浅吟低唱中发出一声深沉的悲叹，一排排徽州特有的马头墙，在斜阳的照射下，焕发出沧桑的诗意美，那流淌千年的檀干溪和13座形态各异的石桥，任春去秋来、四季轮回，沉默不语，只固守在这里，独自暗香……

有一条小河穿村而过，名曰檀干溪。檀干溪水光浩淼，映着斑斑点点的阳光，有几只鸭子欢快地在水中嬉戏，一副怡然自得的样子。檀干溪有近千米长，上面架有13座形态各异的石板桥，每座桥都有自己独特的风韵，人称“十桥九貌”，这在江南水乡并不常见，在整个古徽州也是见所未见的。走上一座又一座石桥，慢慢登上了唐模最知名的廊桥——高阳桥，桥上建有五开间的殿堂，此建筑兴建于明代，内部的雕饰壁画都非常精巧美观，现已改建成茶室，坐在清幽的茶室里细细品茗，欣赏着水街和两岸的景色，是一件非常惬意欢愉的事。

水街是唐模的核心景观，它是架在脉脉流水上连接两岸的长廊，初到水街，总有一种似曾相识的感觉，那里的避雨长廊、廊檐下随风摇曳的旧红灯笼，都仿佛是怀旧画册里惊鸿一瞥。沿着水街可以一直走到村尾，将整个村庄的景色尽收眼底。在夕阳的映照下，这座田园水乡更多了份质朴的生活气息，饮牛而归的老人、笑容满面的农妇，神态都是那么悠然和快乐，完全不同于那些匆匆碌碌的城里人，在这里你看不到汽车的风尘，感受到的只有淳朴的乡土气息和一份难得的宁静和和谐。

水街两侧是古老的徽派建筑，高脊飞檐、一片黛瓦，色彩斑驳的马头墙似乎在向世人述说着历史的峥嵘与沧桑。平整的粉墙风格简约，而精雕入微的门楼则显得繁复，一简一繁对比鲜明，又映着远处起伏的山脉，真有几分“人在画中居”的感觉。夹岸而立的徽式民居，构思新颖的水口园林以及优美的徽州园林景观构成了宜居的人文环境，体现着“天人合一”的哲学思想。

唐模闻名遐迩的私家园林当属檀干园，湖堤遍植檀树、紫荆树，由于园内有一处人工湖，模仿杭州的西湖胜景，因此又被称作“小西湖”。全园的中心景点为镜亭，此亭四面环水，正面设有平台，亭内的四壁上镶嵌着刻有苏轼、黄庭坚、米芾、蔡襄、赵孟頫等著名书法家人像的大理石。园内不乏亭台楼阁、水榭长桥，院外的长廊深处，植有丹桂五株，亭亭如盖，绿荫浓美。行至长廊中部可欣赏荷塘美景，夏日里，邀三五好友，凭栏观赏出水芙蓉，一定会乐而忘返。那时那景不由得让人想起朱自清的《荷塘月色》，那田田的叶子，袅娜地开着的出水莲花，以及莲下脉脉的流水，都那么具有诗情画意，真想化作一尾小鱼在荷塘里尽情嬉戏，闻着弥漫的花香，望着淡淡的月色，不知不觉便忘记了时间与空间，甚而忘掉了自我……

有人说唐模全村都在画中，形容得极为贴切，这里的风景美得如画，人们的生活也是美好的，外界再多的尘嚣喧扰都与这里无关，走进唐模，你不知不觉就会放慢脚步，石板路上摇摇摆摆走着的鸭子和农户门前晒着太阳的狗儿均给人一种闲适的美妙感觉，偶尔赶上村里小广场放电影，村民们带着自备的小凳三三两两聚在一起，边看电影边唠家常，场面好不温馨，和村民们一起看露天电影和以往的观影感受是完全不同的，那场景一定比鲁迅笔下的《社戏》还要有趣。

趣闻传说

唐模的檀干园建于清朝初年，因为园内的亭台、楼榭均是仿照杭州的西湖格局所建造，所以檀干园又被世人称之为“小西湖”。而这个“小西湖”的由来，还与一个孝子的故事有关。

据说在清朝初年的时候，在唐模村有一个姓许的富翁，他非常的富有。

许氏家中有一位老母亲，母亲一辈子过得衣食无忧，可就是向往具有“人间天堂”之称的杭州西湖。虽然在经济上这位富翁完全可以满足母亲这个简单的要求，可杭州西湖毕竟距离唐模太过遥远，山水阻隔，母亲年老体弱，根本没有精力前往那里。

为了满足母亲的愿望，他想到了一个办法，他不惜耗费巨资，耗时三年零六个月的时间，在当地挖塘筑坝、修亭造桥，模仿杭州西湖景致造出了小西湖，供母亲颐养天年，遂了老母亲的心愿。

他的孝心感动了很多人，所以小西湖又有“孝子湖”的美誉。

卢村——木雕绝技甲天下

卢村据宏村仅有1000米，是以卢姓为主聚居的一个古村落，地理位置得天独厚，枕山面水，站在驷车桥远眺，两岸一片苍翠，黛瓦白墙掩映在一片碧绿之中，好似画家不经意的涂抹，融合得是那么自然，不留半点痕迹。赶上油菜花盛开，满眼都是绚烂的色彩。走进雕刻精美的木雕楼群，你会感到目不暇接，那气象恢宏的建筑和令人叫绝的精湛技艺，浓缩了徽派民居的全部精华，这“徽州木雕第一楼”的美称果然名不虚传。

穿过绿油油的田野，弯弯曲曲的田间小路绵延开来，一抬头便可以望见卢村的轮廓了。正逢上油菜花开的季节，眼前一派嫩黄和青绿，煞是好看，它那灿烂的颜色不禁让人想起了梵高笔下的《向日葵》，那浓烈饱满的色彩足以征服任何挑剔的眼睛，本是静态的画面却跃动着生命的

动感。

新雨过后，远山雨雾弥漫，与村中徽派的建筑交相辉映，显得气象万千。进入卢村，首先映入眼帘的是一座年代久远的石桥——驷车桥，桥下是清澈见底的小溪，溪中可见白鸭戏水、小鱼成群，村民们常到这里浣衣、淘米，好不自在。

卢村最有特色的建筑首推木雕楼，它由七家民居组成，包括志诚堂、思济堂、思成堂、玻璃厅等宅院。卢村的木雕楼远近驰名，据说反响强烈的黄梅剧《徽州女人》就是以这里的木雕楼为场景而被搬上舞台的。

走进志诚堂，目力所及之处几乎处处都有精美的木雕，雕刻技法丰富，混雕、线雕、隐雕、剔雕、透雕等变化多样，生动传神的人物形象、活灵活现的动物造型，都深刻反映出了古代工匠出神入化的雕刻技艺和不凡的智慧。有的木雕据说是数位工匠耗费了数年才完成的，足见古人用心之深。堂内左右均有八扇莲花门，莲花门上雕有寓意吉祥的动物图案，比如蝙蝠谐音为福，寓意是福如东海；鹿与禄为谐音，寓意为高官厚禄；猴与侯为谐音，寓意为封侯加爵。每扇门板下都刻有一个流传久远的故事，比如“苏武牧羊”、“太公钓鱼”、“羲之戏鹅”、“渔樵耕读”，一幅一幅看过去，还是挺有趣味的。

其中最令人心生感慨的是苏武牧羊的历史故事，遥想当年苏武离开中原故土，深入匈奴之地，为了保持民族气节誓死不降，在北海牧羊 19 载才被释回，在北海滞留时想必他夜夜思念家乡，内心甚是寂寞和凄苦，心情正应和了王维《送别》里的一句“春草明年绿，王孙归不归”，可是却不知归期，大有“壮士一去兮不复还”的悲戚，待到回到中土一定是欣喜若狂的。一幅幅木雕不仅镌刻了一段段历史，还能让人浮想联翩，产生穿越中华上下五千年的错觉。品读木雕也像品读历史一样，越品越有况味。

在卢村，你还可以欣赏到热闹异常的民俗灯会，每年的元宵佳节，这里都要举办一场盛大的灯会，亮相灯会的花灯主要有龙灯、狮子灯、凤灯，最长的龙灯有 34 节，常有九条龙灯，形成“九龙九海”的恢宏之势。这场景不禁让人想到了辛弃疾的《青玉案·元夕》：“东风夜放花千树。更吹落、星如雨。宝马雕车香满路。凤箫声动，玉壶光转，一夜鱼龙舞。蛾儿雪柳黄金缕。笑语盈盈暗香去。众里寻他千百度。蓦然回首，那人却在，灯火阑珊处。”

走出卢村，又经过了绿色的田野和那片鹅黄嫩绿的油菜花地，忍不住举起相机摄下了这番美景，脚下的泥土小径也显得分外亲切，泥土是大自然的一部分，万物的生长离不开土壤，人也离不开脚下坚实的土地，它不仅给植物提供养分，还给我们人类提供精神的养料，亲近土地，我们的心也会变得质朴起来，一如这古色古香、富有乡土气息的卢村。

趣闻传说

卢村文风鼎盛，人杰辈出，在唐朝时期，出现了一个叫卢储的大才子。唐宪宗元和十四年（819 年），卢储来到京城，向尚书李翱投卷，求其荐举自己。李翱恰巧有急事，就把诗文放到了桌案上，一番寒暄后匆匆忙忙赶去办事了。李翱的长女刚满 15 岁，偶然间看到了卢储题写的诗词，连连阅读数遍，爱不释手，还对侍女说：“此人文采出众，定然能高中状元。”李翱刚刚外出回来，听到女儿的一番评价，对卢储另眼相看，遂决定招其为婿，卢储先是婉言回绝，一个月之后又欣然应允。

到了第二年，卢储果真高中了状元，没过多久两人就举办了婚礼，可谓是喜上加喜，洞房花烛夜，卢储作诗一首：“昔年将去玉京游，第一仙人许状头。今日幸为秦晋会，早教鸾凤下妆楼。”后来卢储赴任，将迎接妻子到任职的住所，适逢园林中鲜花盛开，又即兴写了一首诗：“芍药斩新栽，当庭数朵开。东风与拘束，留待细君来。”这两首诗全部收录到了《全唐诗》中。

南屏——隐逸在古宅深巷中的秘境

南屏是低调落寞的，它历史悠久，有着深深的古巷、华美气派的祠堂、充满古拙之气的马头墙，每条巷子都曾穿过历史的云烟，每块石板都是历史的活化石，每株古树都历经了千百年的枯荣，也见证过岁月的变迁，走进这座具有千年历史的古村落，怎能不令人触景生情，发出一声长长的叹息呢？可是在中国的版图上它只是个籍籍无名的小村庄，它没有诞生过有巨大影响力的风流人物，也不曾受到战争的洗礼，所以总是少了那么浓墨重彩的一笔，然而对于游人来说这也是件幸事，因为它的寂寥可以为我们提供一个“结庐在人境，而无车马喧”的秘境。

放眼南屏，晴空下的古老建筑折射出微妙的色彩；小溪静静地流淌着，地势低洼处形成小瀑布，溅起层层水花，宛若喷珠吐玉；绵绵的山脉下是一大片田地，一栋栋白色的小屋点缀在田野里，就像天幕里的点点繁星。闭上眼睛深呼吸，闻到的是馥郁的花香和清新的泥草味，这是乡间的味道，更是大自然的味道。这里没有车水马龙的喧嚣，没有人声鼎沸的市声，没有霓虹灯和高楼大厦，有的只是纯净的自然风光和沁入肌理的古韵，最适合放飞心灵或沉思默想。

南屏共有72条小巷和三百多幢明清民居，南屏最有特色的建筑当属遗存至今的祠堂群。当年张艺谋拍摄《菊豆》时，一眼就被南屏的序秩堂震撼到了，整个剧组在这个有着众多祠堂的村落里待了整整7个月，《菊豆》瓜熟蒂落之后才恋恋不舍地离去，序秩堂里至今保留拍摄《菊豆》时的原貌，墙上还张贴着电影剧照，望着巩俐那幽怨的眼神，想象着那个花样年华的年轻女子寂寞和压抑的青春，不免轻叹了一声。祠堂大门的正方悬挂着“老杨家染坊”的横匾，祠堂内设有染池、绞车、晒布用的台架，还摆放着染布，一切的细节都能让人联想起影视剧里的情节。

或许当年张艺谋离开后，并没有想过会给南屏带来怎样的影响，可是当这个古村接连被十多个剧组进驻，在《卧虎藏龙》、《芬妮的微笑》等十几部影视剧中亮相时，便意味着它已经成了名副其实的影视村。那些知名的导演选址南屏，多半是因为那些历经千载岁月、依然保存完好的古祠堂。

南屏至今保留着8座祠堂，这些祠堂非常宏伟华美，驻足在它们面前，立刻会产生一种肃穆和敬畏之情。古代参加祭祀有很多讲究，礼节繁多、场面盛大，与祭人员穿戴整齐，祭品也有严格的规定，有的家族还要求家里男丁年龄稍长之后就要参加学会祭祀礼仪，参加宗族内的祭祀活动，增强对宗族的自豪感，因此从某种意义上说，祠堂是一个家族的精神教化圣殿。

古南屏人非常重视祠堂文化，这在房屋的格局上可见一斑，民宅围绕“家祠”而建，各“家祠”围绕“支祠”而筑，“支祠”则围绕着“宗祠”而建，叶、程、李三大姓是南屏的大户人家，在影响力上可谓是并驾齐驱，所以他们所建的民宅和祠堂规模宏大，形成了纵横交错、环环相扣的格局，成为了一个奇特的建筑景观，置身其中就像走进了迷宫一般。

在高墙深巷中行走，有种森然的感觉，巷子十分深幽，难觅人的踪影，安静得几乎听不到一点响动，到了夜里，那种黑暗中的静谧更是让人发怵。在夜色的笼罩下，整个古村落沉寂在一片灰蓝的色调中，星星点点的灯光从窗户透出来，柔和而温暖。不远处飘来动听的歌声，不知是哪个年轻人在轻声哼唱，声音低低的，像恋人的喃喃细语，过了一会儿，歌曲到了尾声，余音袅袅，如轻烟般在小巷中久久回荡，南屏似乎渐渐沉睡了……

趣闻传说

南屏古村始建于元末明初，聚居着叶、程、李三大家族，这些大户人家除了兴建了大规模的宗祠外，还建造了典雅清幽的书斋，其中抱一书斋便是李氏家族最具代表性的建筑之一。相传屋主是李火眉，他自幼家境贫寒，只读过两年私塾，便为生计所迫外出谋生。由于没有受过良好的教育，也没有什么特别的才能，他只能做些苦工，收入微薄又非常辛苦。

李火眉并没有向命运屈服，他发愤图强，锐意进取，凭借顽强的意志和吃苦耐劳的精神，若干年后终于在社会上出人头地。有了一番作为后他经常忆苦思甜，感叹自己读书太少，缺少知识始终是他人生的一大遗憾。荣归故里之后，他出资兴建了三所私塾，其中抱一书斋就是其中的一所，旨在免费为家族子弟提供读书机会。

李火眉虽然事业有成，可是却走了不少弯路，荣耀背后的艰辛鲜有人知道，这主要是因为学识匮乏所致，他深知书到用时方恨少，所以一直勉励后辈刻苦读书，抱一书斋造福了后世子孙，另外两所私塾则惠及了乡里。李家后人谨遵先人李火眉的教诲，注重文化知识的汲取，饱览诗书，不少人成了有学问的人。

塔川——层林红透方知秋意浓

塔川没有古塔，因其背靠高耸入云的黄山余脉，遥望烟波浩渺的奇墅湖，粉墙黛瓦的古朴民居依山而筑，层叠错落，远观就像山上的一座巨型宝塔，所以才以“塔”命名。漫步古村落，你既可以观赏到“溪绕前屋”、“竹山莺啼”'、“塔川洞天”等奇景，又能领略这里淳朴的风土人情，尤其是塔川的秋色，美得难以言喻，不仅吸引了众多的画家和摄影家，几乎所有来塔川的游人都对它心驰神往，可以这样说，秋天的塔川才更接近画境里的塔川。

来到塔川，首先映入眼帘的是三株高大的古树，分别为樟树、榧树和枫树，每株树都有数百年树龄了，粗壮的树身需要几个人合抱，树干傲然挺立，直刺苍穹，依然焕发着勃勃的生机。它们就像迟暮的英雄，有种“老骥伏枥志在千里，烈士暮年壮心不已”的豪情，尽管树身已经有了斑驳的印记，树根也裸露了出来，可是它们仍然生命力旺盛，以擎天之势在向人们述说着自己数个世纪驻守塔川的历史。

穿过村落，走上一个高埂，极目远眺，整个村庄的美景尽收眼底。眼前是梯形的田埂，稻谷已经收割完毕，已听不到风吹稻浪的声音，脑海里想象着那片金色的海洋，眼前晃动着的是淡黄色的稻秆，不禁想起了电影《角斗士》里的一个经典镜头，男主角站在广袤的麦田里，用手缓缓地拂过麦穗，他是那么深爱着那片热土，深爱着自己的家园，渴望去过简单而安定的农耕生活。麦田和稻田虽然景色有异，可是给人的感觉却极为近似，它们深植于乡野，带着大自然的气息，构成的田园景色都是令人向往的。村民们世世代代在这里日出而作日落而息，过着单纯快乐的田园生活，日日与自然美景相依，怎能不羡煞外乡人呢？

秋日的塔川如油画一般，无论站在哪个角度看，它都能给你带来美妙的视觉体验，农田旁边是一片绿色的竹林，再远一点，是一片野火般的红树林，更远处呈一片黛青色，更远的山林则变成了缥缈的轮廓，层叠斑驳、色彩斑斓的树木，形成了一幅美妙的自然油彩，色彩的晕染恰到好处，由于光线和距离的缘故，造成了视线差，反而使眼前的景色变得更美。

塔川的秋色是无可挑剔的，选择晨昏之时观景最佳，晨间薄雾缭绕，农舍在迷蒙的雾气中若隐若现，漫山遍野流光溢彩，树叶从金黄、浅红到火红变化着，极富层次感，飞檐翘角、粉墙黛瓦的建筑从红叶丛中露出一角，与周围色彩缤纷的树海交相辉映，真是美不胜收。黄昏中的塔川仿佛镀上了淡淡的金色，不禁让人感叹“夕阳无限好”，它不愧是中国“四大秋色”观赏胜地之一。

北方的秋是热烈的、奔放的，就像一团熊熊燃烧的大火，又如年轻人的热恋，而江南的秋尽管有着浓烈的色泽，内里却是温婉的，处处充满诗情画意。来过塔川的北方人，最难忘的就是那片色彩纷呈的红叶林。每逢秋季，乌桕树叶子便进入了变色期，经过霜降，叶面由绿转黄，由黄变红，中间呈现七彩的颜色。在光照充足的地方，乌桕叶以艳丽的红色和橙红色为主，其间夹有暗粉红、紫红、红棕等其他颜色，观赏红叶时，人们都为造化的神奇而惊奇不已，这样丰富的色彩是调色盘调不出的，仅仅红色就有这么多种。

在色彩纷呈的乌桕林中，四处可见举着相机拍摄的摄影爱好者和前来采风的艺术院师生，有些新婚的新娘新郎还把这里当成了拍摄婚纱照的场地，一对对新人幸福地微笑着，身后是一片姹紫嫣红的乌桕林，只听“咔嚓”一声，他们的笑靥定格在这一瞬间，于是刹那便化作了永恒。

下山之后，回望一眼漫山嫣红的乌桕林，心中有些不舍，在阳光下翩然飘舞的红叶似乎时时都在眼前跃动着，塔川的秋色之美真是千言万语都难以道尽的，有幸来塔川赏秋品秋真乃人生一大乐事，人虽然离开

了塔川，但是那抹浓浓的秋意将常驻心间，永远都不会被抹去。

趣闻传说

塔川有一家民宿店的院墙上挂着两块木质的牌匾，上书“谢奶奶家”、“吃饭住宿烤火”，颇具闵南特色，这两块牌匾吸引了许多游人好奇的目光，据屋主说它来自一个温暖的故事。

有一年秋天，有一个福建人来塔川游玩，因为迷恋山上层林尽染的秋色，久久不愿下山，直到入夜才恋恋不舍地踏上了归途，山寒料峭，来到一家民宿店时早就冻僵了，屋主见这位游客冷得瑟瑟发抖，连忙用炭火为其取暖，游客大为感激，事后专门制作了两块牌匾相赠。这家民宿店是一对老人开办的，女主人是个慈祥和善的老奶奶，老奶奶姓谢，所以游客在牌匾上留下了“谢奶奶家”的字样，又把自己接受帮助的经过用寥寥数字描述了出来：吃饭、住宿、烤火。寒夜里的那炉炭火，不但温暖了夜宿游客的身体，也温暖了他的心，所以他才精心制作了牌匾聊表谢意。

西递——世外桃花源

西递拥有世外桃源般的田园风光、保存完好的古村落形态，素有“桃花源里人家”之称，它不曾经历过硝烟战火的洗礼，也没有受到现代文明的冲击，隔绝于都市的喧哗之外，就像是一个被世人遗忘的旧梦。然而西递却是和陶渊明笔下的《桃花源》最为接近的地方，这里黄发垂髫怡然自乐，至今民风古朴，白体素描飞檐镂空的建筑仿佛从诗画里飘然而出，古巷、古宅、古牌坊承袭了徽派的典雅风格，走进西递，既像寻到了与世隔绝的桃花源，又似恍惚穿越到了遥远的时代，那种感觉微妙而复杂，但却无比奇妙，让人沉醉，令人欣喜。

皖南多雨，到达西递时，它正被蒙蒙的烟雨笼罩，又多了几分妩媚。

村口有一湾不大的水塘，荷花含苞待放，在层层的绿叶之间，点点百花羞涩地打着骨朵，有一点“小荷才露尖尖角”的味道，可是却没有看到立在上面的红蜻蜓。向岸上望去，一座气势磅礴的牌坊拔地而起，蔚为壮观。在整个徽州，牌楼和牌坊占据了徽派建筑特色的半壁江山，西递也一样，奇伟壮阔的牌楼和古色古香的牌坊同样是建筑之中的点睛之笔。

历史上，西递村头曾修建过 13 座用来表彰孝悌操守的牌坊，现存的“胶州刺史”牌坊是最雄伟挺秀的一座，与其他牌坊不同的是，四根主柱下方有长方形的石墩，两端的石柱饰有抱鼓石狮，中间两根石柱前后都刻有两对前爪朝下倒伏的石狮，雕刻精妙逼真，世间罕有。花板上雕有鹿、鹤、虎、豹等动物的图案，两旁是双龙的浮雕，双龙之下为文臣武将和八仙人像，寓意是出则为将，入则为相；八仙过海，各显神通。造型富丽的牌坊与村口半月池塘相映成趣，既是村中的一景，又成了整个村落的地标，它静静地矗立在那，守卫着西递的文明，见证着西递的风雨沧桑。

随意在西递走走，会发现所有的建筑布局都非常符合古代人与自然和谐共生的哲学思想，粉墙黛瓦掩映在山谷间，马头墙层迭错落，古巷古宅幽深静谧，两条小溪穿村而过，潺潺流淌，不禁让人想起了《桃花源记》中的描述“缘溪行……忽逢桃花林……落英缤纷……便舍船，从口入……”脚下的青石板路在细雨的刷洗下，变得更为光滑莹润，空气也显得格外湿润新鲜，随便走进一栋老宅，看天井滴落的雨水汇进厅堂，静听雨滴拍打在雕花窗棂上的声音，然后开始深呼吸，心境也变得平和起来，这种感觉是在人海茫茫的闹市里寻不到的。

西递街巷纵横交错，初来西递的人徜徉在这迷宫般的建筑群落当中，很容易迷路。它曾被誉为“明清民居建筑的博物馆”，一座座古宅院落完美地再现了徽派民居的典型特色，飞檐黛瓦高低错落，流溢着徽派建筑的韵律美，婆娑的树影映在粉墙上，自然形成了一幅意蕴悠远的水墨画。

西递的中心有一座建于清康熙年间的官邸，非常适合观景，楼阁上

书有“桃花源里人家”六个大字，门额下题有“作退一步想”的一排字，十分意味深长。有趣的是，宅第临街的墙角故意被削去，寓意做人不能锋芒太露，退一步海阔天空。据说这里还是抛绣球择婿的场所，待字闺中的官家小姐，半掩窗扉，面色含羞地打量着楼下来来往往的人，看中了哪个俊秀小生，就将绣球抛下。在西递民间，流传着很多才子佳人的故事，故事大多浪漫而耐品，就如一杯香浓的黄山名茶，不知不觉使人产生一种飘忽感，思绪慢慢飘远，游离于这世间桃源……

趣闻传说

在西递，有一道风味特别的烩菜叫“臭鳜鱼”，据说这是当地的名菜，鳜鱼散发着臭豆腐一样的味道，教人避之三尺，久久不敢下筷。可是如果你克服心理障碍，夹一块放进嘴里，就会发现这鳜鱼真的和臭豆腐有异曲同工之妙，闻起来臭吃起来却奇香无比，它肉质鲜美，胜过无数人间美味。那么这道菜是怎么来的呢？

相传在200年前，沿江贵池一带，有不少鱼贩到歙县卖鱼，他们把大批的鳜鱼装在木桶里，然后运输到歙县，由于路途遥远，鱼很容易变质，鱼贩为了防止鱼腐坏发臭，就在鱼身上抹上了一层盐，孰料到达目的地时，经过简单腌制的鳜鱼还是变质了，发出阵阵难闻的异味，鱼贩舍不得把鱼丢掉，心想这鱼无论如何是不可能卖出去了，索性洗净了自己吃吧。于是便把臭鱼烹煮了，谁知尝起来竟是鲜香无比，大家竞相品尝，个个对其赞不绝口，于是人们纷纷效仿着烹制臭鳜鱼吃，世代相传，竟成了一道最具特色的徽州名菜。

查济——幽谷藏璞玉

“李白乘舟将欲行，忽闻岸上踏歌声。桃花潭水深千尺，不及汪伦送我情。”对于李白的这首《赠汪伦》很多人都是耳熟能详了，可是很少有人知道这位游遍名山大川的诗人后来又去了离桃花源不足 20 公里的查济古村，因为太迷恋它的景色，竟然一连逗留了八天，并写下了“问余何事栖碧山，笑而不答心自闲。桃花流水窅然去，别有天地非人间”的千古名句。

这个令大诗人李白流连忘返的古村落，不似人间，却在人间，它始终傲居深山，像大山幽谷中的一块璞玉，岁月的浸润和磨砺没有让它变得粗糙，反而使它变得有光芒。有关古村的特色，有诗曰：“十里查村九里烟，三溪汇流万户间。祠庙亭台塔影下，小桥流水杏花天。”查济在明清时人口众多，烟火鼎盛，村落延伸到了 15 里以外，民宅、祠堂、水系、庙宇到了明代都有了较为完整的规划，据说这里共有 108 座祠堂、108 座庙宇、108 座桥梁和 108 座牌坊。家家户户临水而居，岑溪、许溪、石溪三条小溪穿村而过，清浅的小溪淙淙作响，两岸杨柳低垂，与石桥、塔影相映生辉。

如今的查济已不见昔日的繁华景象，青砖黛瓦，依然清雅，鳞次栉比的古民居、巍然伫立的宝塔、庄严肃静的祠堂，虽然淡褪了往日的浮华，不过仍存留着富丽的残痕。一股古雅的气息飘荡在江南的烟雨之中，使查济看起来更像一个熟睡的老人，嘴角带着安然的笑意，沧桑的眉宇间透露着对昔日繁盛的追忆。

查济现在看起来虽然有些凋敝破败，可是气势犹在，古风尚存，村民的闲散安逸的生活方式更是令人羡慕，农妇在溪水中浣衣，狗儿在巷间慢走，村民们常常聚在一起话家常、说农事，景象其乐融融。

画院的老师带着学生三三两两地来到溪边或者巷子深处挥墨写生，细细地勾勒着这里的每一个触动人心的景致，有的人喜欢采用虚实相生的手法，寥寥几笔就勾画出了远山和古塔的轮廓，有一种说不出的意象美。

古宅的飞檐犬牙交错，黛黑的屋瓦、浅灰色的马头墙连成一片，窗户极少，多设在高处，方便通风和采光，屋子进深长、开间大，内设“一”字或“四”字形的天井。门楣、柱础窗棂上都雕有人物、山水、鸟兽、花卉等精美图案，最引人注目的是徽式建筑的“三雕”，至今徽州人还引以为傲，那便是飞檐木雕、柱础石雕、门头砖雕，这种雕刻的技法在查济村中仍可以看到。

在夏日的午后，老宅的墙面在阳光下泛出冷冷的光，时间仿佛凝滞了一半，让你感觉不到它的流逝，主人早已习惯了游人的造访，没有任何不自在，他慵懒地坐在雕花木椅上晒太阳，膝旁卧着一只可爱的家犬，那图景真有一番静享天伦的意味。谁又能想到老宅里的一个老人和一条狗能够组成这么美的一幅画卷，在他们面前，你不忍心发出任何声音，生怕破坏了这里的和谐与安宁。

查济是美的，春季桃花盛开、杏花竞放，大有灼灼其华的盛况，秋季红枫遍野，让你瞬间领略到“停车坐爱枫林晚，霜叶红于二月花”的意境。这里的自然环境仍可用“别有天地非人间”来形容，漫步查济呼吸着清新的空气，欣赏着这里优美的自然风光以及历史悠久的古宅、古巷，感受着古朴的民风，心情是舒畅的，精神是愉悦的，甚至愿意化作这里的一株草、一滴露，只为了感受这美妙的时刻。

趣闻传说

查济大部分村民都姓查，相传在慈禧垂帘听政时期，查济出了个满腹经纶的秀才，也姓查，这个秀才文采斐然，几次参加科举考试都是金榜题名，可是就是坚持不出仕，人们都很疑惑，他却笑着说自己读书不是为了升官发财，而是为了证明自己的才学。其实他只是个不求功名的

怪才，然而官府却容不得他戏弄科举，一怒之下便把他关进了大牢。

查秀才的事不知怎么就传到了皇帝的耳朵里，皇帝对这个江南怪才产生了浓厚的兴趣，亲自查看了他的试卷，非常欣赏他的文采，于是传下口谕招他进宫，还赐他为文状元。这下查秀才不仅免去了牢狱之灾，还获得了皇上的垂青，可谓是否极泰来，可是他在宫中待了三年后，越来越不开心，因为离开了家乡的好山好水，他写文章再也没有灵感了。皇帝了解情况后，恩准他在家乡建造一所宅院，并亲笔题名为养文堂，以便查状元回家省亲。

查状元回到家乡后，当地的官员纷纷携重礼拜见，他不但拒收礼物，还在村口建了一座亭子，取名为下马亭，里面摆放着自己的朝靴，放出话来说凡是送礼的官员都要在此下马，拜见完朝靴，然后带上礼物回去。当地的官员觉得受到了羞辱，就不再给他送礼了。

桃花潭——桃花潭水深千尺，群山无处不飞红

钟灵毓秀的皖南，人杰地灵，物华天宝，美景如画，在这片神奇的土地上，有一个令人流连忘返的美丽小镇——桃花潭镇。小镇倚山面水，南临云海茫茫的黄山，西接巍峨雄峻的九华山，紧邻浩渺的太平湖，因为李白的一首《赠汪伦》而名扬天下。一泓碧潭水光连天，岸边怪石嶙峋，古树参天，青藤缠绕，桃花绚若晚霞，亭台楼阁隐匿其中，宛若陶渊明笔下的武陵人家。桃花潭四周点缀着书板石、彩虹岗、古岸阁、青

砖黛瓦的古民居，移步皆为景，令人目不暇接。

江南的雨最是迷蒙，如烟似雾，丝丝缕缕，将所有的景物氤氲渲染，成为江南最大的特色。而桃花潭的景致更是江南所独有的，墨青色的青弋江，春夏水涨，和对岸的一汪潭水连成了一体，岸边桃花朵朵盛开，在蒙蒙的细雨中颜色越发嫣红，有如少女羞怯时绯红的面颊，映着山光水色，意境更美。晨曦中的桃花潭颇有几分仙境的感觉，远处的群山云遮雾绕，水上弥漫着如烟的水雾，小舟在烟波中若隐若现，雾里的桃花像被牛乳洗过一样娇艳，仿佛置身于梦境一般，果真是“千尺潭光九里烟，桃花如雨柳如绵”。

桃花潭水深数丈，清澈可鉴，潭边古木森森，绿意葱茏，千亩桃园繁花似锦，如诗如画。水依花，花照水，桃花流水，鸟语花香，人游其中，不知不觉便会痴迷。潭东岸有东园古渡，是汪伦送别好友李白踏歌的地点，还建有踏歌岸阁；西岸有垒玉墩、书板石、彩虹岗、谪仙楼、钓隐台、怀仙阁、汪伦墓等人文景观。

最引人瞩目的当属踏歌岸阁，因为看到它，人们不由得会联想到汪伦的踏歌声，以及李白的那句“桃花潭水深千尺，不及汪伦送我情”。这样真挚的友谊怎能不令人动容呢？踏歌岸阁正好面对桃花潭，潭水澄碧清冷，微风拂过，泛起点点涟漪，状若象鼻的怪石深入水中，看上去好似大象饮水。

踏歌岸阁的布局简洁明了，底层为供游人休憩或候船的通道，两侧设有卵石做成的条凳。楼下向潭的墙面开了一个专门用来观景的门洞，使游人的视线毫无阻隔地聚焦桃花潭。临水一面的屋檐向外延伸八九十厘米，便于人们遮阳避雨，下游部分出沿比上游部分多 10 厘米，使人们的视线自然转移到遮蔽较少的上游方向，聚焦在彩虹岗和钓隐台上。

阁楼上有精致的栏杆，凭栏远眺好景尽在眼底。此楼既是依地形地势而设，又充分考虑到了观景效果。为了让人充分饱览桃花潭胜景，楼阁前设有比室内略低的地坪，而且整个楼阁几乎是全镇沿河建筑的制高点，可以说是一个绝佳的观景平台。

踏歌岸阁立面正中采用上虚下实的设计，上虚是为了凸显踏歌古岸的意境，而水上的波光映在下面白色的实墙上，景象也是十分动人的。临街立面完全背阴，正中为全虚设计，使得对面墙体上的门洞格外显眼，景色也更为秀美明亮。

桃花潭西侧有两座相连的山岗，北面为垒玉墩，其下便是汪伦栖居的贾村，南面为彩虹岗。两座山岗皆为页岩所垒，山体本身不高，临水的一面岩层裸露，姿态万千，颇为奇特，垒玉墩上有数株桃花，灿烂似火，倒映在碧潭中，有若云霞铺水，绚烂之极。雨过天晴后，常有彩虹横跨在彩虹岗和踏歌岸阁之间的潭水上，煞是绚丽。

桃花潭只是一个皖南小镇，可是因为这一潭碧水，成就了无限风光，又见证了大诗人李白和汪伦的深情厚谊，至今流传着一首脍炙人口的古诗，而今游览桃花潭，虽然再不能听到岸边的踏歌声，却能饱览这秀美的天光水色，怀念浪漫主义诗人李白，仍不失为一件雅事。

趣闻传说

提起桃花潭，人们不约而同地会想起汪伦的踏歌声，和李白所做的那首千古名作，却很少有人知道桃花潭和活字印刷术之间的关联。印刷术、造纸术、火药、指南针是我国古代四大发明，印刷术始于汉代，在接下来的2000年的岁月里，人们不断改良和完善这项技术，使其更加完美，其中清代的翟金生就是其中之一，而他便是地地道道的桃花潭人。

翟金生自幼酷爱读书，对科学技术尤为感兴趣，于嘉庆年间考上了秀才，随后在家乡桃花潭以教书为业。他平时最喜欢读的书就是沈括所著的《梦溪笔谈》，被里面有关自然科学和发明创造的内容深深吸引住了，萌生了改进和推广活字印刷术的想法，遂带着四个儿子苦心钻研，制作出了十万多字模，为了掌握烧制工艺，他不惜跋涉数百里到江西景德镇投师学艺。回到家后，他带着全家人把一个个黏土字模烧制成了不怕翻动、不怕雨淋的陶制品。

后来他用自制的泥活字印刷了自己所著的诗文联语和一本族谱，获得了人们的赞扬和钦佩，70 岁高龄时，他用一首自传诗概括了自己毕生的理想和追求：“一生筹活版，半世作雕虫；珠玉千箱积，经营卅载功。”

江 西

思溪——儒风商道，千年遗芳

思溪，一个多么美的名字，首先让人联想到的是一个柔媚的女子，倚窗而立，脉脉地望着村畔的溪流，一个人想着心事。思溪，这个背山面水的美丽村庄，景色就像它的名字一样美。它素有“儒商第一村”的美誉，到了傍晚，斜阳照在通济桥上，给它镀上了一层暖色，马头墙倒映在水中，清晰而棱角分明，不晓得是谁家的公鸡车歇在桥头，这种古老的交通工具镌刻着徽商时代的风雨辉煌，延续着古村落的历史脉络，而今村民们仍用它来驮运粮食。看到它，徽商尘封的往事似乎在一瞬间被揭开，它作为见证了思溪儒商们起起落落的风雨廊桥，曾经编织起了

徽商的美梦，斗转星移间，它被忘记又被忆起，当一切过于平静，它又成为了古老村落不可分割的一部分，融入了思溪的历史与生活。

思溪的旧居老宅处处渗透着儒商倡导的“诚”、“信”、“仁”、“义”的文化深髓，曾经叱咤风云的徽商俱往矣，可是精神却延续了下来。思溪的村民仍遵循着抱朴守拙的文化理念，因此可以活得洒脱而怡然自得。这里的村民过着与世无争的生活，经常坐在桥头一端的美人靠上闲谈，或者坐在榕树下纳凉。

思溪最为人津津乐道的是“敬序堂”，它因成为《聊斋》的拍摄地而名声大振，现已成为了思溪的一道最引人关注的风景线。遥想当年蒲松龄挥毫写下《聊斋志异》，或许并未想过这部著作会产生怎样的影响。当年俞文杰捧着手稿爱不释手，日夜拜读，几近痴迷，以至荣归故里后按照《聊斋志异》的描述盖起“敬序堂”，300 年之后，电视剧《聊斋》开机，这里成了取景之地，似乎是冥冥之中的巧合，却成了民间的一桩美谈。

敬序堂匾额高挂，窗棂、梁架、门扇均雕有人物山水、花鸟鱼虫，雕刻细微，可谓巧夺天工。可惜书房太过幽暗，闺房里弥漫着诡秘的气息，阳光透过窗棂洒向房间，投来丝丝光线，地上的光线尤其微弱，使人走进去就遍体生寒。庭院右方的侧门，轻轻一推就发出瘆人的吱嘎声，颇有恐怖电影里惊悚的感觉。

经过数百年风雨的侵蚀，老宅已经显得有几分破败，可是宅外的两株桃花却开得欣欣向荣，花蕊倾吐、花瓣娇艳，微风拂过，花枝轻颤，如少女翩舞，细雨过后，桃花上缀着晶莹的雨珠，好似娇喘微微的女子在轻轻饮泣。遥想当年，有娇俏的女子偎依在桃花树下，绯红的脸颊映着粉红色的桃花，必是“人面桃花相映红”，然而人们在造访此屋时，或许更容易把美貌的女子和痴情的狐仙鬼魅联系起来，世间的痴男怨女在老屋面前或许也更容易伤情吧。

参观完了敬序堂，踏着青石板路一路前行，只见两旁的粉墙已经斑驳泛青，缕缕的光阴透过这些旧痕慢慢地渗出来，恍惚间便已梦回明清，那些即将远行的徽商、推着公鸡车贩茶的小贩、穿着青衫撑着油纸伞赶考的书生，影影绰绰地在眼前晃动起来，他们穿过青石板路，走过了通济桥，回望着与自己挥别的父母和珠泪涟涟的娇妻美眷，深情地道了一声珍重，不知不觉已经泪湿衣襟。多年以后，他们荣归故里、衣锦还乡，在思溪建起了成片的古宅。现在虽然已经人去楼空，可是循着这幽幽的小巷走去，你仍能想象到那些离别的故事和些许的爱恨情愁。

走上杉木制成的通济桥，但见桥两侧坐满了闲谈的村民，这里几乎成了大家公认的交流中心，每逢烟雨绵绵的日子或是遇上闷热的天气，村民们聚在这里聊天或纳凉。你只要来到通济桥，就能在最短的时间之内知晓村里发生的所有事情，还可以听到村里老人讲述的古老传说。这里风光旖旎，桥下波光粼粼，流水淙淙，汩汩流淌的仿佛是逝去的流年。徽州的商业气息也给这座古桥带来了生机，廊桥的狭窄处是商贩们的聚集地，桥两端的地段有售卖各种小商品和旅游纪念品的，南端有两家小吃店，提供包子和面条等面食。村民的闲谈声和商贩们此起彼伏的吆喝声打破了古桥的宁静，却给这个小村庄带来了生活气息。

坐在廊桥上，你看到的是一幅热闹的市井图画，这里的气息完全不同于古宅深巷，眼前晃动的是鲜活的真实人物，无论他们在谈笑风生还是为生计讨价还价，都会给你以亲切和温暖的感觉。从幽巷古宅漫步到廊桥，就仿佛从古代穿越到了现代，这种强烈的对比将给你的心灵带来无与伦比的震撼，那种感觉就像抛开幽幽古意的暗香，享受俗世凡尘里的灯火，得到的是一种知足常乐的幸福感。

趣闻传说

思溪有栋名宅，名为“振源堂”，是清代大夫俞士英的祖居。据宗谱所载，宅邸的主人为俞仲暄，是一代赫赫有名的儒商，他靠经营木材生意在商海声名鹊起，一手缔造了庞大的家业。1840 年，中英鸦片战争爆发，船坚炮利的英军以武力打开了中国的国门，清军落败，国土沦丧，俞仲暄怀着悲愤的心情把一手建造的“振源堂”改名为“怀耻堂”，提醒子孙勿忘国耻，长大以后一定要报效国家，成为栋梁之材。

果不其然，其孙俞士英不但被奉为通奉大夫，还在商业领域大展拳脚，靠经营茶叶和木材而一跃成为和徽商胡雪岩齐名的富商巨贾，他的后人也多有造诣，有的当上了银行行长，有的成为了名校校长。而振源堂经过俞家几代人的扩建方成规模，变成了一座宏大气派的豪宅大院，虽然历经岁月砥砺，前宅已然颓败，但是从精美的门楼上，人们仍能依稀可以窥见其当年的恢宏气派，它见证了思溪儒商的发展壮大以及俞氏家族曾有过的辉煌，如今驻足在这间宅院中的人们，仍能感受到思溪的儒风商道，它注定会千年遗芳。

瑶里——瓷之源、茶之乡

瑶里，一个遗落人间的天堂，一个可以让人忘却尘嚣的失乐园，不染半点世俗的浮华，只有朴实清净的乡镇生活。它是赫赫有名的“瓷之源、茶之乡、林之海”。只有瑶里，能让你那颗浮躁的心安定下来；也只有瑶里，使中国的瓷器文化和茶文化相得益彰；被称作“林之海”的汪湖，不知迷醉了多少人；诗意盎然的瑶里，波粼墨艳、古意浓深，走进这个充满魅力的古镇，你既能探寻到源远流长的华夏文明，又能享受恬静的生活，对于喜好旅行的异乡人来说，瑶里绝对是一个难得的好去处。

瑶里古镇依山傍水，河水清澈见底，游弋的鱼儿清晰可见，瑶河两岸错落地分布着数百栋明清时代的徽派民居，一片黛瓦和飞檐翘角点染在青山碧水间，形成了一幅迷人的山水画。走进瑶里，到处可以看到白发苍苍的老人三三两两地聚在一起闲坐、晒太阳或是话家常，那一张张爬满皱纹的脸庞，留下了时光雕刻的痕迹，就好像这座浸润着浓浓古意的小镇一样，随着岁月的流逝，留下了一道道深刻的印迹。然而每位老者的眼神都是泰然的，他们的眼里没有半点烧灼的欲望，有的只是平淡、知足和宁静，一如这个远离世事繁华的古镇一样，有的只是祥和和安宁。

沿河步行，随处可见伫立在河岸旁的一座座残存的古窑址，很难想象古人是怎样在这如此简陋的作坊中制作出一件件精美绝伦的瓷器的。想必那景象定是让人称奇的，如今已不见熊熊窑火，可是依稀可以想象先人热火朝天的劳动场面。熊熊的火光映着一张张粗犷的脸，一件件令人惊叹不已的精美瓷器经过烈火的烧灼焕发出绚烂的光彩。

瑶里本名叫窑里，是景德镇瓷器原料的主要产地之一，素有“高岭土，瑶里釉”之说。现在在瑶里仍然可以见到品种繁多的景德镇瓷器，青花瓷、色釉瓷、粉彩瓷等各类装饰丰富、造型优美的瓷器应有尽有。在各种琳琅满目的瓷器中，最受人推崇的是素净高雅的青花瓷，它是运用氧化钴料在坯胎上进行描绘纹样图案，再施以透明釉，然后在高温1300摄氏度的窑火中一次烧成的，色料自然地渗入坯釉里，呈现出清丽剔透的蓝色花纹，蓝白相映，明净雅致，十分美观。

青花瓷的美不禁让人想起由方文山作词的那首歌曲：“素胚勾勒出青花笔锋浓转淡，瓶身描绘的牡丹一如你初妆……你隐藏在窑烧里千年的秘密，极细腻犹如绣花针落地，篱外芭蕉惹骤雨门环惹铜绿，而我路过那江南小镇惹了你，在泼墨山水画里，你从墨色深处被隐去……”

瑶里不仅是瓷之源，而且还是茶之乡，瑶里制瓷历史悠久，瓷器文化源远流长，种茶、采茶的历史则可追溯到大唐时期，唐代大诗人白居易曾在《琵琶行》中写道：“商人重利轻别离，前月浮梁买茶去。”描述的便是浮梁茶业贸易兴盛的行情，而瑶里则是浮梁茶的主要产地。据考证，唐代的贡茶“福合”和“嫩蕊”也产自瑶里。

这里有着得天独厚的自然环境，山高林密，峰峦叠翠，多雾多雨，且土壤肥沃、气候温润宜人，非常适合农作物生长，实为最理想的植茶环境，瑶里茶美名扬天下，其中最受欢迎的是崖玉茶，此茶严格按照传统制作工艺精心烘焙而成，外形紧直，色泽嫩绿，在阳光下青翠欲滴，宛若美玉，味道尤其特别，带着幽幽的兰花香味，令人回味无穷。

人生最大的美事莫过于用瑶里的一盏上好的瓷器，沏上一壶上乘的好茶，如能用崖玉茶配上景德镇的茶具是再好不过。手捧一只青花盖碗，但闻缕缕清香入鼻，呷一口崖玉茶，茶香在唇齿间久久回荡，余味绵长。缭绕的茶香、精雅的瓷器，让人如痴如醉，来到瑶里观瓷色、品茶香绝对是人生一大快事。

趣闻传说

瑶里除了有诱人的瓷色茶香外，还流传着许多有趣的民间故事，其中就包括明朝开国皇帝朱元璋征战一方的故事。

相传，当年朱元璋带领红巾军与陈友谅率领的黑衣军在鄱阳湖展开了一场恶战，朱元璋遭遇了惨败，不得不带着残兵败将逃往安徽老家，为了躲避敌军追杀，他选择取道瑶里，并在瑶里梅岭做短期的休整。朱元璋的红巾军虽然受到了重创，却非常受当地百姓欢迎，他们对百姓秋毫无犯，纪律严明，百姓们纷纷拿出自家的粮食和饭菜来支援军队，不少青壮年还加入了红巾军。

朱元璋在瑶里梅岭休整了半个月，不但使士兵们恢复了士气，还扩大了队伍，红巾军发展到了一万多人，后来朱元璋带着这支队伍南征北战，陆续击败了包括陈友谅在内的各路王侯，最后完成了一统中国的大业，成了明朝的开国之君。当年朱元璋麾下涌现出了许多战功赫赫的猛将，他们之中很多人就出自瑶里梅岭，其中最功勋卓著的就是平陵侯，朱元璋为了表彰他的功绩，特地恩准他返乡重修张氏宗祠，准以王家桥的规模和标准筑造（封建社会，规定民居不过三进王梁），“朱地张祠”的说法因此在民间流传开来。

虹关——最爱徽墨飘香时

虹关是一个文化底蕴深厚的古村落，那里徽墨飘香，在明清时代是享誉全国的徽墨的产地，至今完好地保留着许多墨师的宅第。人们还把墨模的雕刻艺术驾轻就熟地应用到建筑上，形成虹关建筑的一大特色。虹关另一个令人称奇之处就是屹立在村头溪畔的千年古樟，它被誉为“天下第一樟”，树干雄伟，冠幅巨大，气势磅礴，曾有人形容它是“下根磅礴达九渊，上枝摇荡凌云烟”。

闭上眼睛想象一下，搬一把雕花木椅置身在这棵千年古樟的浓荫之下，面前摆着一方纹理粗糙的木桌，木桌上是一方质地纯净的徽墨，细细碎碎的阳光从树叶间洒下来，投下斑斑点点的金光，而眼前这流传久远的文房四宝则更显得熠熠生辉，人文和自然就这样发生了奇异的碰撞，这种感受是在别处难有的，在千年古树下赏墨宝既风雅又值得玩味，如果能听到一点虫鸣和鸟叫，就更令人觉得恍然如梦了。

雨洗过的虹关更加明丽清新，空气无比清爽，远处的青山翠色可人，水也显得澄澈透亮，仿佛明镜一般，碧绿的原野在你的眼前徐徐铺开，构成了一幅让人赏心悦目的山水田园图。稻田的上方有一群群小鸟飞过，它们呼朋引伴地唱着欢快的歌，是那么自由自在，要比庄子笔下展翅一飞就能水击三千里的大鹏鸟还逍遥。

虹关村口生长着一株枝叶茂密的古樟，相传它的树龄已逾千年，树干有三米多粗，需要好几个人手拉手合抱才能抱住，树的冠幅足有 3 亩，亭亭华盖有如一把擎起的大伞，形成遮天蔽日之势，人在树下显得非常单薄瘦弱，就好像是误闯巨人国的小人一样，看起来格外渺小和脆弱。古樟有着生生不息的生命力，千年过后，枝叶还是那么繁盛，可谓是老而弥坚，自强不息的虹关人都把这株树视作精神的象征，所以无论历史上出现过怎样的动乱和浩劫，都不曾有人把魔爪伸向它，它以自己的形式守卫着虹关，虹关人也以自己的方式护卫着它。

在参天古树下纳凉、合影或是挥毫泼墨、品清茶都是十分有趣的事，可是在人与树的互动中，树成了真正的主角，它不再是我们身后的背景，相反我们则成了它的点缀。来到千年古樟下，到处可见用手臂丈量树粗的游人，和站在树下笑意盈盈拍照的旅行者，他们都在用自己的方式在和这株足以用庞然大物来形容的老树进行着某种形式的沟通。

古樟之下，一条青石板路铺成的古驿道蜿蜒而去，这就是著名的徽饶古道。徽饶古道始建于唐朝，沿途都用长约 4 尺的青石板铺砌而成，是联通长江以北到徽州、饶州的要道，为客商的必经之道，古时必是十分繁忙，沿路定是人嚷马喧，车声辘辘，有的石阶已被磨出了凹槽，这是车轮碾压留下的痕迹。而今商贾在这条幽幽古道上奔波的足音早已远去，它仍然静静地躺在那里，偶有农人和游人走过，沉寂的氛围被打破了，而它依旧那样默然无应。

虹关村至今保留了大量著名墨师的老宅，这些建筑具有典型的明清徽派建筑风格，墨模的雕刻艺术融入建筑之中，堪称神来之笔，徽墨的精髓通过这种独特的形式融入到了深宅大院。如今走进这一幢幢大宅里，似乎还能嗅到浓浓的墨香。虹关村多为墨业世家建造，街巷也以墨业而闻名，所以虹关被称为“墨乡”。奢华气派的建筑易让人产生距离感，而今岁月已经将所有华丽的色彩磨蚀殆尽了，主人的富贵和显赫已不足以引起我们的好奇，只有那抹挥之不去的墨香徘徊在心头，引人无限遐想。

虹关村的兴起和民宅建设与徽墨的生产关系密切，婺源墨铺有一百多家，詹氏占了八十多家，詹氏发展到全盛时期，涌现出了大批有影响力的著名墨师，而这些墨师全部出自虹关村。随着墨业的快速发展，虹关人建造了大量的豪宅，有诗云：“山前山后植松篁，亦有田畴插绿秧。不是桃花流出洞，哪知此处墨研香。”描述的便是虹关制墨的场景。

虹关詹氏墨肆流传于全国各地，墨品有数百种之多，收藏徽墨的人不计其数。虹关村民中也有不少收藏家。今天走访村民，仍可看见他们世代珍藏的家传墨宝，大众墨、纪念墨、自制墨、药用墨、贡墨等品类不一而足，图案也丰富多样，以朱子家训、御赐金莲、龙门、虎溪三笑、壶中日月、松鹤遐龄等作为墨名，有的村民家中还保留着清代的墨模和烟炱，真是令人大饱眼福。

依依不舍地离开了虹关，空气中仍然飘荡着一股好闻的墨香，真想像徐志摩那样“挥一挥衣袖，不带走一片云彩”，可是要做到如此洒脱是不容易的，自知带不走虹关的云彩，可是却想把这段美好的回忆带走，这样在隐没于都市的滚滚人流和车流中时，心中仍保留着一处秘境，那是一个最美的地方，将永远守候着自己。

趣闻传说

在虹关，詹氏家族是一个名门望族，詹家不仅出了很多有名的墨师，还涌现出了一些朝廷政要，比如詹同，他官拜吏部尚书，为朱元璋所重用，为明朝的巩固和发展立下了大功。

詹同原名叫詹书，自幼聪颖好学，曾担任过翰林学士，朱元璋攻克武昌后，任命他为国子博士，赐名为同。当时诸博士讲授一经，都不能融会贯通，只有詹同博闻强识，讲授得最好，一时无人可比。后来被升为侍读学士。他经常向朱元璋进献忠言，多被采纳，1371 年，晋升为吏部尚书。

詹同工于诗文，有《詹同诗选》留存于世，其中有一则记述女子足球的趣闻。其诗云：“彭家女儿十六七，蹴鞠场中称第一。只今年已二十余，一十六解当君呈，满身衮龙尤精极。折旋左右疾复缓，金莲步步皆奇玩。得非瑶环连不开，无乃鸾胶续难断。落花流水去复回，观者如山总惊叹。”意思是女足高手二十有余，已到了婚嫁的年龄却仍英姿飒爽地驰骋在球场上，球技非常了得，控球运球游刃有余，爆发力极强，一双小小的金莲能踢出这么绝妙的球来，真是令人惊叹。由这首诗可以看出詹同不仅是个饱学之士，还非常有生活情趣，喜欢观看足球比赛，又善于观察，所以才能写出这首妙趣横生的小诗。

晓起——梦系田园，情迷婺源

婺源素有中国最美丽的乡村之称，而晓起则是其中一道亮丽的风景线。它既有小桥流水的江南风韵，又有香格里拉的圣洁美丽，更有数个世纪沿承下来的古朴民风，有人曾用“古树高低屋，斜阳远近山，林梢烟似带，村外水如环”来形容这座村落的原生态之美，秀逸的晓起就如清秀的邻家女孩，面容姣好，眉目如画，质朴亲切，有一种天然的亲和力，有幸和她结缘，你将毫不迟疑地爱上她。

放眼望去，是一大片油菜花地和桃花林，金黄色的油菜花好似一匹华丽的锦缎，而灼灼其华的桃花林则流溢着梦幻般的颜色，远处是莽莽苍苍的远山，在山野清风中，走进晓起村，就好像走进了一个色彩绚烂的世界。

晓起分为上下晓起两部分，下晓起位于两河交界之处，上晓起则是一水贯穿全村，晓起河水清澈见底，水里锦鳞游泳、水草幽幽，远处青山如黛，仿佛是水墨画里涂抹出来的。这里的青山绿水给人的感觉是不同的，它不像庐山的山水那样缥缈，也不像井冈山山水那样气势宏伟，它的特点是透、青、新。透者，山水如洗，无一丝浑浊；青者，山青如墨染，水青如温玉；新者，置身其中神清气爽，时时都有全新的体验。

晓起的水不沾纤尘，掬起一捧清凉入口，好似甘露一般。水滋养生命，晓起河是动物栖居的家园，来到河边但见鱼翔浅底，蚌蛤潜行，鸭子成群结队地在水面上游来游去，好一派生动的景象。浣衣的农妇“嘭嘭”地在岸边捣衣，神态怡然，从容自在，不远处担柴的樵夫走在乡间小路上，兴起时还会唱几首山歌，可以说这里处处都有一番乡野气息。

河上有一座年代久远的古桥，经过风蚀日剥，桥身已是一片斑驳，更显古意悠悠。立于桥头，举目四顾，蜿蜒曲折的青石板路、黛瓦粉墙的民居、纵横交错的巷陌尽在眼底。走下古桥，在山野清风中穿行晓起村，沿着青石板古驿道一路前行，只见石板上仍残留着古代徽商留下的深深车辙印，历史虽已远去，然而它的印记至今未曾磨灭。

村内多为明清建筑，小巷均是青石铺筑而成的，曲折回环，如棋局一般。上晓起村多为官邸宅第，名仕辈出，有“一门三大夫”、“祖孙两进士”之说，所以又被称作“官一村”。“进士第”、“大夫第”、“荣禄第”等富丽堂皇的官宦宅邸，以及门楼精美的砖雕图案，似乎在向人们述说着古村当年的显赫与繁华。全村樟树赫然成林，护佑着这里的村民。

顺着青石板路走向下晓起村，眼前是一派田园景象。村屋门前均设有瓜棚豆架，瓜豆各色杂陈，十分悦目。狗儿摇着尾巴在院子里走来走去。和上晓起一样，村中也种植了不少樟树，其中树龄超过千年的樟树就有十余株，有一株竟有一千五百多年，着实令人惊叹。在千年古樟下听鸟雀啁啾，或者看着慈祥的老婆婆认真地做针线活，都是非常惬意的事。

下晓起还有声名远播的精美三雕，所谓的三雕就是砖雕、门雕和木雕，礼耕堂和继序堂内的三雕工艺尤为精湛。礼耕飞檐下方是砖雕组成的垂花门楼，门楼下是雕有“雀、鹿、蜂、猴”的四块砖雕，形象栩栩如生，被誉为江南第一石雕。门梁上方是刻有“琴、棋、书、画”等寓意怡情养性的画面，蕴含着古人倡导的精神追求，风雅又不乏情趣。继序堂门上的砖雕手法极其独特，它是以透雕的手法雕成多层，最外层是“福寿财喜、瓜瓞连绵”的图案，中间是“文王访贤”，下幅为“连中三元”，四周由“渔、樵、耕、读”等人物山水图做装饰。和北方的砖雕相比较，这里的砖雕少了份粗犷大气，却非常细腻精致，更为耐看。

听村庄人说村里有对一大一小的水井，名曰“三月井”，在井水中可窥见“双井映月”的奇观。离开继序堂后便向村子的西北角走去，急着参观这神奇的三月井。据说每到皎月当空之时，两个水井中都会映出一轮月影，人站在中间，低头可见水中双月，抬头可见空中明月，三个月亮相映成辉，所以人们才称它为“三月井”。

水井建于唐代，井台旁有一条石砌的流水道，设计比较科学，双井功能不同，小井专用来洗涤衣物，大井供村民日常饮用。几个鹤发苍苍的老人在井台附近闲坐，村民们不时来井边取水，眼前的一切都充满乡野气息。这两口水井历经千年而不枯，哺育了数代村民，井水甘美清冽，有如天赐，难怪村里的老人面色红润，身体健朗，这真是一方水土养一方人。

走进这片净土，就仿佛一艘漂泊的船有了泊岸的感觉，这里秀色可餐，处处都是田园风光，远离世俗的纷扰，适合心灵旅行，在晓起，你就像林间的鸟儿一样自在，忘记了工作的压力和生活的烦恼，与陶渊明写下《归去来兮辞》时的心情颇有几分相似，虽然你不能像陶渊明那样归园田居，可是能感受一刻，那感觉仍是无比美好的。

趣闻传说

晓起是一个非常诗意的名字，那么这个名字是怎么来的呢？相传唐乾年间，兵戈四起，天下大乱，有一个叫汪万武的人为了躲避战乱，一路奔逃到了江西的一个僻静之地，当时天刚破晓，周围的景色笼罩在黎明的曙光中，他发现这里青山环抱，碧水潺潺，土地肥沃，水草丰美，像梦幻桃源一样美丽，遂产生了在此终老的想法。

汪万武庆幸自己躲过了兵荒马乱的危险，又发现了这么美丽的地方，心里甚是欢喜，精神恢复后他立即动手搭建了一个简易的草棚，暂时栖居在里面。后来他又建造了房屋，在此地长期定居下来，渐渐地，这里有了人烟，慢慢发展成了一个村落，汪万武想起自己初来此地时天刚刚破晓，于是就以晓起给村庄命名。

晓起有两方面的含义：一是意味着黎明的到来，新生活的开始。晨光破晓时，黑暗隐退，光明将至，随之阳光便会普照大地，这正如先人汪万武的遭遇一般，他经历了战乱的苦痛，可是却艰难地生存了下来，还找到了一处风景绝佳的落脚地，这便是否极泰来的力证。二是有勉励后人珍惜光阴的意思。天已破晓，便要全身心地投入到新一天的生活中，晓起有在黎明破晓时行动的意思。

李坑——山水长卷画中行

“半亩方塘一鉴开，天光云影共徘徊，问渠哪得清如许，为有源头活水来。”这是南宋诗人朱熹写给家乡婺源的著名诗句，在婺源中李坑的美景是极为闪亮的一笔。李坑之美，在于人与自然和谐共生，文化和生态珠联璧合。那里山清水秀，天空碧蓝如洗，正如楹联所写“青山不墨千秋画，绿水无弦万古琴”，李坑就是一幅天然水墨画，就是一架古色古香的焦尾琴。它既得山水之美，更有小桥、流水、人家构成的一幅天人合一的画面，一溪从村中缓缓流过，一水连千家，夹岸的民居皆是粉墙黛瓦飞檐，溪流上卧着或长或短、或平或拱的小桥，风光旖旎，叫人来到这里便不忍离开。

在婺源，取名为“坑”的村庄一定依傍着河流或者有活水穿村而过。水给村庄以灵气，但凡有水的村庄都显得格外秀美，李坑就是以“小桥、流水、人家”著称的魅力村落之一。李坑给人的第一感觉和周庄有几分类似，可是在神韵上又不同于周庄。这里的黛瓦粉壁、高墙小窗是典型的徽派建筑风格，整体格调黑白分明、素朴淡雅，飞翘的檐角在天际间勾勒出鲜明的轮廓线，在空间上极具层次感和韵律美。

古朴的民居倒映在潺潺流动溪水中，摇曳生姿。溪水非常清浅，一眼便可望到溪底的水草，就像徐志摩所描述的那样“软泥上的青荇，柔柔地在水底招摇”。小溪约有三四米宽，撑一只小船很容易靠岸。溪畔的村民傍水而息，沿路可见农妇淘米、洗菜的身影，偶见几尾漂亮的红鲤鱼在水中游动，那抹灿烂如晚霞般的橘红色，甚是让人欣喜。路边，可见许多村民坐在当地特有的“火盆高凳”上慵懒地晒着太阳，神情极为安然享受，面对异乡人的注视，毫不生怯，似乎这些游客与他们完全不相干，他们静静地坐在自家的老屋前，或是闭目养神，或是聚在一起闲谈，天真无邪的孩子则无拘无束地嬉闹玩耍，狗们安静地躺在地上，时而不经意地打量一眼游人，时而闭上眼睛假寐。在这种环境中居住是不是很接近海德格尔所说的诗意地栖居？

村内有两株古树，一株为桂花树，每到秋季，桂花飘香，空气里到处都浮动着桂花香味，有香飘十里之说。另一株为紫薇树，树龄超过500年，树枝树干都有些枯萎了，树皮很像人衰老时皱皱的皮肤，但是这株老树仍旧开花，据说花期长达90天，所以有诗赞叹说：“谁道花无百日红，紫薇长放三月久。”

河道两旁商铺林立，茶庄酒肆应有尽有，到酒肆之中喝碗糯米酒既能解渴又能解馋，不亦快哉。李坑的糯米酒最为芳醇香甜，沉淀着朴实无华的乡土味，在酒类当中最为真纯质朴，然而这种酒在北方人看来根本算不上酒，它不像白酒那样甘冽，味道又不够厚重，在口感上更接近饮料，入口清淡，即使一口气喝上几大碗也不会醉。

溪边的茶楼很是清净，李坑的茶味道也是淡淡的，然而越淡的香味越是让人回味，这就是味淡才知其香浓的道理吧。有的茶楼还设有阳台，夜宿茶楼，举杯邀明月，也算人生一件雅事。乡间的小路上也有不少为游人设置的茶亭，感到疲累或口渴时，到茶亭喝杯清茶，既能提神又能滋润喉咙，感觉十分受用。

游览李坑千万不可错过文昌阁，它是古代文人骚客吟诗作赋的地方，也是村民为保佑后人金榜题名而专门用来供奉文曲星的庙宇。文昌阁始建于北宋末年，在近代被大火烧毁，后来得以重建。主体为竹木结构，是八角亭阁式建筑，门楣上高悬着“星阁高隐”的匾额，门两侧是书有“楼宇喜登临看两涧清流双凤峙秀；人文欣蔚起愿五经共读六艺兼通”的楹联，门前有一半圆形的水池，池边栽种着七棵垂柳。遥想当年，文人雅士在这里各抒才情，口吐莲花，或是挥毫泼墨写出无数佳篇绝句，场面定是既热闹又风雅。不知有多少鸿儒之士登临过文昌阁，或许当年的倜傥风流早已被雨打风吹去，然而残存下来的幽古气息却没有湮灭。

到了傍晚，整个村庄一片沉寂，放眼望去，一片青黑玉白的老宅，清爽素雅，不染人世浮华，袅袅的炊烟升上了半空，依稀让人想到了陶渊明的那句“暧暧远人村，依依墟里烟”，这图景怎能不令人向往呢？来到李坑，只有一方清净在心，眼里都是明净和美好的事物，总之走此一遭，不虚此行。

趣闻传说

李坑溪河上桥梁密布，共有数十座形态各异的小桥沟通两岸，其中有座桥叫作中书桥，为婺源现存最古的桥之一，它建于北宋末年，是座长约 4 米的单孔砖拱桥，那么为何取名叫中书桥呢？据史书记载：宋大观三年（1109 年），村人李侃金榜题名，高中进士，官拜中书舍人。他久居京城多年，对家乡甚是想念，而且非常惦念家人，便动身回乡省亲。

衣锦还乡后，李侃很想为家乡做点什么，一天他在村边散步，见有一位同乡肩上挑着担子从小桥上走过，破旧的木桥似乎不堪重负，大有摇摇欲坠之感。他很为那位行人担心，好在行人顺利地通过了摇摇晃晃的小桥。李侃一颗悬着的心刚刚落地，迎面又跑来了几个嬉闹的孩童，木桥剧烈地摇晃起来，仿佛随时都可能垮塌，李侃看得胆战心惊。

目睹了木桥的破败之后，李侃为家乡捐资建造了一座坚固美观的砖拱桥。桥落成后，村人终于可以安心通行了，为了感谢李侃对家乡所做的贡献，人们便以李侃的官职为小桥定名，所以这座砖拱桥就被称之为“中书桥”了。

福建

泰宁——湖光山色，气象万千

泰宁地质结构独特，层峦叠嶂，林壑优美，连绵的群山围起一泓秀水，便有了金湖，山拥水，水恋山，山水相依，分外妖娆，乘竹筏沿上清溪漂流，浩瀚金湖和千姿百态的丹霞地貌尽收眼底，气象万千，幽深的峡谷、令人叹为观止的一线天，无比让人慨叹大自然的鬼斧神工，除了优美的自然风光外，泰宁的人文景观也毫不逊色，它素有“汉唐古镇、两宋名城”的美誉，有江南规模最大、保存最完好的古建筑尚书第，有“一柱插地、不假片瓦”的悬空而建的甘露寺古刹，人文与自然交相辉映，使泰宁古镇显得更为宁静悠远。

乘竹筏在上清溪漂流，可见高高的岩洞里有类似鸟巢的东西，撑筏的艄公说，那是鹰巢，泰宁的崖洞里有许多大大小小的鹰巢，在景区没有开发时，到处可以见到盘旋在高空的雄鹰，现在纷至沓来的游人似乎惊扰了它们，鹰影不是随处可见了，可是在漂流的水路上，还是有幸目睹了苍鹰凌空的身影。

上清溪山涧里雄鹰飞旋，百鸟啼叫，两岸壁立千仞，奇岩怪石嶙峋，水上丹霞世间罕见。据说泰宁的丹霞正处于年轻期，岩石风化、剥离、脱落，还在不断地形成新的景观，它不同于广西、云南的喀斯特地貌，剥落的石头没有光秃秃地裸露在外，而是被植被覆盖，在斑驳的峭壁上，你可以看到绿色的生命，据说生长在岩壁上的小草生命力极强，即使枯死了，只要遇到几滴水就能神奇地起死回生。

水上丹霞是泰宁的精粹，再加上气象万千的岩穴景观、陡峻深幽的大峡谷，真可谓是举世罕见的奇观。黄昏时分，在青山绿水的环绕中，水上丹霞仿佛浴火一般燃烧起来，那景象真是太奇幻了，真可谓是“一半海水，一半火焰”。在中国八十多处的丹霞景区中，泰宁被视作“中国丹霞故事开始的地方”，在方圆500平方公里的丹霞区域内，分布着中国乃至世界最大的单体丹霞洞穴、最高的丹霞奇峰、最长的丹霞岩槽、最长的水上一线天和最弯曲的峡谷曲流。

风情万种的金湖、曲折穿梭于深山峡谷的溪流以及碧潭、飞瀑给赤壁丹霞赋予了灵魂。金湖就像一面硕大的明镜，把四周的美景和姿态万千的奇岩险峰都映在了上面，险峭挺拔的“三剑锋”犹如出鞘的利剑，“大赤壁”犹如一张悬挂在崖上的红毯，“情侣峰”则像缠绵相依的恋人。金湖景区还有十几条壮观的瀑布，人在百米之外就能听到瀑布的轰鸣。其中较为有名的是白水漈瀑布，瀑布分为两层，相距过百米，水从高高的断崖上飞流而下，发出震耳欲聋的吼声，远观如天降白练。新雨初歇时，瀑布周围雾气缭绕，云蒸霞蔚，在阳光下仿佛一道彩虹飞泻，景象分外壮观。

中国的很多景区都有一线天，可是水上一线天还是颇为少见的。金湖水上的一线天是一个南北走向的大峡谷，长达百米，高约50米，宽度仅为4～5米，最狭处只有两米，仅能容一方小舟单独通过。一线天两侧陡崖耸立，向上仰望有一种坐井观天的奇妙感，竹筏进了一线天，里面别有洞天，崖壁上悬挂着涓涓细流，水中光天一线，又有崖上细流相伴，真是让人叫绝。

大金湖西岸的甘露寺，“一柱插地、不假片瓦”，整座庙宇由一根擎天木柱擎起，可谓是悬空而造。这座古寺悬架在陡峭的丹崖之上，堪称千古奇观。庙宇殿堂、亭廊外墙都是一片赭红，颜色比崖壁深，这一浓一淡形成鲜明对比，体现出古人的匠心。甘露寺依山傍水，在殿外凭栏远眺，一派山光水色，由于此寺建在山崖之上，山脚下生长着一片茂密的树林，所以远远望去，就好像一团红光漂浮于绿海之上，令人观之即啧啧称奇。

泰宁最具特色的古建筑除了甘露寺，就是尚书第了。尚书第建筑群非常气派堂皇，屋脊的形状很像一品官的官帽，寄予着主人希望子孙拔萃翰林的美好愿望。尚书第的窗户也很有特点，上半部分是窗，下半部分是棂，冬天糊上宣纸，房间里便暖融融的，夏天将宣纸去掉，凉风便可吹进屋子，这种设计完全实现了冬暖夏凉，功能很像今天的分体式空调。

泰宁的自然景观是独树一帜的，生态环境之奇之美，在别处也是难以见到的，人文景观镶嵌其中，更是锦上添花，它给人的感觉是震撼的，让人一见倾心，看一眼便永世都不会忘掉。

趣闻传说

在泰宁，吃乌鸡补身的历史可谓是源远流长，做法也是五花八门，其中最有名的一道菜就是状元鸡，据说它和泰宁的叶状元有着密切的联系。相传叶祖洽出生后，叶家人都非常高兴，叶父因此对叶母更疼惜了，专门从乡下买了好几只乌鸡给妻子滋补身体。乌鸡肉营养丰富，味道鲜美，叶母吃了几只乌鸡后，身体很快恢复了，把小祖洽喂养得白白胖胖的。叶父见妻子如此喜欢乌鸡，就又从乡下买来了几只，叶母见乌鸡长得可爱，舍不得杀来吃，就把它们圈养了起来。所谓鸡生蛋，蛋生鸡，经过叶母的精心繁育，乌鸡的数量越来越多，乡邻也对乌鸡发生了兴趣，纷纷向其讨养或换种蛋孵小鸡，没过多久，乌鸡就成了泰宁最受欢迎的家禽了。

有一年，泰宁闹鸡瘟，各种品种的鸡几乎都绝种了，叶母的乌鸡也都死了，好不容易从乡下的亲戚那里讨来了两只小乌鸡重新开始养，亲戚说："等祖洽进京赶考，我一定要送一只大公鸡给他吃，让他中个状元回来。"亲戚的吉言果真成了现实，小祖洽本来非常顽皮，被一位姓俞的老者教育一番后，开始发奋读书，长大后高中了举人。那位祝福过他的亲戚亲自做了一碗乌鸡肉给他吃，还说："你看，这只鸡头戴乌纱脚穿靴，吃了考个状元回来。"结果没过多久叶祖洽真的高中了状元。当然人们都知道他能出人头地是平时用功苦读的结果，可是仍然把他吃过的乌鸡肉命名为状元鸡，这就是泰宁状元鸡的由来。

塔下——宁谧优美的古村落

塔下是一个宁静优美的小山村，与蓝天、白云、青山相拥，山谷中流淌着奔腾的溪水，以 S 形的优美曲线将整个村落分割成了东西两部分，这玲珑柔美的溪涧就像太极图中曼妙的一笔，所以又被称作"太极溪"。溪上卧着 11 座或大或小的拱桥，两岸是独具特色的客家土楼，村里升起依依的炊烟，桥下的浣衣女笑语喧哗、笑靥如花。这里真是山美、水美、

人美，置身其中，就好像来到了另外一个世界，在这个世界里，没有纷争、没有迷惘，没有过多的欲求，只有平静、美好和从容。

清晨，乡间小路上人影稀少，山峦上云遮雾绕，溪水淙淙作响，在通向山坡茶园的小径上，可看见几个背着竹篓戴着斗笠的采茶姑娘。走在溪边的小路上，呼吸着清纯的空气，心情无比惬意，客家土楼的楼前屋后都是卵石铺成的小路，被纷至沓来的脚步磨得分外圆润光滑，闪着柔和的微光。

塔下是一个典型的客家村落，客家人以客自居，他们的祖先曾远离故土，跋山涉水来到这片土地安家落户、繁衍生息，而今在每一代人身上仍能感觉到那种客居他乡的烙印。然而客家人定居在塔下是有福的，这里的自然环境和人居环境都美到了极致，巍峨的大山仿佛巨人的手臂一样拦住了深邃的峡谷，山上古木参天，茂密的竹林一直延伸到天际，欢快的溪涧穿过高低错落的土楼，一切都在印证着浑然天成这个词。塔下人过着“枕水声入梦，踏涟漪醒来”的美妙生活，外乡人游荡其间，有一种回归的感觉，又会生出一种超然世外的恍惚感。

沿河而建的土楼非常有特色，土楼形态各异，或方或圆，还有裙形和曲尺形的，最独特的是风格类似浙杭水乡模式单院式土木、砖木结构的吊脚楼，构成大楼带小楼、错落有致的格局。土楼建造的年代不一，有的有好几百年历史了，有的则是几十年前建造的，形态各异的一栋栋土楼在和风中静静地屹立着，黑瓦、土墙、红对联在阳光的照耀下散发出迷离的色彩。每栋土楼的楼名都是有讲究的，全部取自于门楣楹联的开篇两字，体现出对儒家传统文化的一脉传承，又表达出了对美好生活的祈盼。

塔下民风古朴，村民勤劳善良、尊贤尚礼、热情好客，文化传统和客家精神世代传承，形成了塔下独特的风土人情。塔下村民对外乡人分外友好，不少村民都乐于热情款待从远方来的客人。有什么比走进客家土楼，品尝地道的客家菜，近距离感受村民的真实生活状态更能进一步了解塔下的乡土风情的呢？土楼中的一对老人尽管年事已高，头发已经花白，可是身板却十分硬朗，步履轻盈，说起话来声音洪亮，笑容也十分舒展。一对老人家相濡以沫几十年，注视对方时眼神里还饱含着款款深情，不禁让人联想到“执子之手，与子偕老”的浪漫。

地道的客家菜比任何山珍海味都要新鲜，土鸡汤熬煮得十分入味，浓淡恰到好处，汤汁清亮，上面只浮了一层薄薄的油花，轻轻地抿上一口，满口清香，香味中还略夹杂着清甜味，入喉时格外滑润爽口。鲜嫩的春笋被切成了块状，和农家自制的腌青菜和猪肉炖在一起，就成了一道荤素搭配、色香味俱全的佳肴。客家菜虽然制作简单，可是却更接近于菜品的原味，味道比精工细作的佳肴更胜一筹。能吃到这么美味的东西，实在是一件非常幸福的事。

饭后到溪边散步，看见村中的小孩子快乐地在石桥上玩耍着，欢快的笑声勾起了对美好童年的回忆。我们都不是童话中的彼得潘，终归是要长大的，可是长大后的我们却那么怀念纯真无邪的童年。曾几何时，我们也这样无所顾忌地欢笑过，脑海里只有游戏，长大后，也曾渴望过去过喂马、劈柴、周游世界的纯粹生活，可是脚步却被各种凡尘琐事绊住。

不知不觉，天色已经暗下来，月光下周遭圆弧形的土楼和红色的灯笼交相辉映，这景象真是酒不醉人人自醉，不知纯朴的塔下人是否像周伯通一样过得简单自在。人不可能返老还童，却可以返璞归真，而塔下正是能让人返璞归真的地方。

趣闻传说

塔下村出了不少华侨名人和商贾政要，张荣汀就是其中的一位。他生于清光绪二十二年（1896 年），家境贫寒，只上过 6 年私塾，21 岁开始闯荡四方，先是在荷属泗水开办公司，经营糖业，之后远赴新加坡，创立了南庆有限公司、丰太茶庄，茶庄的规模在整个东南亚也是首屈一指的。

张荣汀功成名就后，帮助家乡大力发展茶业，从安溪引进茶苗，在塔下遍植茶树，带动了当地经济的发展，使村民们过上了殷实的生活。他不仅关注家乡的实业开发，还非常重视教育事业，曾慷慨捐资兴建校舍，还发动同乡侨胞捐款。校舍落成前夕，张荣汀曾携夫人专程返乡查看校园建筑，学校自创办以来，为国家培养出了一批又一批人才。

张荣汀爱国爱乡的善举被广为颂扬，他在新加坡病故后，塔下的村民为了纪念他，为其筑造了“荣汀亭”，以示缅怀之情。

周宁——清清鲤鱼溪，人鱼情未了

周宁地势高峻，海拔达八百多米，高度居福建省全省之冠，故被称作高山明珠，因夏无酷暑，气候凉爽宜人，所以有“天然空调城”的美誉。境内古民居、古祠庙、古廊桥精雅别致，更有鲤鱼溪、九龙漈等秀美的自然风光，尤其是人鱼同乐的场景，有如童话中的世界，在别处人与自然无限亲近只是一种奢望罢了，而在周宁，却是一个美好的现实。

只要仔细观察你会发现，山水也是有个性的，有的热情奔放，有的沉稳内敛，有的威严肃穆，而周宁的山水却非常温柔、平和、秀美。山虽蜿蜒，却不奇险，鲜有高峰屹立，水虽充盈，却少有急流险滩。即便是名列全国十大瀑布之一的九龙漈瀑布，虽然气势磅礴，水帘大有幕天席地之势，可细看之下却像锦缎般明丽柔和。

周宁的水是宁静、温和的，所以水中的生灵也格外温顺如驯，据说在八百多米长的鲤鱼溪中，栖息着成千上万的大鲤鱼，它们五彩斑斓，十分耐看，而且天生不怕人，常听到人声便欢快地游过来，见到人影便聚在一起婆娑起舞。村人在溪水里洗菜时，彩鳞闪闪的鲤鱼就会成群结队地游过来，拖曳菜叶与人嬉闹，有时还会溅起一小束美丽的水花，惹得人们开怀大笑。游人经常用光饼喂鲤鱼，鲤鱼见人投食，马上围过来争抢，有时还会翩翩起舞。游客赏鱼时，还可以用手轻轻地抚摸游动的鱼群，这是人与鱼最近距离的接触。

在周宁，鱼的价值不在于食用或观赏，它们是人类亲密的朋友，到处可以看到人与鱼和谐共处的画面。傍晚时分劳作了一天的村民，经常搬条木凳坐在溪畔看鲤鱼，小孩子则喜欢坐在溪边吃饭，边吃边喂鱼儿，就好像跟自己的小伙伴分食一样。淳朴的村民爱鱼成性，暴雨大作时，有的鲤鱼被大水冲到了下游的田间，村民们便会自发地把它们送回家，鲤鱼在村民的帮助下重新回到了自己熟悉的溪水中。为了防止鲤鱼被洪水冲走，村民们专门在青石板下修建了可供它们藏身的穴洞，还在溪边种了不少蒲草，鲤鱼只要衔住蒲草，就可以躲过一劫，不被大水卷走。为了保持溪水水质清洁，不破坏鲤鱼的栖居环境，村民从不在小溪里洗涤衣物，也从未向小溪里倾倒过生活污水，而是用独立的下水道将污水排出。

鲤鱼溪由于村民的爱鱼之风，环境保护得非常好，所以游客才有幸看到人鱼同乐的唯美画面。鲤鱼溪畔设有观鱼亭台和水榭小桥，溪流右侧还有不少古迹点映成趣，林公宫古庙内，完好地保存着九幅清代的壁画，具有极高的观赏价值和艺术价值。溪边还有孔庙旧址、观音桥、郑氏祠堂等古迹。郑氏祠堂位于溪流左侧，造型优美独特，形似船舶靠岸。祠堂中植有十丈高的千年柳杉，看上去就像航船上高高竖立的桅杆，这棵古树内部中空却枝叶繁盛，着实令人感叹大自然的神奇。

走出鲤鱼溪，天色渐渐暗了下来，刚刚步入九龙漈景区，耳畔就响起了瀑布的轰鸣声。九龙漈瀑布在规模上丝毫不逊色于名满全国的黄果树瀑布，它有九级不同的落差，最大的一级瀑布高为 46 米，非常壮观，好似一匹华美的绸缎从天而降，伴着如雷般的巨响泻进了一个近千米的深潭，溅起一二十米高的浪花，颇有“惊涛拍岸，卷起千堆雪”的雄伟气势。九龙漈的奇特之处在于瀑水从跌宕的岩层中飞泻，一瀑紧接一瀑，瀑瀑相连，形态迥异，九级瀑布连成一线，好似银河从九天外倾泻而下，给人以波澜壮阔之感。然而九龙漈却不仅仅有雄浑的一面，它是秀美多情的，水是至柔之物，比丝绸锦帛还要柔软，即使高挂在悬崖之上，也掩饰不住它的秀气与瑰丽。九龙漈的水更是如此，如绸缎般柔美绚丽，又加之雾气缭绕，更显妩媚，它的美几乎可以让所有的游客一见倾心。

周宁的山、周宁的水以及周宁的人，构成了一幅唯美动人的图画，总在脑海里盘旋，久久挥之不去，那里有风光无限的鲤鱼溪，有人鱼逗趣的温馨场面，有历久而弥新的古迹，有让人叹绝的九龙漈飞瀑。山水很美，人更美，因为这里的人从未想过向自然界索取什么，而是以自己的方式爱护着大自然的家园，所以才得到了应有的报偿和幸福。

趣闻传说

周宁有一座祠堂叫作郑氏宗祠，它是郑氏子孙为先祖郑尚公建造的。相传南宋嘉定二年（1210 年），朝奉大夫郑尚公厌倦了官场的尔虞我诈，产生了归隐之意，遂毅然放弃了高官厚禄，选择了一种平淡但自在的生活。他想寻一处世外桃源的地方来安度晚年，便举家迁到了离浦源不远的吴厝底。

有一天，郑尚公在溪畔发现有一只通体雪白的母鹅，其身后跟着一群刚刚孵出不久的小鹅。原来溪畔竹林是母鹅的产卵地，母鹅每每怀蛋就会来到这里生蛋孵蛋，直至孵化出小鹅。他一路跟着这群白鹅来到了它们栖息的地方，但见四周高山耸立，平原开阔，一湾溪水清澈见底，山清水秀，风光旖旎。他心想如果能在这里颐养天年该多好啊，遂携妻女家眷搬迁至此地安家落户，经过世代繁衍，家族日渐庞大起来。后来又有许多外乡人陆续迁入此地，一个村落逐渐成型了，这个村落就是周宁。郑氏子孙为了纪念独具慧眼的先祖修建了郑氏宗祠，郑尚公的故事至今在民间盛传不衰。

长汀——客家首府，梦幻山城

长汀是闽、粤、赣三省的边陲要冲，自古文风鼎盛，是客家文化的发源地，把它称作客家首府一点都不夸张。穿城而过的汀江为山城增添了几分灵秀和飘逸，汀江流域林木葱郁，风景名胜数不胜数，美得令人窒息。

长汀古城依山傍水，一派丰饶美丽的景象，群山连绵，唯有一山异峰突起，不与其他山峰相连，个性很是独特。卧龙山在古城内延绵，风姿秀丽，而依据山势和水流建造的古城墙，几乎把半个卧龙山围进了古城之内，使这座历经沧桑的客家首府变成了如梦似幻的千古山城，这城中

有山、山中有城的景致最是令人拍案叫绝。

贯穿古城的汀江是客家的母亲河，它发源于汀州宁化县治平乡木马山北城，气势如虹，浩浩汤汤，据说是闽西最大的河流，被称作“天下客家第一江”。汀江虽不见得有“大江东去，浪淘尽”的气势，可是却为这座山城增添了几分缠绵的韵致，母亲河畔，橘子洲头，碧水悠悠，成群的鱼儿在清清的柔波里嬉闹，那河畔的杨柳在夕阳中就像盛装的新娘，满头的青丝优雅地飘荡着，垂柳的艳影倒映在水中，仿佛沉淀了彩虹样的清梦。

汀江是静美的，动态的汀江同样是美的。流淌在高山峻岭中的汀江，一路高歌，可是路途却没有那么平顺，在到达庵杰乡涵前时，被一座巍然耸立的石山挡住了去路，可是它并没有因此却步，而是另辟了一个出口，从一个巨洞里奔腾而出，像撒欢的野马一样呼啸着狂奔而去，于山穷水尽时开辟出了“柳暗花明又一村”的美景。汀江穿过的洞口形状就像一条拱形的龙，所以人们为它取名为“龙门”。汀江自龙门穿出之后，在洞前积成了一泓水潭，潭水碧色如翠，与毗连汀江的姿态万千的石林相映衬，好景美不胜收。

长汀的山美水美，古建筑古城墙也很美。名胜古迹在长汀几乎俯拾皆是，唐、宋、明、清的古城门、宏伟壮丽的文庙、美轮美奂的天后宫、造型独特的双阴塔……真是让人应接不暇。拾级而上，沿着古城墙漫步，欣赏着长汀两岸的旖旎风光，似乎可以瞬间领略“一川远汇三溪水，千嶂深围四面城”的旧时风貌。

轻轻地抚摸着残垣断壁的古城墙，墙石在岁月的不断剥蚀下已变得黯淡无光，可是谁又能否认它曾经有过的灿烂与辉煌？虽然属于它的历史已经化作了云烟，可是它却似乎有着坚定不移的信仰，于是固执地将那段记忆封存在了自己坚固的躯体里。一栋栋古宅恬静地矗立在古街两侧，它们实在太古老了，人们已经无法准确地记得它们的年龄。然而人们却执迷于它们的沧桑美，试图从其残存的风貌中感受历史的悲歌。

作为客家首府，长汀古城深深地打上了客家的烙印，四处都是独具魅力的客家民居。民居沿中轴线展开，两侧对称，沿袭了中原宅第的建筑风格。民宅以长汀围屋最为典型，一栋较大的围屋足以容纳几十户人家居住。有的人家还在门前设置了门楼，门后建造了精致的闺阁绣花楼，并设有供人休憩的“美人靠”。长汀的民宅在布局上承袭了中原的特点，在风格上又别具特色，它和客家土楼一样，是客家人聚族而居的城寨。

参观完长汀围屋，千万不要错过美味的客家餐。客家的豆腐尤其水嫩，简直入口即化，米粉松软适口，香气扑鼻。饭后继续游长汀，跨河的塘桥已经灯火通明，廊桥的灯影映在汀江的碧波上，流溢着橘红色的光彩，画面很是柔和唯美，有几分梦幻的味道。走上廊桥，才发现到处都是琳琅满目的商品，商贩们售卖各式各样的手机和新款时装以及当地特产的笋干和米粉，叫卖声此起彼伏，景象热闹非凡。当地居民很喜欢到廊桥纳凉，两鬓飞霜的老人，脸上露出一派闲适的神情，年轻美貌的清丽女子喁喁交谈，一笑便可倾城。在无边的月色下，这座古老的山城呈现出灯火辉煌的景象来，它依然像白天那样明媚动人。

趣闻传说

在长汀流传着很多有关胡瞎哩的逸闻趣事，那么胡瞎哩这个滑稽的名字是怎么来的呢？据说长汀水吉门有个姓李的盲人，脾气急躁、性情暴烈，从来不肯踏踏实实地走路，眼睛看不见却总是横冲直撞，一路疾走，不是撞碎了别人的鸡蛋，就是碰翻了别人的糕饼担。然而他非但不肯道歉，还蛮不讲理地说是别人故意撞他，嚷着让别人赔偿，大家拿他没办法，心中暗暗叫苦。

这件事传到了胡梦吉的耳朵里，他扬言要整治那个无赖耍横的瞎子。有一天两个人在水吉门相遇了，胡梦吉径直撞上了李瞎子，把他撞倒在大街上，李瞎子挣扎着站了起来，即将发作，胡梦吉却一把揪住了他的衣领怒道："你好大的胆子，不知道我胡瞎哩的大名吗？居然欺负到瞎子头上了，今天我非得给你好看！"

李瞎子一听误以为对方也是瞎子，而且火气比自己还大，心里有几分害怕，于是慌忙解释道："我不是故意撞你，我也是瞎子呢。"胡梦吉松开了他，故作吃惊地说："罢了，既然你也是瞎子，全当我倒霉了。"李瞎子说："胡瞎哩你也别吵了，我给你赔个礼吧，谁让咱们瞎子碰瞎子呢。"说完，道过歉便悻悻而去。众人见状都笑得前仰后合，从此李瞎子再也不为所欲为了。这件事被传为笑谈，人们都管胡梦吉叫胡瞎哩，胡瞎哩的故事便在民间流传下来了。

培田——南方庄园，民间故宫

培田，一个美丽的山野村庄，白云悠悠，天蓝似海，青山环抱，一幢幢由黛瓦、白墙、青砖构成的古色民居掩映在一片浓浓的绿荫之中，好一派优美的田园风光。培田不仅风景优美，人文景观也可圈可点，它至今保留着较为完整的明清建筑，浓郁的客家气息可比肩永定土楼和梅州围龙屋，被奉为"福建民居第一村"、"中国南方庄园"、"民间故宫"。走进这个清幽质朴的古老村庄，就好像走进了一个神秘莫测、充满魅力的客家部落。

村口矗立着一座醒目的青石牌坊，上面饰有双狮舞绣球、双凤朝阳的浮雕，因为受尽了风雨的侵蚀，图案已经有些模糊了，但匾额上的字迹还清晰可辨，上面书有"恩荣"两个苍劲有力的大字。在不远处的溪流上有一架水车正慢悠悠地转动着，发出"嘎吱嘎吱"的响声，这久违的声音，是那么熟悉那么亲切，仿佛就是古老动听的乡村民谣，让人一听就沉醉在浓郁的乡村风情里无法自拔。这是一种惬意的享受，更是一种心灵的回归，那哗哗的水流声和水车转动的吱嘎声，就是响彻在田园间的最美的音乐。

培田的水是灵动的，任时光荏苒，流水始终生生不息，环绕着一座座古民居，滋养了一代又一代培田人。数百年前，先人们根据村落的水系设计和建造宅第，每一栋老屋都布设了暗沟，专门用来排泄天井雨水和生活污水，天井将从屋檐上落下的雨水汇合一处，积水顺着暗沟注入石砌的水池，据说这种设计符合“四水归堂，财源攘滚而来”之说，既环保又寄予着古人对美好生活的期望。

村中心有一条长达千米的古街，这条古街贯穿了整个村子，古街、巷道互相连通，把错落有致的明清建筑连成一个有机的整体。街道旁设有水圳，穿街过巷，直通各个住户，堪称古代用水工程的典范。家家户户用水都很方便，水质清澈见底，村民们在自家门前就可以淘米洗菜。奔流不息的溪水从昨天流向了今天，也必将从今天流向明天，它是一个不老的传奇，不仅见证了这座古老村落的全部历史，还将引领培田人走向更美好的明天。

除了古街之外，培田村至今保留着30栋高堂华屋、21座静穆的古祠、6栋古色古香的书院和两道跨界牌坊。这里的古建筑多建于明清时期，具有典型的南方风韵，外墙是青色的防火砖砌成的，内部为木质结构，窗屏皆多以木刻雕花彩绘漆画做装饰，门楼饰有泥塑和石雕，工艺精巧，十分美观。

培田的民居堪称徽派建筑的典范，具有江苏园林的布局结构，皆以中轴线为中心向两边次第展开，庭院深深却又十分规整，每个天井里都布设了数量不等的房间，关起门来，一个院落就能形成一个独立的空间。培田人很风雅，喜欢“培兰植桂”，无论家宅大小，都会在主厅的天井中间修建一个亭子，在里面种植兰花。遥想当年，主人坐在亭中赏景，呼吸着兰花的幽香，心情一定格外欢畅。培田的民居就像一座优雅的庄园，宏阔、散淡，布局巧妙，四周又有环绕的溪水润养着它，人们足不出户就可满足用水所需，女子还可以站在水边梳妆打扮，其图景正应了古诗中的优美诗句：“梳洗罢，独倚望江楼……斜晖脉脉水悠悠。”真是美妙至极。

除了古建民居外，培田村的南山书院和容膝居也非常值得一观，南山书院被当地居民誉为“入孔门墙第一”，该书院有五百多年的历史了，曾经培育过一百四十多名秀才。容膝居是专门为妇女而建的学堂，房间面积不大，为三开间，中间便是讲学的厅堂。由此可见，在古代，培田人就非常重视对女性的教育，其教学理念比中国的很多地区都要进步。

培田村是个美丽的地方，只可惜我们都是它的过客，目睹过它的美，却不能为此停下匆匆的脚步，可是这又有什么关系呢？遇见它是一个美丽的意外，即使终将离去，也感到分外知足了。

趣闻传说

培田有座形似卧虎的高山，叫作后龙山，村民每次看到此山就会联想到老虎，于是对这个森林之王产生了一种特别的感情，村里因此流传出了许多和老虎有关的故事。

相传，古时培田村附近有很多野兽出没，它们不仅对村民的生命安全构成威胁，还经常糟蹋庄家。后来山林里来了一只凶猛的老虎，在老虎的捕食下，野兽的数量锐减，村子又恢复了往日的宁静，又加上风调雨顺，村民获得了大丰收，大家安居乐业，过上了殷实的生活。

有一年冬天，从外地走来了一个行乞的小女孩，她衣衫单薄，难以御寒，晚上便躲进了吴氏祖祠里取暖，不时发出悲苦的呻吟声。老虎听见了这悲戚的声音，健步闯进了祖祠，它望了望脸冻得发紫的小女孩，试探着向她凑了过去，然后用自己身体温暖她。老虎的毛皮柔软而温暖，小女孩忘记了害怕，任凭这只巨兽抚慰自己。次日清晨，有位老人看见老虎和小女孩偎依在一起，吓得大叫起来：“老虎吃人了！老虎吃人了！”老虎一惊，跑进了深山，而那个可怜的小女孩因为躲过了冬日里最寒冷的一天，活了下来。

和平——最是书香能致远

和平古镇地处闽赣两省的要冲，是历代商旅的必经之地，由于地理位置重要，也是兵家必争之地，所以它见证过商贸的繁荣与兴衰，也受到过战火的洗礼，然而它却取了这样一个耐人寻味的名字，多少有点反讽的意味。

和平镇是一个历史文化名镇，迄今保留着大量名胜古迹，高耸矗立的东门、北门谯楼见证了古镇数百年的风风雨雨。谯楼之上白云舒展翻飞，清风亘古不变，朝晖夕阳还是旧时模样，可是人间早已发生了沧海桑田般的巨变，历史在原汁原味的古街古建中凝固了，在书香飘逸的和平书院中固化成了一段萦萦于怀的情愫。走进和平镇，就像走进一座陈列丰富的历史博物馆，踏上和平镇的土地，你便能感觉到历史的脉动，听到辽远的回响。

古镇的东侧，屹立着一堵鹅卵石堆砌而成的古城墙，墙体的中央是一拱形的门洞，城墙墙头立着一座形若飞鸟展翅的三重檐歇山顶式木质谯楼，这便是和平古镇的东门了。在古时，和平镇是富庶之地，为了防止匪盗侵入，人们在小镇四周筑起了高高的围墙，在东西南北四方都设置了城门，又在城门上建起了专门用于瞭望的谯楼，使整个镇子变成了一个固若金汤的古堡。这座古堡封闭而坚固，千年不朽，可惜很多城墙已经坍塌了，现在仅有东、西、北三座城门和东谯楼、北谯楼保留了下来。

古镇完整地保留了古街巷，街道两旁的大小巷道是青石板铺成的，贯穿古镇南北的旧市街全长六百多米，因为地势关系，形成了“九曲十三弯”的形状，犹如一条欲凌空腾飞的青龙。旧市街两旁是鳞次栉比的砖木结构的老宅，老屋虽已残破，却依稀可见古镇曾有的繁华和荣光。漫步古街恍然如梦，青石板上似乎传来了嘚嘚的马蹄声，有一种梦回大唐的感觉，马蹄声隐没之后，是独轮车吱呀呀的吟唱。络绎不绝的人群穿着宋朝的服装从这条古街上穿过，喧闹的气息至今犹在。和平镇向来有以街为市的传统，古时如此，至今仍未改变，现在古街上仍有不少生意人在做买卖，每逢集市，人们也乐于在街心踱步，边逛街边看货物，怀古购物两不误。

沿街两旁分布着近百条河卵石巷道，它们长短不一，或宽或窄，纵横交错织成网状，给人以一种宁静幽远之感。几乎每一条古巷都有自己的名字，都流传着一个动人的民间故事。其中有一条窄巷，巷宽不足一米，仅能容一人通过，它叫“和气巷”，因为两个人在巷子中相遇，就好比狭路相逢，必须同时侧身，互相谦让才能顺利通过，故曰“和气巷”。如一男一女在窄巷中相遇，男子通常紧贴墙面，让女子先行，谦让之举及翩翩风度给女子留下了非常美好的印象，因此成就了不少姻缘，所以此巷又被称为“姻缘巷”。

和平镇古意悠然，自古文风鼎盛，创办于五代后唐时期的和平书院是我国最早创建的书院之一。这座书院培养了一代又一代莘莘学子，使和平走出了 137 名进士，得到了“中国进士之乡”的殊荣。正门门楼门额上的“和平书院”四个大字据说是朱熹亲自所书，至今人们仍能感觉到那缕弥漫的墨香。院门以青砖为材质，顶部形如官帽，三扇门构成一个“品”字形，意在勉励学子刻苦读书，学而优则仕。

走进书院正厅，需要踏过 13 级青石板石阶，前六级寓意为寒窗苦读，为金榜题名做准备，从第七级至第十三级寓意着步步高升，官衔从七品升至一品。书院的正厅是夫子授课讲学的地方，上方悬挂着书有“万世师表”的匾额，表明百姓对老师的尊重和崇敬之情。走出书院，眼前却浮动着学子捧书苦读的画面，朗朗的读书声在耳畔响起，经久不息。

古镇在书香、墨香的浸染下，已然透出了和平的意味，绵延的战火远去了，和平成为永恒的主旋律，在和平环境下生活的人们在解开历史画卷的一刹那，更加为这座古意悠悠的千年小镇沉迷了。

趣闻传说

和平文风鼎盛，村民尊师重道，这一切都和和平书院有着或多或少的关联。和平书院为五代后唐时期的黄峭所创建。黄峭是一位颇富传奇色彩的人物，在千千万万的黄姓家族中，他的名气绝不亚于黄歇、黄香、黄庭坚，可谓是家喻户晓。

黄峭所生活的时代，政局动荡，天灾人祸不断，经年的战乱导致民不聊生，为了不让乡人再受战乱之害，他毅然挺身而出，组织起了一支抵抗外侮的队伍，保得一方平安，后来被招至陇西郡王李克的麾下，担任千夫长。黄峭有才干又懂谋略，屡立奇功，不断受到提拔，官拜工部侍郎、奎章阁学士、千户侯、尚书令。后来李克之子李存勋建立了后唐，黄峭厌倦了南征北战的生活，选择了解甲归田。他回到邵武和平镇后，创办了和平书院，把余生献给了教育事业，培养了一批又一批学子，为和平镇的教学呕心沥血，直至寿终正寝。

下梅村——万里茶道第一站

“鸡鸣晨光兴，祥云夹出千灶烟”是下梅村流传的一首民谣，描述的是这座古村落旧时繁荣的盛况。在古时它是一个兴盛的茶市，谁又能想到这个小小的村落竟然连接着遥远的中俄茶叶贸易边城恰克图，会成为万里茶路的起点。当年一艘艘满载着茶叶的船只浩浩荡荡地来到下梅梅溪，曾经“日行舟三百艘，络绎不绝”，而今舟来楫往的喧嚣远去了，梅溪恢复了平静，下梅村又回归到了最初的样子，怕是只有杨万里的诗才能形容它的美：“不待山盘水亦回，溪山信美暇徘徊。行人自趁斜阳急，关得归鸦更苦催。”下梅应该是一个深居简出、神秘羞涩的古美人，仅仅匆匆留给世人惊鸿一瞥，也引得人们频频回首，不愿理会西沉的落日和苦催的归鸦，她的诡秘和惊艳由此可见一斑。

下梅村位于梅溪下游，故曰下梅。梅溪发源于武夷山东部的梅岭，流经的很多村落都以这条溪水命名。上游为上梅村，下游为下梅村。当年朱熹饱览上梅村、下梅村的优美风光时，留下了“晓登初移屐，寒香欲满襟”的诗句。潺潺流淌的梅溪激发过理学家朱熹的灵感，还促成了茶市的繁荣。梅溪在水运航道中发挥过重要的作用，它和村中的人工运河交汇，形成丁字形水网，成了远渡俄罗斯的贩茶者扬帆起航的起点。

如今下梅村茶市的地位不再，可是饮茶的传统和悠久的茶文化却流传了下来，在这个古老的村落里，几乎家家户户都会做茶，做茶、品茶已经成为下梅村人生活中不可分割的一部分。按照传统工艺，一道茶需要几十道工序，年迈的阿婆背已经驼了，可是仍然不知疲倦地采茶、制茶，下梅村人的一生和茶注定会结下不解之缘，这种心无旁骛、专心做茶的场景已经存在了千百年，没有人抱怨做茶的烦琐和辛劳，人们乐在其中，长年闻着袅袅环绕的茶香，淡然如斯，就像古时的下梅村人一样。

尚茶是下梅村人的传统，而尚茶的人也多半会喜欢下梅。这里环境清幽宜人，民风古朴，源远流长的茶文化和居民坚守的原生态生活恰如其分地融合在一起，成就了下梅村不凡的魅力。与茶结缘是下梅村的福祉，即使经历了岁月流转、人世变迁，下梅村仍是一个茶香飘逸的美丽村落，它的制茶传统还将世世代代传承下去，而那傍溪而筑的古老建筑就像一串醒目的文化符号，仿佛在向世人述说着它曾有过的荣耀与辉煌。

下梅村的民居多为木石结构，闺楼、书阁、别业、花园、厢房是民居的重要组成部分，各民居都设有四方天井，采光通风良好，排水能力极佳，天井下方布设着长条石花架，以供主人种花、赏花。试想一下，别致的院落，花木扶疏，晴天时有灿烂的阳光相伴，阴雨霏霏时可以边品茗边欣赏雨景，是何等的惬意悠然。

下梅村民居不仅布局精妙，环境优雅，砖雕、石雕、木雕等雕刻技艺更是一绝。砖雕华美大方，多为浮雕，也有镂空雕，取材十分丰富，包括神话故事、历史人物和象征着吉祥如意的花卉等。民居雕刻线条流畅、图案精美，人物传神，花卉植物富有韵致，而且巧妙地采用了多种象征手法来表达主题，比如花卉祥云等图案象征着“花开富贵”，而人立于怪兽的头顶则意味着“独占鳌头”。民居的木雕也是精彩纷呈的，栏杆、窗棂、柱础等均饰有精美的木雕，图案以花卉植物及人物为主，表现出人们对儒家传统美德的颂扬。

而今许多晋商驻脚的院落已经寂静无声，只有里面的茶树依旧旺盛地生长着。推开老屋厚重的木门，静静地立在一隅，慢慢地品一杯香醇的清茶，就好像在阅读一本古老的史书，是关于茶道的，它即使被岁月浸湿了页码，依旧久久地散发出一股淡淡的幽香，让人回味不绝。

趣闻传说

下梅村出了很多有名的茶商，其中最为知名的是乔致庸。乔致庸经商讲究诚信，认为信誉是商家的根基，在业界赢得了良好的口碑，凭借着雄厚的资金和以诚为本的精神，创办了两大票号，一为大德恒票号，一为大德通票号，其中大德通票号的前身就是乔家大德兴茶庄。

乔家大德兴茶庄创办于清咸丰年间，那时大批的晋商来到武夷山贩茶，将制作的砖茶远销到蒙古和俄罗斯等地，垄断了与蒙俄的贸易。他们以武夷山附近的下梅村为起点，开通了一条可与丝绸之路相媲美的万里茶路。乔致庸看准了商机，立即兴办了大德兴茶庄，从此南到武夷山下梅村，北到恰克图的砖茶上开始打上大德兴的标记，乔家制作的砖茶深受蒙古人和俄罗斯人欢迎，乔家因此收获了丰厚的利润，乔家的商号也成为了当地最有影响力的商号。

湖南

芙蓉镇——屹立于瀑布之巅的村落

芙蓉镇原名叫王村，是湘西土家族人聚居的一个小山村，后因为谢晋导演在此地拍摄电影《芙蓉镇》而声名鹊起，故更名为芙蓉镇。当年，刘晓庆和姜文在这里拍戏，宋祖英在这里拍《小背篓》，在依稀的光影和歌声中，这一排排依山而建的黑青瓦、小木楼土家建筑，显得更加唯美

和动人。然而它却不喜欢争锋，安静地悬挂在瀑布之上，如隐士般恬静淡泊。在白河码头从酉水河弃船登岸，很难想象这小小的码头居然有着千年峥嵘的历史，当年土司王盛大的祭祀典礼在这里举行，乡土文学家沈从文的客船曾在这里停泊……

雄踞酉水北岸的芙蓉镇屹立于瀑布之巅，瀑布高为六十多米，气势恢宏，飞溅的水花在阳光的照耀下闪现七彩的颜色，形成“雪浪飞虹”的奇观。第二级瀑布有一条游道，人可以穿梭其中，在水帘内欣赏这壮美的景色。近距离感受瀑布，聆听“大珠小珠落玉盘”的美妙声音，任飞溅的水花肆意地打湿自己的脸颊和衣衫，顿感清爽宜人。就算凭窗而立，也能听到瀑布涛声，嗅到酉水独特的味道，栖居在与瀑布如此接近的地方，感觉是非常奇妙的，是所有语言都无法描述的。

芙蓉镇四周是青山绿水，鳞次栉比的土家吊脚楼依山蜿蜒而筑，在陡峭的山路中，一条长街直贯山腰，走在光滑的青石板路上，就好比踩在悠长岁月的历史碎片上。古街两旁店铺林立，货物琳琅满目，土家织锦、银饰、古董钱币、各色蜡染应有尽有。不知不觉就来到了号称“土家观瀑吊脚楼”的民俗博物馆前，里面陈设着具有乡土气息的民间物品，包括手摇脚踏的旧式棉花机、饰有精美雕花图案的牙床，展示着土家人的风土民情。想象一下年轻的土家姑娘坐在棉花机前专注织布的样子，那画面必是极美的。

拾级而上，只见几家织锦的商铺已经开门迎客了，店里的墙壁上挂着五彩缤纷的挎包、漂亮的壁挂和一些床上用品。土家姑娘心灵手巧，售卖的手工艺品都是自己亲手所做的，这些纯手工制作的东西，比机器批量生产出来的商品精致细腻多了，而且看上去也更有质感，颇具艺术特色。以前土家姑娘只为情郎和亲人穿针引线做东西，而今却将这些异彩纷呈的土家织锦卖给任何一位喜爱它的陌生人，心态更为开放了。有时土家姑娘不愿停下手里的活计，我们便能有幸欣赏到她的纤纤玉手在织锦机上飞动的潇洒动作，不禁会为她的勤劳和聪慧所打动。

当年拍摄电影《芙蓉镇》的很多景点都被完整地保留下来了，最出名的当然是113号米豆腐店，当年拍摄《芙蓉镇》时刘晓庆就是在这家店铺卖米豆腐。其实在剧组来芙蓉镇拍电影前，这里的米豆腐就已经很有特色了，芙蓉镇到处都能看到卖米豆腐的店铺，不过电影的拍摄使这里的米豆腐声名远播，也使芙蓉镇这个山凹里的村庄成为人们心驰神往的旅游胜地。这里的米豆腐很独特，呈乳白色，入口细腻嫩滑，味道酸酸辣辣的，是典型的湘西风味，很像湘西人敢爱敢恨的性格。尝完米豆腐，如果还不解饿，可以到长街的家庭式小店，品尝鲜甜口味的桂花鱼和肥美的“天下第一螺”，再喝上一碗土家自酿的糯米酒，口腹之欲便能满足了。

聪慧勤劳的土家人至今延续着传统的生活方式，男子在外面打鱼，女子在家织布纺棉，外面的世界似乎全然与他们无关，除了自给自足外，他们还通过制作精美的手工艺品和美味的佳肴供养家庭，日子过得更加滋润了。土家人世世代代沉浸在自己的文化里，颇有一种“躲进小楼成一统，管他春夏与秋冬”的洒脱，也许在物质上他们并不是很富足，可是在精神上却是极为富有的。

走出芙蓉镇，远远望去，感觉它就像一本线装的古书。青石板铺成的老街是书籍的书脊，书页打开后，凌空的吊脚楼和飞瀑酉水形成了最为绮丽壮伟的画页，楼里楼外处处皆风景。纯朴的土家人过着简单平静的生活，这里也许缺少跌宕起伏的故事，然而平淡的生活却更让人艳羡，最美的人生风景莫过于回归本真，拥抱自然，土家人不需要拥有太多，因为他们已经拥有了一切……

趣闻传说

芙蓉镇最出名的美食当属随处可见的米豆腐，据说米豆腐不仅味道可口，还有治病的功效。

相传，太平军行至芙蓉镇时，由于长途行军，人疲马乏，再加上水土不服，竟染上了痢疾。这种病具有很强的传染性，军中又没有医治的药方，士兵们纷纷病倒了，石达开为此愁眉不展。有一天，石达开正在军帐中查看地图，忽然走进来一位白髯老翁，他看到石达开忧心忡忡，便问翼王因何烦恼。石达开说军中正在闹痢疾，他现在束手无策。白髯老翁道："王爷不用着急，这病蓝石雪粉碧玉果可医。"石达开正想问个究竟，那老翁却离开了。

石达开于是四处打听这蓝石雪粉碧玉果，信步走到了一个卖米豆腐的食摊边，只见缸钵里的米豆粒颗颗洁白如玉，便问设摊的老婆婆："这可是碧玉果?"老婆婆笑道："什么碧玉果，这是米豆腐，是把大米泡在石灰水里，磨成浆熬成的。"石达开心想，青石头成石灰，不就是蓝石雪粉吗？于是就下令让染上痢疾的士兵吃米豆腐，神奇的是，吃过米豆腐的士兵，痢疾立止。

芙蓉镇的百姓听说米豆腐能治好军队的痢疾，纷纷连夜赶做米豆腐，然后送至军营里。太平军吃下了米豆腐，病情马上得到了控制，恢复元气后离开了芙蓉镇，进入了四川。米豆腐因为有治疗痢疾的奇效而成为了当地最受欢迎的一道美食。

德夯苗寨——青山之下有苗家

德夯，在苗文里是"美丽的峡谷"的意思，顾名思义，这个苗寨就位于峡谷之中，民居依山而建，周围群山环抱，溪河交错，瀑布飞泻，自然风光秀美迷人。这是一片神奇的土地，奇峰竞秀，绝壁千仞，形成了许多断崖、峰林、石壁等景观，在秀丽的青山碧水间，掩映着灰瓦石基、格调鲜明的吊脚楼，苗族风情点缀其中，一派田园诗情，还有那古老的石碾和筒车，在流水的带动下，咿咿呀呀、咕咕噜噜作响，慢悠悠地转动着，这一切都在提醒你，这便是独一无二的德夯苗寨。

德夯的山很耐品。对于山，每个人都有不同的偏好。有人偏好险峻

奇绝的华山，有人偏好云遮雾绕的黄山，有人偏好巍峨雄伟的泰山，而湘西的山以清幽秀美著称，山势同样跌宕，却变幻多姿，给人以“横看成岭侧成峰，远近高低各不同”之感。德夯峡谷林壑无比深幽，飞瀑流泻落差可达216米，仰看之下，有如银河凌空，不禁让人想起了李白歌咏瀑布的诗篇：“日照香炉生紫烟，遥看瀑布挂前川。飞流直下三千尺，疑似银河落九天。”

晨曦和暮色中的青山最美，清晨的德夯云遮雾笼，一座座高耸嶙峋的山峰似乎一下子变成了婀娜娇美的苗家女子，羞答答地躲在了纱幔之后，有一种朦胧神秘的美感。到了暮色四合时分，光影的雕琢和渲染赋予了大山更多的魅力。夕阳西下时，苗寨西侧的山峰已经进入了暗影里，北侧和南侧的峰峦只余下了一道金边，但东侧的四马峰仍沉浸在落日的余晖中，整座山被染上了一层柔和的金色，看起来美极了。

这里峰峦重叠，奇峰深壑比比皆是，盘古峰海拔超过700米，峰顶为葫芦状，分为一大一小两座山峰，绝壁高耸，景色壮观。登临山巅，大有“一览众山小”的感慨，方圆风景尽览眼底，视野极为开阔。晨时的德夯十分安静，山上的清泉缓慢地流淌着，你似乎能听到扇动翅膀的声音以及万物萌动的声音，感受草长莺飞的美妙。九龙溪穿寨而过，苗家小寨点缀在清幽的山色之间，光滑的石板路、别致的石拱桥以及赤足红装的浣纱苗女，构成了一幅优美的苗寨风情图。大山脚下是一大片稻田，稻叶上凝着晶莹的露珠，在阳光的照射下熠熠生辉，闪烁着钻石般的光芒。

在德夯住着八十多户苗家，民居都是粼粼灰瓦的小木屋，村寨四周是起伏的青山，又有“夯峡”、“九龙”、“玉泉”三溪相汇，自然风景优美如画。这里苗族人一直保持着自己的风俗习惯，跳鼓舞、赶秋、接龙、推牛及苗岭情歌等具有鲜明民族特色的活动，吸引了大批的中外游客从远方慕名而来。曾有诗赞曰：“一人盘古到如今，佳境蓬莱何处寻？莫向仙神询去路，湘西德夯醉游人。”

“接龙”是苗族人十分重视的一个传统活动，相传是一种祈雨活动，苗家人通过祭祀的仪式，祈求风调雨顺、五谷丰登。活动多在黎明时分举行，仪式隆重，场面盛大，新居的正堂层点满灯烛，一片通明，在铺开的大竹罩上摆放好五彩的布匹、闪闪发光的银饰、五色纸，以及漂亮的苗族服饰，祭品摆好，等待着龙女的到来。

正堂屋旁彩旗飘飘，接龙桥两旁和石板路两侧也遍插彩旗，队伍当中有一位德高望重的年长者一手摇着铜铃，一手舞着柳巾走在最前面，而充当“龙女”角色的苗族女子则身着盛装，佩戴着各种闪亮的银饰，风姿绰约地走在人群中间，接龙队伍敲着锣鼓、吹着唢呐热热闹闹地从桥上走过，这场面常令外乡人惊奇不已。

生活在深山翠谷中的德夯人，无须走出家园，就能看到气象万千的景色，这真是一种福分，苗家人既能拥览美景，又能维持恬淡和幸福的生活，真是让外族人羡煞，诗人石元机就曾怀着羡慕的心情写道：“德夯冲溪水粼粼，千里碧波下洞庭。翠峰峭壁玉龙飞，重峦叠嶂高入云。单村百门对山开，日照窗前闺中明。苗家素室胜绣户，男耕女织人端勤。”

依依不舍地走出德夯，心情久久不能平静，这里不是传说中的世外桃源，却像坠入人间的伊甸园，美丽的自然风光最适合陶冶人的性情，而充满浓厚的苗家气息的乡土风情则显得格外新鲜有趣。对于外乡人来说，德夯是一个让人不愿醒来的梦，真想在这样的美梦中继续遨游下去，直到地老天荒。

趣闻传说

到过德夯苗寨的游客不仅会被那里迷人的山光水色吸引，还会被那里淳朴的苗家风情所感染。人还没入寨，就能听到阵阵疾风骤雨般的鼓点从青山下传来，这是苗家人欢迎远方客人造访的热情方式。在苗寨，苗鼓是苗家部落的象征，苗鼓的鼓点不假修饰，却具有直抵人心的力量，关于它的来历，民间流传着一个有趣的传说。

相传在很久很久以前，湘西大地十分贫瘠，人烟十分稀少，一个村寨只有零星的几户人家，为了减轻家庭负担，哥哥长大以后都要自立门户，只有年幼的弟弟可以继续留在家里。有户苗族人家，家里有两个儿子，哥哥长大后分到一头牛便离家出外谋生了。哥哥和嫂子都是勤劳之人，日子过得还算不错，转眼间他们的儿子就长到 8 岁了，已经可以放牛割草了。

有一天小孩在山坡上放牛，被一个专吃孩童的隐形鬼魅伽嘎瞧见了，因为父亲就在孩子附近劳作，他没有机会下手，于是灵机一动想到了一个主意：从悬崖上扯下嫩草吸引老黄牛。老黄牛受到草香的吸引，追着伽嘎朝山洞的方向走，小孩为了阻止牛乱跑一路牵着牛绳不放，结果撞上树晕了过去，这可怜的孩子最终被伽嘎拖进洞里吃掉了。

后来父亲顺着牛粪的痕迹找到了伽嘎的洞口，发现了儿子的骸骨，他带领家人和伽嘎大战了三天三夜，扯掉了伽嘎的一块皮，最后还是让这个鬼魅逃掉了。父亲把伽嘎的皮放在木桶上晾晒，每天大力敲打皮鼓，伽嘎听到震天响的鼓声，就怕得不敢出来害人了。后来伽嘎皮鼓敲破了，人们就用牛皮替代它，这流传下来的牛皮鼓就是闻名天下的苗鼓。

凤凰——魅力湘西，旖旎边城

一座古城偎依在青山的怀抱里，一湾沱水绕城而过，一道道赤色的石板古街，一栋栋精巧的吊脚楼，一道屹立不倒的古城墙，一座沧桑雄伟的石拱桥……构成了边城凤凰的奇美景致。它曾出现在黄永玉的画页里，也曾出现在沈从文的文章里，它就像闪烁在崇山峻岭中的一颗宝石，

光芒璀璨、魅力十足，接近它的人都将为它迷醉。

凤凰古城紧邻沱江而建，凤凰的美，很大程度上源于这一湾沱江。沱江河水清澈，一眼便能看到江底茂盛的水草，因为水草丛生，使江水看起来碧绿碧绿的，水流一点也不湍急，十分和缓，柔柔的，城墙旁的河道很浅，适合撑长篙漫溯。沱江两岸风光优美，临水而建的是具有百年历史的土家吊脚楼以及各式各样的酒吧、旅店，还有万寿宫、万名塔等名胜古迹点染其间，无不具古城特色，同时又添加了现代风情，古今元素荟萃，新奇又别有韵致。

沱江南岸的古城墙墙体是由紫红色的砂石堆砌成的，宏伟又不失典雅，城墙的东侧和北侧各有一座城楼，历尽岁月砥砺，看起来仍旧富丽壮观。北门城楼叫“碧辉门”，是用红砂条石砌成的，既是军事壁垒，又能起到防洪作用，是凤凰古城的坚实的屏障。北城门下宽阔的河面上横卧着一座小木桥，桥墩是石制的，过桥时相向而行的两个人必须侧身才能通过，在古时这是出城的唯一通道。

凤凰古城标志性建筑之一便是虹桥，它建于清康熙年间，历史悠久，当地人就地取材用红砂条石砌成了这座石拱桥，桥墩造型独特，呈船形，不仅典雅美观，而且能起到减缓水流冲击的作用。桥两侧各建有 12 间木制的吊脚楼，开设了餐饮、店铺，中间有供人行走的长廊，廊上设有屋顶，每到风雨交加之时，便可听到风吹雨落的声音，所以这吊脚楼又被形象地成为风雨楼。虹桥与风雨楼和这座古城池一样，无论经历多少沧桑风雨，一直笑看着万丈红尘。

夜晚沱江的风光更是醉人，吊脚楼群红灯高挂，虹桥之下江水静静地流淌着，水中的河灯忽明忽暗，随波漂流，它们承载了很多人的心事和愿望，那飘摇的灯火，就像在风中摇曳的烛火，明明灭灭的，衬着粼粼的波光，更有一种说不出的美感。夜风习习，透着丝丝凉意，远处隐隐传来悠扬的歌乐声，伴着阵阵船桨声和潺潺的流水声，更是妙不可言。

风光古城布局严整，以古街为中轴线，古街与小巷连通，构成全城的脉络。古街是由青石板铺砌而成的，自古便是喧闹的集市，而今街道两旁的店铺中仍陈列着品类繁多，令人眼花缭乱的民族工艺品。古街上随处可以看到各式各样的银器，街上弥漫着诱人的甜香味，只见一位师傅揉捏着糖团，现场做起了教人垂涎欲滴的小吃。

穿过闹市，终于寻访到了凤凰城最有名的庭院，里面的建筑具有典型的明清风格，雕花门窗上的花纹精巧细腻，木门是暗赭色的，牌匾上的漆色已经剥落，可是“沈从文故居”几个大字却清晰可见，一代文学巨匠沈从文曾经在这里度过了自己的童年和少年时代。漫步于沈从文先生故居的每个角落，都能感受到凤凰古城的不朽情怀，它丰厚的文化底蕴透过一栋栋飞檐翘角的建筑万古流芳。沈从文深恋着湘西故土，在他的笔下湘西是丰饶而美丽的，从湘西人的身上处处都能看到健康的人性美。现在斯人已去，但遗芳犹存，那些优美的文字就像那绕城而过的沱江水一样，仍然在滋润着这座古城，熏陶着所有生于斯长于斯的人们，这种积极健康的人文精神将世世代代传承下去。

离别凤凰时，忽然想起了沈从文的一段文字：“我的心总得为一种新鲜声音、新鲜颜色、新鲜气味而跳。我得认识本人以外的生活。我的智慧应当从直接生活上吸收消化，却不须从一本好书，一本好话上学来。”是的，读万卷书不如行万里路，生活在别处才能让自己的心为所有鲜活的东西而跳，邂逅凤凰城，邂逅沈从文的故里，这种感觉就更加深了一层。徜徉于凤凰古城，迷失于悠长的古巷中，而船行沱江之上，想象着穿着土衣短装的船夫唱着应景的歌谣，有一位清秀的少女因为这歌声而情窦初开，蓦然让人联想到了《边城》里的翠翠，追随着清幽的江水，思绪越飘越远了，时间缓慢得仿佛停滞了下来。

趣闻传说

凤凰是个钟灵毓秀的地方，这里名人辈出，爱情更是充满传奇和浪漫色彩。画家黄永玉和发妻张梅溪的爱情故事至今被凤凰人所传颂。

1936 年，正当黄永玉沉迷于绘画时，黄家家道中落，这个在凤凰城显赫一时的家族突然败落了，黄永玉因此前途未卜。为了谋生，他先在一个瓷场做起了小工，后来又在民众教育馆做美术工作，在那里他结识了美丽聪慧的年轻姑娘张梅溪。张梅溪家境优越，她自幼受到过良好的教育，对艺术和文学有着很高的素养，当时好多人都在追求这个才貌双全的姑娘，其中不乏优秀的竞争者。黄永玉在众多的追求者中显得很不起眼，然而他无法抑制对张梅溪真挚热烈的爱，于是对她展开了猛烈的攻势。

为了赢得张梅溪的芳心，黄永玉颇费了一番脑筋，最后他选择定点吹奏小号，每次远远地看到张梅溪走近，他就在楼上窗口吹号致意。两个人就这样熟稔起来。那时黄永玉依然没有放弃画画，有一次他想买一块中意的木刻板，可是囊中羞涩，买了木板就没钱理发了，这会让他的形象在心爱的姑娘面前大打折扣，为此他很是苦恼。聪颖的张梅溪一下子看破了他的心思，主动送了他一块木板，让他放心去理发。从此以后，两个人成为了一对令人羡慕的情侣，而后喜结连理，结成了恩爱夫妻。

张谷英村——湘楚民居活化石

五百多年前，江西人张谷英携家眷跋山涉水来到这里，看到此处层山环绕、流水悠悠，觉得是一片宜居的乐土，遂建宅安家，子孙繁衍生息。此处修建了参差的楼阁、屋脊连屋脊、天井连天井的大屋场以及纵横的阡陌，村庄有了规模，便以先人命名。

走进张谷英村，天空湛蓝悠远，从高处俯瞰，四面青山合抱着一片屋宇，渭溪河蜿蜒穿村而过，水上卧着大大小小 47 座石桥，映入波光中的桥影就像水彩画的笔触一样明媚动人。屋宇的墙檀参差错落相连，置于溪流之上，构成了“溪自阶下淌，门朝水中开”的布局。

张谷英村给人印象最深刻的是它独特的建筑，整个村庄其实就是一个大屋场，建筑格局呈丰字形，纵横交错的巷道将各处的屋宇联接起来，几乎户户相通。巷道曲折幽深，风拂衣襟，发出窸窸窣窣的声响，仿佛在向来人述说它的前尘过往，而时光则如羽毛般飘撒下来，覆盖了碧蓝天空下的这座古村落。

透过一扇扇大门窥视这些老宅院，仰望阳光倾洒的天井，环顾这精妙绝伦的窗雕，触摸一根根千斤石柱，感受它的质感和温度，不禁会联想到这个小村庄往昔有过的繁荣与昌盛。漫步于铺满石板的迂回古道，穿行于明明暗暗、曲曲折折的走廊里，就仿佛走进了时空隧道，一步步逼近了历史。

古村里共有 60 条巷道，最长的巷道为 74 米，可谓是街巷幽深，巷子里光线幽暗，阡陌交错，好像走迷宫一般。这些大大小小的巷道构成了全村四通八达的交通网络，它将多户人家隔成了一个个独立的院落，又把各户人家连通起来。巷子的两侧筑起了高墙，上面覆盖着粼粼的瓦片，人在下面行走，在炎炎夏日里可以避开骄阳，在阴雨天也不用打伞，这里的居民出行时可以“天晴不曝晒，雨雪不湿鞋”。

古村里很多民居建筑都比较古老了，墙壁统一用厚度为三寸、宽度为六寸、长度为九寸的青砖砌成，堂屋的地面是用六寸六的方砖铺砌的，看起来非常整齐美观。建筑所采用的青砖已有好几百年历史了，据说有不少青砖的历史最早可追溯到明代，这些砖石结构的老屋似乎比现代钢筋混凝土的建筑还坚固，屹立数个世纪以后，砖与砖之间灰缝仍然异常饱满，连根铁钉都钉不进去。

张谷英村的古屋中一共有 206 个天井，有了这些天井，深宅大院也变得阳光明媚了。每逢阳光从天井泻入，整个屋子都敞亮起来。要是遇上雨天，只见淡淡的雨丝从天井飘洒下来，滴滴答答地溅落着，好像上演了一场音乐剧。平日里，村民常把饭桌摆在天井旁，无论品茶还是用餐，都要肆意地享受阳光，而且也不愿错过雨中的风景。一旁厨房里的柴火烧得噼啪作响，一时满屋飘香，没过多时，一盘金灿灿的油豆腐就摆上了餐桌，热气腾腾的，喷香喷香的，只需尝一口便欲罢不能。

张谷英村在历史上曾经发生过几起火灾，但是由于火势受到了及时的控制，并未给当地造成太大损失，这主要得益于古村精妙的设计以及村人的防火意识。巷道特意设计成 80 公分宽，方便人依靠双臂和双腿的力量往上爬，发生火灾时，村民立即可以把四肢撑在狭窄巷道的两壁上，迅速爬到顶部，将上面的瓦片揭掉，全村连成一体的屋宇即刻便出现了一道隔火带，火势便不会再蔓延，很快就能被控制住。由于家家户户相连，一方有难八方支援，出现火灾后，住在附近的人家都会纷纷取水灭火，大火很快就会被扑灭了，所以发生火情总是有惊无险。

张谷英村祖祖辈辈过着日出而作，日落而息的生活，他们平静悠然，就像古屋前的渭溪河那样，在凡尘俗世中依然故我地保持着自己的本色，这里没有熙熙攘攘的喧扰，没有利益的追逐和争斗，就像兰德写的一首小诗：“我和谁都不争，和谁争我都不屑，我爱大自然，其次是艺术，我

双手烤着生命之火取暖，火萎了，我也准备走了。”

趣闻传说

张谷英村人喜欢写对联，上至七八十岁的老人，下至还在校园里读书的学生，都能吟诗作对，在古时曾经发生过许多有趣的对联故事。

相传在清乾隆年间，有个盐运使素闻张谷英村人善于作对联，便决定亲自印证一番。他信步来到一所学堂，向私塾先生发出了挑战：“桑养蚕，蚕结茧，茧抽丝，丝织锦绣。”这对联是顶针格，非常难对，可是那私塾先生却张口便答：“草藏兔，兔生毫，毫扎笔，笔写文章。”

盐运使不服气，心想对不过先生，总能赢过学生吧，于是就指定一个愣头愣脑的孩子来和自己比试，神气地说出了上联：“执短笔，写长文，居高位，做大官，管南管北。”那孩子见盐运使神情傲慢，心生厌恶，于是随口便道：“穿红袍，骑黑马，瞪青眼，说白话，不东不西。”盐运使听罢，脸色变得很难看，可是他又不得不承认这孩子对得确实好，于是只好甘拜下风。

老司城——800 年彭氏王朝的背影

在人们固有的印象中，老司城应该是繁华、浩大、气势磅礴的，毕竟它见证了 800 年王朝的辉煌，这么漫长的统治时间，中原任何一个封建王朝都难以望其项背。无论外面的世界经历了多少风云变幻，土司王依然坐镇老司城独步天下。可是俱往矣，土司王朝的古都如今早已回归了宁静，不复当年的霸气，却拉近了和我们的距离。

湘西是个钟灵毓秀的好地方，而老司城作为有着800年历史的土司古都，缔造了数代土司王朝的繁华，曾有人这样描述这座老城当年的盛况："福石城中锦作窝，土王宫畔水生波。红灯万盏人千叠，一片缠绵摆手歌。"其场景是何等雄浑壮阔，而今我们依稀可以从废弃的建筑和残存的城墙上，看到繁华落幕后的余光。

群山环抱着老司城，为其提供了天然屏障，又为这座老城的百姓进献了清溪，彭氏王朝存留800年，不得不说是和这里有利的地理环境有关。清清的灵溪河像一只温柔的玉臂拥抱着老司城，溪水流经老司城的北门，当地人便把那里选作每年端午节赛龙舟的起点，遥想当年，龙舟竞技的热闹场面，浩浩荡荡的船只就是从这里出发。这里除了留下过民俗的印记外，还留下过土司王的身影，土司王当年常在这附近的钓鱼台垂钓，钓鱼本为了怡情养性，然而由于土司王的特殊地位，戒备格外森严，每次土司王来钓鱼台，必有500名禁卫军驻守在钓鱼台对岸的管道渡口。据传老司城共有三万精兵，这些强兵悍将既能保一方平安，又能巩固土司王朝的地位。

如今的灵溪河畔，早已不见了土司王的影踪，码头成了人们休闲娱乐的场所，周围的人在这里都各得其乐，有的悠然地钓鱼，有的舒服地晒着太阳，还有的正捧着一本书津津有味地阅读着。这富有生活气息的场景比一个落幕的王朝更加吸引人，嗅着灵溪河的水汽，沐浴着老司城的阳光，看着眼前生机盎然的景象，心情也渐渐放松下来，历史的凝重感在这一瞬间被稀释掉了，鲜活的生活画页则徐徐地铺展开了。

踩着一座摇摇晃晃的木桥进入西门，步入古城，从古至今，外客都是沿着这条路线进入老司城的。在古时，风尘仆仆的外乡客人会被邀请到岸边的会官亭里歇脚。会官亭背靠犀牛山，此山因其状如犀牛而得名，犀牛的头部便是烟花堡，那是人们燃放烟花爆竹的场所。古人放烟花不是为了庆祝或娱乐，而是为了祈雨。遇到旱灾时，人们会花九天九夜的时间打醮求雨，最后一道仪式便是在最后一晚燃放烟花。老司城人还会将 3000 只莲花灯放入河中，看着莲花灯随着河水慢慢漂远，以此来表达对生活的美好希冀。3000 只精美的莲花灯载着美好的愿望随波起伏着，组成了一道道流光溢彩的光带，那画面必是十分唯美壮观的。

在一片茂林修竹的掩映中，具有鲜明土家特色的建筑错落有序地排列着，皆是粼粼黛瓦，墙柱统一为木质结构，形成一种和谐美。在人们的想象中，老司城作为八个世纪的古都，宫殿必是华美堂皇的，然而映入眼帘的却是零星残败的建筑，处处都有一种寂寥之感。而今我们依然可以从土司的内宫、寝宫、地宫、城墙、城门、烽火台、土王祠、祖师殿等遗址上，重温古都昔日的磅礴气势和辉煌的盛景。

沿古栈道行走两公里，就来到了老司城祖师殿。祖师殿兴建于后晋天福二年（937 年），在嘉靖年间重新修缮过。殿堂依山势而建，呈阶梯状拾级而上，蔚为壮观。正殿的 34 根是采用珍稀木材楠木制成的。楠木材质优良，具有坚硬耐腐的特点，极为名贵，自古便广受帝王喜爱。这种珍贵的树种分布于我国的湖北西部、贵州西北部及四川、湖南等地，据说当年修建北京紫禁城时所使用的楠木便来自于老司城。殿内有一口黄褐色的巨钟，据说它本是一口铜钟，经过烈火烧灼后由红色转为黄色，可是却不曾有丝毫熔化的痕迹，当地人觉得这口大钟很是神奇，所以就将其很好地保留了下来。

如今辉煌已经离老司城远去了，它是落寞的，也是平凡的，可是这里每一处遗存下来的古迹，每一块残砖碎瓦，都是西南少数民族历史的见证，这座古城作为中国历史上一个特殊“王朝”的都城，曾留下过史诗般恢宏的篇章，它是不会被世人遗忘的。现在的老司城是祥和和美丽的，农夫锄禾、牵牛，老妇坐在自家老屋的门槛上眯着眼睛晒太阳，一个王朝的残影隐没了，可是富有田园色彩的平民风俗画仍是那么清新动人。

趣闻传说

每个古老的民族都有它的英雄故事和美丽的传说，一部民族史就是一段段波澜壮阔的英雄史诗，那么老司城的土家英雄又是谁呢？他就是永顺第26世土司宣慰司彭翼南。

彭翼南可以说是英雄出少年，年仅18岁就率领3000土家士兵奔赴了抗倭前线。出征前他严格挑选了精兵强将，并对士兵进行了专门的军事训练，使士兵们掌握了严谨的阵法和各种攻击的绝技。彭翼南率领的土家军和倭寇进行浴血奋战，取得大捷，后来他又率军和广西狼兵协同作战，使盘踞在胜墩的数百名倭寇全军覆没。倭寇对彭翼南恨之入骨，又派5000人开赴嘉兴蓄意报复，被总督张经指挥保靖士兵击退，在逃亡途中受到彭翼南土家军的截击，彭翼南身先士卒，与倭寇展开了殊死搏斗，最终倭寇在南北夹击下惨败。

朝廷为了表彰彭翼南的功绩，于明嘉靖年间，在司城南面修建了翼南牌坊，上书“子孙永享”四个大字，用以颂扬其精忠报国的可贵精神。

洪江——中华商业文明的百科全书

洪江，这座江滨小镇，两水萦绕，拥有得天独厚的水运条件，自古就是湘西的重要驿站和繁华鼎盛的商埠，商业气息浓郁，然而它却没有因为商业文明的进驻而变得浅薄和浮华，反而因为悠久的历史而有了更多的沉淀。中国独特的商业文明需要从一座座古商城中探寻，它们是古代商业文化的载体，虽然由于各种原因被湮没了，可是其所承载的历史信息和文化内涵却依然明晰、深刻。洪江至今保留着明清时期的商城风貌，见证了我国近代的商业发展，是我国内陆地区近代商业模式萌芽的活化石。

从土地面积来看，洪江本是弹丸之地，可是却汇合了沅水、巫水和潕水三大水系，沟通了洞庭和长江，这三大水系汇入沅江抵达古城后，江面变得开阔，水位猛涨，势不可当，有如一股滔天洪流，所以古城就被称之为洪江。仔细研究我国早期商业发展的历程，你会发现许多古商城的崛起都和便利的交通有关，各种水陆码头成为促进当地经济发展的有力杠杆。洪江也不例外，它的兴起得力于有利的水运航道。

洪江历史悠久，人类活动最早可以追溯到3000年前，明清时期发展成了烟火鼎盛的商业巨镇，成为桐油、木材、白蜡等原材料或商品的重要集散地，成为湘西南地区的经济文化中心，被誉为“西南大都会”，还素有“小重庆”、“小南京”的美誉。探访洪江古商城，就像是认真拜读中国商业文化的百科全书，有人曾说：“不到北京，就不知道中国古代建

筑之美；不到西安，就不能领略中国历史文化的精髓；不到洪江，就不能感受到中国古代商业文明的灿烂辉煌。”洪江是现代人了解我国古代商业文化的窗口，从走进洪江的那一刻起，你就踏上了一场探索古代商业文明的文化之旅。

洪江古商城的街道为“七冲八巷九条街”格局，所谓的冲指的是沿山沟而建的街道，街指的是路面平整且又长又直的道路，而冲与街之间依地势起伏变化而筑造的走道就叫作巷。洪江街巷形如网织，大都曲折狭窄，长度多为二三百米，宽度在二至四米之间，除正街以外最长的街巷仅为五百多米。在古城纵横交错的街巷里，云集了 18 家报馆、23 家钱庄、34 所学堂、48 个戏台，上百家商铺，近千家作坊，构成了一幅囊括古代社会市井风貌的“明清上河图”。

古城完好地保留了三百八十多栋窨子屋，这些古建筑既融合了徽派的建筑风格，又具有典型的沅湘特色，皆为木石结构，整体布局接近四合院，清一色青瓦灰墙、翘角飞檐，院落开阔，设有吸纳阳光空气的小天井，天井内有造型精美的防火太平缸，缸内的清水里有几尾漂亮的金鱼在游动，别有一番情趣。窨子屋高墙、屋檐犬牙交错，外观古朴，内部雕梁画栋，装修华丽，门楣、楹柱、照壁、窗格上皆饰有龙凤呈祥的图案。

湘西由于人文地理等方面的原因，自古受到荆楚文明的影响，千百年来各地文化渗透融合，形成了厚重的湘西文化，洪都古商城作为湘西的一个文化古城，用湘西智慧和商业语言诠释了自身的历史，洪江人勤劳且胆识过人，通过“水上丝绸之路”，穿过中国的贵州、云南，把木柴、桐油、丝绸、药材等货物运送到遥远的印度和西域各国，书写了一个又一个商业传奇故事，造就了一个又一个白手起家的洪商巨贾，开创了堪与晋商、徽商相比肩的一番伟业。时过境迁，随着公路运输和铁路运输的兴起，水路运输优势不再，洪江的商业繁荣一去不返了，可是它曾有过的辉煌被一道道古老的街巷和一栋栋古老的建筑保留了下来。

走在洪江古城迷宫般的深巷中，穿行在风格独特的古老建筑群中，就好像走进了中国古代商业文化的大观园，流连于大宅庭院深处，似乎还能感受到那些雄才大略的豪商巨贾们挥斥方遒的气魄。透过古朴的高墙大院，感叹一个古城商业文明的崛起与衰落，不知不觉已是夕阳西下，明天的旭日还是会照常升起的，虽然洪江古城沉寂了，但是它仍然会有一个美好的明天。它不再是湘西南地区的商业中心，可是作为一个具有深厚历史文化底蕴的古城，它是我国近代商业萌芽的一个标本，具有极高的历史研究价值，其文化名镇的地位是不可撼动的。

趣闻传说

洪江是座古商城，自然少不了叱咤风云的商业人物，刘岐山就是其中的一位。他早年投奔李自成麾下，后来离开了起义军队伍，一个人只身来到了洪江。在洪江落脚以后，刘岐山先从最低级的学徒做起，在油号里一干就是十多年，掌握了所有制油的工艺，职务也晋升到了总管事。1886 年，他创建了属于自己的油号——庆元丰，其总收入超过朝廷全年的财政收入，成为拥有百万之资的四家油号之一。

刘岐山出身贫苦，知道做桐油又脏又累，所以非常体恤油号里的伙计，从不颐指气使，总是对所有人以礼相待，还经常夸赞他们。刘岐山不但厚待自家油号的伙计，对种桐的山民也很厚道，那时没有任何现代交通工具，原料桐籽都是山民们靠肩挑背扛送来的，刘岐山对他们说："这些桐籽都是你们花力气辛苦扛来的，即使含水分和杂质，庆元丰油号也不计较，一律按脚力费付钱。"山民们都愿意给刘岐山送货，庆元丰油号不断发展壮大，在激烈的竞争中始终保持自己的优势，刘岐山也成为了油号最为成功的商人之一。

广 东

沙湾——烂漫飘色，悠悠乐声

在广州番禺，有一座历史悠久的古镇，名叫沙湾，它始建于宋代，迄今已有800年历史了，在番禺，它并非首屈一指的历史重镇，可是却是广州唯一的一座历史文化古镇。这里自古商贸发达，人文底蕴深厚，留下了大量的庙宇、祠堂、商业遗址，更有飘色、龙狮、特色音乐等民间艺术流传不衰，被誉为“飘色之乡”、“中国龙狮之乡”、“广东音乐之乡”，历史沉淀和文化艺术珠联璧合，使沙湾成为珠江三角洲最具特色的古镇之一。

沙湾自古就是富庶之地，而今商业气息更加浓郁，纵横错落的街道两旁，一幢幢整齐美观的现代化建筑拔地而起，零星的古老建筑静静地

隐藏在鳞嶙大厦身后，显得寂寞而隐忍。初到沙湾，浮光掠影看去，可能会因为它太具现代气质而感到失望，但过不了多久，你就会惊喜连连。在光鲜明丽、千篇一律的现代楼宇建筑群里，有不少古老的宗祠祠庙夹在其中，置身其中，你就能看到一个完全不同的世界。巧夺天工的檐缘梁枋、精雕细刻的石雕、砖雕、木雕、灰雕，还有精美的壁画，它们都是沙湾的文化瑰宝，在现代文明的冲击下，仍然可以大放异彩，历久而弥新。这的确让人惊叹。

沙湾是个富饶的宝地，先人耗费大量土地和资金修建了不少宗祠，大大小小的祠堂占地面积超过 4000 平方米，散布于古镇纵横交错的小巷中。其中最大的祠堂为何氏大宗，当地人称它为留耕堂。该祠堂始建于元世祖时期，规模宏大，气势雄浑，主体建筑为山门、仪门、拜庭、后寝和东西两庑。山门雄伟富丽，门面约为 20 米宽，檐柱和内柱共 12 条，檐梁有 5 条，上面雕有各种栩栩如生的动物以及人物、花卉图案，中间的檐梁刻有 9 个衣冠不同、动作神态各异的人物，其中 3 个是侍者，其余的人或坐或立，有的在饮酒赏花，有的在喝茶，有的在下棋，形态惟妙惟肖，真是精妙绝伦。

走在绿树成荫的石板路上，不时有一唱三叹的粤曲从隔壁的小楼里传出来，沙湾人对传统艺术的热爱和坚持非常让人感动。提及广东传统音乐，不得不提经典名曲《雨打芭蕉》，它是广东音乐最具代表性的曲目，旋律流畅明快，节奏抑扬顿挫，短促的断奏犹如雨滴打在芭蕉叶上的淅沥之声，极富南国情调。如今《雨打芭蕉》仍然是沙湾人最喜爱的曲目之一，沙湾人对这个曲目有着深厚的感情，上了年纪的老者尤甚。

沙湾人重视传统艺术的传承，连小小孩童都能表演精湛的技艺。这里的孩子说话吐字不清时，就已经开始学习飘色的民间绝技了。飘色是一种古老的民间艺术，距今已有三百多年的历史了，作为“飘色故乡”的沙湾，飘色绝技更是发展到了登峰造极的地步。

飘色以色柜为单位，它是一个长 153 厘米、宽 77 厘米、高 64 厘米的小舞台，由4～8人扛抬，舞台随着队伍的行进移动，是流动式的。台上有一个充当“屏”的人物造型做出或坐或立的姿态，而真正的主角则是在上空凌空而起的人物造型，它便是万众瞩目的“飘”。“飘”是由扮演“屏”的小孩和精心伪装的色梗连成一体组成的，色梗是由一根纤细的钢枝做成的，人们巧妙地利用力学原理，营造出了“飘”的视觉效果。

由于飘色绝技要求表演者必须体态轻盈，年幼的孩童能更好地胜任这个角色，所以飘色的主角都是孩子。表演开始时，孩子穿着姹紫嫣红的戏服，“凌空”站在移动的色柜上，乍一看去，就像毫无依傍地漂浮于半空中，简直不可思议。每当飘色巡游时，沙湾便会万人空巷，街上人群摩肩接踵，每个人的脸上都绽开了笑容，就像参加盛大节日一样。

静谧的小巷、厚重的历史、庄严的祠堂、精美的雕饰以及传统的民间艺术，构成了沙湾独特的魅力，沙湾虽被评为历史文化名镇，然而却不会给人带来丝毫的凝重感，在这里古风古韵和现代生活得到了最完美的融合，使这座具有八百多年历史的古镇，于繁华之中透出恬静与从容，这就是它令人难以忘怀的原因吧。

趣闻传说

飘色是沙湾最具代表性的民间艺术活动，关于它的起源民间流传着两种说法。

第一种说法是，清代粤剧艺人李文茂率众支援太平天国起义，被朝廷镇压后，粤剧被禁，这可苦了酷爱这种传统剧目的老百姓，他们看不成戏，百无聊赖中想出了个新点子，那便是让孩童扮成剧中人物，众人抬着身着戏服的小孩游行表演。这只是一种无声的演习，没有违背朝廷的禁令，所以未受官府阻挠，广受群众欢迎，这种表演形式就是我们所熟悉的飘色了。

第二种说法是，明代有个叫李路远的沙湾人，是云南的驻边大将。当时云南有两族人为了争夺朱元璋始造的北帝塑像而闹得水火不容，眼看就要兵戈相见，李路远挺身从中调节，才避免了一场恶斗，两族人都非常感激他，于是把北帝塑像赠送给了他。李路远把塑像带回了沙湾，此后每年的三月初三，也就是北帝的诞辰日，沙湾的群众都要抬着北帝像游行，同时配以舞龙、飘色等其他民间艺术活动庆祝，渐渐地就演变成了现在的飘色了。

赤坎——欧陆风情小镇

赤坎是一个容易产生错觉的地方，它既有浪漫的异国情调，又具典型的侨乡特色，中西文明在这里交融碰撞，擦出了一道奇异的光芒，在这样一个多元化的地方，你不时会有一种时空错乱之感。比如刚刚看见一个捧着厚本小说阅读的欧洲老人，转身抬头，却瞥见骑楼二楼的露台上有一个穿着红绸缎的岭南女子正临风而立。

赤坎古镇有三百五十多年的历史了，连绵三公里的骑楼和罗马柱廊式建筑，至今还散发着古朴的芬芳，它带有鲜明的异域色彩，又具有浓郁的南国特色，身临其境，让你有一种穿越时空的错位感。赤坎四面环水，古树参天，潭江横贯全镇，六百多座骑楼临水而建，就像六百多粒异域风情的明珠串联在一起，形成独特的侨乡景象。潭江南岸为乡村，北岸是市镇，庞大的欧式建筑和清一色的骑楼似乎在述说着这座古镇曾有过的繁盛历史。漫步在老街上，时间仿佛倒流到了 20 世纪 80 年代，美观的骑楼和造型别致的露台，彰显着昔日的豪奢与气派。

骑楼之中，当属堤西路一带最为壮观。那一带骑楼的屋顶装饰为典型的巴洛克风格，色彩饱满浓烈，造型繁复，灵动奔放，富有变化和层次感，给人以奢华之感。堤西路的骑楼可与广西西关的骑楼相媲美，除了有漂亮的屋顶外，其他部分在色彩运用上也极具特色，窗是彩色玻璃木窗，外墙为淡黄和暗红色，可谓是色彩纷呈。骑楼的主人大部分在海外生活，他们祖辈崇尚异国文明以及时尚奢华的生活，所以就把自己的人生理念融入到了建筑之中。看着这些充满欧洲风情的骑楼，你仿佛可以嗅到浪漫之都巴黎的味道，感受国际化大都市的狂放、烂漫和激情。

老城区内两条老街向沿潭江两岸东西方向延伸，老街上矗立着一幢幢中西合璧的建筑，因此被称为“欧陆风情街”。走在风情街上游览西洋建筑，难免让人浮想联翩，有时你会想象着巴尔扎克站在大楼门口凝思，或者肖邦边走边在脑海里构思新的乐曲。

欧陆风情街上最引人注目的建筑当属司徒氏图书馆和关族图书馆。这两座图书馆分别占据了堤东和堤西的醒目位置，尖顶钟楼高耸，在其他建筑群中显得格外耀眼。两大图书馆有着诸多相似之处，比如建筑风格均为欧式，馆外都植有一株直冲云霄的大树，馆内藏书都十分丰富，各色图书、报纸杂志应有尽有，四壁贴满了家族的名人事迹。两座图书馆至今仍然开放着，走进馆内，可以看到很多伏案阅读的读者，还有些上了年纪的老者捧着杂志报纸，似乎在认真研究着什么。

镇上的老人总是对司徒氏和关氏家族的故事津津乐道，民国十四年(1925 年)，司徒家族为了满足族人的文化需求，投资三万多银元，在堤东建成了司徒氏图书馆，图书馆的规模和气势在当时是空前的，登楼俯瞰，整个小镇尽在眼底。关氏家族按捺不住了，不到五年，关族的家族图书馆便在堤西河畔拔地而起，与司徒氏图书馆遥守相望，两座图书馆顶楼的大钟也经常于同一时刻在古镇的上空响起。

赤坎镇不大，然而在这个小小的地方竟然赫然出现了两座公共图书馆，这的确是一个奇特的景观。图书馆的繁荣是司徒氏和关氏家族百年竞争的结果，这两大声名显赫的家族在暗中较劲的同时，也造福了乡里，促进了赤坎镇文化事业的发展。司徒氏图书馆和关族图书馆也成为了赤坎镇的地标性建筑。

赤坎的美在于它完好地保存了自己的风貌，随着现代化进程的加快，骑楼的数量不断减少，可是社会的快节奏并没有打乱赤坎的步伐，它仍然完整地保留下了六百多座古旧的骑楼，这样的历史文化遗产其价值是无可估量的。赤坎给人的感觉似旧时的中国，更加不似现代的中国，它是中西文化杂糅的产物，具有异域城邦的风情，又兼具东方式的神秘，就像一个天生丽质的混血美人，嫣然一笑即能颠倒众生。

趣闻传说

赤坎有一座非常著名的私家园林，名曰立园，被当地人誉为爱情圣地，这座华美精致的园林因为园主人谢维立和夫人谭玉英浪漫凄婉的爱情故事而备受瞩目。

相传谢维立和谭玉英是在雨中邂逅的。那天，天气骤变，莫名下起了瓢泼大雨，把正走在回家路上的谢维立浇成了落汤鸡。谢维立浑身湿透了，正狼狈之际，忽然感到雨停了下来，他很诧异，抬头一看是一个身着白色旗袍，眉目清秀的年轻女子正擎着花伞为自己遮雨，四目交汇之后，两个人暗生情愫，迅速坠入了爱河。没过多久，两个人便琴瑟和鸣，结为夫妇。

新婚燕尔的两个人经常在一起吟诗作对，有过一段风花雪月的浪漫时光，可惜事业、爱情两难全，为了料理国外的生意，谢维立不得不暂时挥别已经有了身孕的爱人，远涉重洋为事业打拼。虽然隔着千山万水，两个人彼此的情谊却没有减淡。谢维立亲手缝制衣裳寄给谭玉英，还不断捎信回来，浓情蜜意尽在其中。谭玉英缝制了一个粉红色的书袋，绣上“鸿雁传书”几个字用来保存丈夫的信件。

后来谭玉英死于难产，谢维立肝肠寸断，为了纪念谭玉英便在立园的西南角修建了一栋别墅，这是一幢中西合璧的建筑，玲珑别致，与立园主体别墅相映成趣。如今人们游览立园时，不禁会联想到园主人凄美缠绵的爱情故事。

逢简——岭南水上人家

说到水乡，人们首先想到的便是烟雨江南，江南水乡在人们心目中的位置几乎是牢不可破了。江南风光虽好，可是并不是独一无二的，岭南的天光水色并不比江南逊色。素有“小周庄”之称的逢简，简洁素净，全无脂粉之气，就像一个农家少女一般清纯，骨子里透出的是一种天然去雕饰的美感。

逢简地处杏坛镇北端，四面环水，水光连天，河涌密布，河流呈井字形，泛舟荡漾碧波之上，有一种迂回曲折无穷无尽之感。河水由南向北穿过古村，缓缓流向西江支流，将整个村落分割成了一个个小沙岛。河畔绿树成行，焦琳、古榕、石榴郁郁青青，民宅、宗祠等具有岭南特色的建筑掩映其间，一派诗情画意。

在历史上，逢简蚕桑业非常发达，拥有数个缫丝厂，鼎盛时期，人口规模过万，曾是“一船蚕丝去，一船白银归”的商贾云集之地，而今几个世纪过去了，古村繁华不再，却显得更加素朴和美丽，有着小桥流水人家的优美景致。归于平静的逢简越发恬淡和优雅，并凸显出超凡脱俗的气质。这里古树古屋错落分布，村民三三两两地从石板路上走过，大有陶渊明在诗里描述的“野外罕人事，穷巷寡轮鞅。白日掩荆扉，虚室绝尘想”的意境。

古村河网如织，村民一直过着出门过桥、举步登舟的生活，桥梁在这里扮演着十分关键的角色。据不完全统计，单是石桥村里就有三十多座，最具特色的古桥当属明远桥、巨济桥和金鳌桥。明远桥始建于宋朝宝庆年间，长为 25.1 米，材质为红色砂岩，桥栏石板雕刻着精美的图案，桥两侧的柱头雕刻着围屋的石狮子，为了方便车马过桥，桥面设计成了斜坡状。巨济桥同样始建于宋朝宝庆年间，为花岗岩结构，全长 24 米，桥拱采用纵联砌置法，桥栏两侧各有 14 根望柱，柱头上雕有代表廿八星宿的 28 个石狮，桥两边各设了 12 级台阶，代表一年 24 个节气。金鳌桥位于村口，是一座通体红色的石桥，红砂岩结构，桥横栏一边刻有“金鳌”二字，另一边刻有“玉带”二字，相传是康熙所赐建的。现在的金鳌桥丝毫显露不出皇家的贵气，它与周围的古屋、古榕、芭蕉相映成趣，更多了一点亲民的味道。

在逢简水乡看桥，颇有味道，在不同的时间阶段，随着光线的变化，形态各异的桥更显出不一样的情调。光线昏暗时看桥，流水泛着清冷的颜色，卧在上面的古桥格调也是冷的；在阳光明媚时看桥，感觉就完全不同了，只见水光清亮、小桥玲珑生姿，别有一番韵致。

古村的河涌迂回曲折，当地人用麻石、红砂岩砌成驳岸，驳岸每隔一段距离就设有埠头，水埠设置十分讲究，每个家族都有自己的埠头。除了古桥和驳岸，能承载古风余韵的建筑便只有祠堂和书院了。郭氏祠堂和雍和书院已经残败，而今从它们富丽的门楣和精美的墙塑，隐约能感受到它们昔日的荣光。其中占地面积最大、保存最好的祠堂当属刘氏

大宗祠了，它迄今已有六百多年历史，始建于明末清初，主体建筑为三进结构，主祠外墙为蚝壳墙。蚝壳是古时富贵人家常用的建筑材料，彰显出主人的显赫地位。门上方饰有砖雕和彩绘，大堂左边是木刻的圣旨牌匾，用汉满两种文字书成，大堂右侧是“旨赏换花翎”的牌匾和“钦点刑部即用主政”的牌匾。

逢简村村头外，是一片广袤的农田，一派美丽的田园风光。河涌边生长着水杉，河道旁榕树密布，低枝繁叶映在水中，形成美丽的波影，一叶轻舟飘荡在水面上，画面是如此和谐和美好。面对这样美丽的水乡小镇，不知会不会像李清照那样“沉醉不知归路”、“兴尽晚回舟”，领略逢简，领略的是不一样的水乡风情，这里的一桥、一屋、一树都是那么美，投射在波光水影里，更是如诗如画。走进这幅水乡风情画，便会沉溺其中无法抽身，可是为什么要挣脱它呢？永远沉醉在画卷里，岂不是更好吗？

趣闻传说

在逢简，梁氏是一个大姓家族，据说梁氏祖先梁起本是宋代河南汴梁人，曾官拜武经大夫、岭南招讨使，后因厌倦官场生活而辞官归隐。南宋都城临安陷落以后，梁起率领义军起兵抗元，自己担当副帅，联合制置使新会人黎德等人，聚集了二十万大军，与元兵浴血奋战。可惜宋朝大势已去，义军节节败退，被元兵打得溃不成军，大部分埋骨沙场，少数突围出去的人还要躲避元兵的追杀。

梁起在几个亲信的护卫下乘坐小船顺流而下，途中天气突变，狂风大作，暴雨倾盆，小船在狂风巨浪里挣扎，随时都有倾覆的危险，随从们吓得面如土色。梁起想起国家兴亡事以及自己飘零的身世，不禁悲从中来，他仰天叹道："难道真的是天要亡我吗？"本以为前路凶险，自己必死无疑，梁起绝望地闭上了眼睛。这时忽然有人大喊："将军，船已经靠岸了！"梁起心中一喜，睁眼一看，小船果然已经平安到达了对岸，遂带领随从上岸。一行人找到了一间土地庙，便躲在里面避雨歇脚。风雨过后，梁起走出破庙，仔细地观察了一下周围的环境，见此地风景甚佳，便隐姓埋名在这里定居下来。相传梁起当年的定居之地就是逢简。

苏家围——苏家旧衣冠，南国客家村

苏家围，一个隐逸在大山密林中的客家村落，绿水环绕，溪水清澈平缓，古榕、老屋、竹韵、牧歌，勾勒出了南国画里乡村的模样。苏家围不仅有着美丽的乡村风光、特色客家风情，还留存了苏东坡家族的文化遗风。古朴的建筑、优美的风景、浓郁的客家味都非常引人入胜，当年苏东坡的后裔聚居此地，定是被这里的景

致迷住了，所以世代繁衍生息，与这个古村落结下了不解之缘。

苏家围是一个沉吟历史的好地方，也是一个感受客家风土人情的好地方。步入苏家围，迎亲桥是必经之地，乍听上去，好像有婚迎嫁娶之意，其实它并不是迎娶新娘的桥，而是像黄山的迎客松一样，迎接的是每一位到访的客人。迎亲桥其实是迎客桥，“迎客”显得太过生疏，而“迎亲”则更富人情味，当地人说凡过此桥的人都是自家人，这说明客家人真的非常热情好客，他们热烈欢迎每一位来到苏家围的外乡人，并乐于热情款待八方来客。

苏家围人爱竹，所以村落翠竹掩映，连迎亲桥的桥栏也是仿造竹形而建造的，透着一种抱朴守拙的感觉。站在迎亲桥上环顾，但见绿竹摇曳，小桥流水，青山延绵，朴实无华的围屋错落地排列着，一派美丽的乡间景色。

苏家围的民居并不是我们常见的圆形围龙屋，而是方形的府第式围屋，风格具有典型的明清特色。这些围屋的排列，表面上看似乎有些杂乱无章，其实却是十分讲究的。它们以祠堂为中线，按照天干地支和阴阳八卦布局排列，并设计了一套优良的排水系统，即使大雨滂沱，院子里也不会积水，雨水都顺着暗渠排泄出去了。

客家的围屋多种多样，赣南为方形围屋，福建永定为圆形围屋，惠州地区为客家围龙屋，苏家围的围屋却独具特色，这和苏家的历史文化背景是分不开的。苏东坡的后代 12 代都是官宦之家，苏家人对官府宅第非常熟悉，因此在建造围屋时就把它设计成了府第式的风格。从苏家人定居的时代来看，当时正处于明朝初期，政局稳定，社会治安良好，苏家人不必为匪盗而烦恼，所以围屋的构造几乎不具防御功能。而其他地区的客家围屋，多建于动乱时期，防御功能都比较强，所以不同于苏家围的围屋。

苏家围至今保留着 18 座府第式的客家围屋，建筑风格富有中原特色，依山而建，采用阶梯式的递进方式，造型很有几分深宅大院的感觉。

苏家后人世世代代居住在这些围屋里，过着男耕女织的田园生活，走进苏家围你就会被它的淳朴风情所吸引，浓浓的客家文化和质朴的情感，被浓缩在这一座座简朴的围屋之中。苏家围的生活场景也是动人的，小鸡在屋前觅食，客家阿婆坐在石凳上摇着扇子纳凉，不谙世事的孩童快乐地嬉闹着……这一切都使苏家围变得更有亲和力了。

苏家围存留至今的古老民居中，历史最悠久的当属永思堂，它兴建于 1418 年，是苏家围人为纪念八世祖苏东山而建造的，所以又有一个十分贴切的名字，叫作东山苏公祠，它是苏家围人祭祀和议事的场所。该建筑为官宅府第式，堂屋共有三幢，两边设有侧门，和其他建筑不同的是，屋内没有正对厅堂的大门，客家人认为让大门对着厅堂而开不符合风水学，所以便没有设大门。

从永思堂出来，便走上了一条鹅卵石铺成的小径，慢慢地走上了义合老街，这条古街同样是用鹅卵石铺砌的，据说是苏氏义字辈三兄弟合力所建，故取名为义合。沿着义合街走去，绕过一片片青翠的竹林，便有两株千年古榕映入眼帘，一株叫武功榕，一株叫鸳鸯榕。鸳鸯榕树干已经中空，树洞可容纳五六个人，虬枝苍劲，气势斐然。苏家围人喜欢在古榕树下唱客家山歌，通过这种方式来追忆祖先和歌咏客家文化。听着一曲曲充满乡土气息的客家山歌，仿佛步入了神奇的文化之旅，最后带着这笔精神财富满载而归，心情就像这幽蓝的天空一样明朗。

趣闻传说

提起苏家围，人们也许会忍不住问，苏东坡是四川眉山人，为什么他的后人要迁移到广东的苏家围呢？关于这个问题你或许能在紫苏园里找到满意的答案。

相传，苏东坡的第七代子孙苏天荣于 1312 年乘船南下赴番禺任教谕，途中投宿到义合。由于旅途疲倦，他很快进入了梦乡，当天晚上做了个奇怪的梦，他梦见有五位老人指点他上岸观看一株高大繁密的紫苏，告诉他紫苏之所以长得这么高大茂盛是因为这个地方的水土好。第二天，苏天荣弃船上岸，看到眼前遍地紫苏，发现周围的景致非常优美，觉得这就是自己梦中的景象，于是产生了在此定居的想法。他升任为四川富顺知县时，仍对此事念念不忘，叮嘱后人日后一定要在此地定居。其后人按照他嘱咐的地点定居下来，又建造了紫苏园表达对先人的怀念，其后世子孙繁衍生息，修建宅第和道路，慢慢发展成了苏家围。

钱岗——神秘的迷宫村

钱岗村始建于宋代，迄今已有 800 年历史了，那里碧水环绕、荔枝林掩，古屋错落，皆是黛瓦青砖，小巷盘曲回环，鹅卵石铺成的小路四通八达，颇有几分“阡陌交通，鸡犬相闻”的意境，水池畔的古榕树下，常有老人聚在一起纳凉、聊天，显得那么惬意和悠然，好一幅乡村风情的画面。

古村面积不大，东西长为 1.3 公里，南北长为 1 公里，然而就是这个小小的村落却遗留下来大量的历史遗迹。村落至今保留了九座书院、三座祠堂、四座门楼、四座更楼和九百多栋古屋，这不得不说是一个奇迹。在古村里漫游，就像走进了一座历史博物馆，灿烂的阳光下到处都是斑驳的光影，野草在断垣间肆意地生长着，时光在古老的建筑上静静地流淌，折射出隐没的文明之光，似乎提醒人们追忆那些已经被遗忘的历史。

钱岗村的门楼很有特色，分别屹立于东南西北四个方向，为二层木质结构，东门叫“启延门”，南向的叫“震明门”，西向的叫“镇华门”，北向的叫“迎龙门”。四门遥守相望，门楼附近各设一个更楼，门楼之间用青砖砌起了高高的围墙，使整个村落变成了一个封闭的古堡。每个门楼旁都植有一株古榕，据说古榕覆盖的面积可达好几百平方米，可谓遮天蔽日。而今只有镇华门旁还剩下一株古树了，据说它的树龄超过 300 年了，到了酷热的夏季，村民们喜欢聚到树下乘凉、闲聊，那里总是充满了欢声笑语，常有三三两两的老者笑眯眯地话家常。白发苍苍的老人和这株枝繁叶茂的老树形成和谐的一景，岁月都在他们身上留下了痕迹，经历了那么多风风雨雨，古榕的枝叶反而更加繁盛，老人的精神依然矍铄，阅历使他们变得更加睿智、淡定和从容了。

在启延门附近屹立着一座青石砖牌坊，名字叫作“灵秀坊”，它约有六米高，如边陲的战士一般驻守在村口。阳光洒落在古老的牌坊上，仿佛为它披上了一层戎装。西向的古更楼封檐口上挂有一块 860 厘米长的木雕檐板，这块檐板反映的是清朝中前期广州北岸的乡村生活风情和城市风光，描述了广州和珠江一带的繁华景象，采用浮雕和镂空雕的形式，内容无比丰富，将广州北岸十余公里的景致全部浓缩其中，雕工非常细腻，有垂钓的老翁、在河畔下棋的人，还有戴着礼帽的外国人，民居和商铺林立其中，整个场景非常逼真，因此被称为广州的《清明上河图》。

钱岗村最有气势的祠堂当属广裕祠，它足有 600 年历史了，整体风格简朴大气，庄重典雅，梁上有精美的雕花，图案多为花卉，线条简洁明快，丝毫没有繁复之感。隐匿于乡间的祠堂，一般梁上少有装饰，广裕祠的装饰使它显得非常与众不同。祠堂的弯脊和飞檐造型优美，采用的是悬山顶，而不是人们常见的硬山顶，这在民间祠堂也是很少见的。悬山顶的设计使屋顶的线条看起来更加流畅，也使整个建筑看起来更加气派了。

走出广裕祠，漫步在钱岗村曲曲折折的小路上，很担心自己像《水浒传》里那些闯入祝家庄的人一样“进得去，也出不来”。古村大大小小有六百多条小路，地面都是用山坑鹅卵石、田园石、沙溪石铺砌的，然而这些石料并不是被简单地堆砌在一起，而是精心地铺成了梅花纹，看起来十分精致和美观。由于地形的原因，全村街巷的布局曲折回环，几乎找不到一条笔直的路，外乡人进入古村，就像走迷宫一般，很容易迷失。这个古老的村落不但一砖一瓦打上了明清时代的烙印，连脚下的石子路也都有数百年历史了，现在老宅子里已经很少有人居住了，不少老屋大门紧锁，锁上布满了斑斑的铁锈。然而那些封尘在门楼、檐板、祠堂里的历史仍然吸引着一批又一批的人来到钱岗村驻足、流连和怀古，而这里浓浓的乡村风情也使得厌倦了城市文明的现代人在心灵上找到了归宿。

趣闻传说

据《恒祯房宗谱》记载，最早的居民是南宋丞相陆秀夫的后人陆从兴。陆家的迁移史其实就是南宋的衰亡史。陆秀夫生活的时代，南宋只剩下半壁疆土，国力日渐衰微，政局也更加不稳定，末代的小皇帝要么永远亡命天涯，要么就会成为可悲的亡国之君。左丞相陆秀夫认定大宋气数已尽，便抱着幼帝投海殉国了。大宋王朝随着幼帝的死亡而宣告灭亡，可是陆家的劫难却刚刚开始。

为了彻底铲除后患，元朝的统治者对陆氏家族展开了疯狂的追杀。当时陆秀夫的第四子陆礼成正驻守在梅岭，听到父亲殉国的噩耗，悲不自胜，知道自己已经无力回天，为了躲避元兵的追杀，逃难到了广东省南雄县珠玑巷。后来他的玄孙陆从兴辗转到了古番禺宁乐乡，发现那里山水秀美，风光宜人，便定居下来。陆家子孙从此落地生根，人烟开始兴盛，逐渐形成了钱岗古村。

自力村——浓浓乡土风，惊艳西洋楼

在广东开平的很多村庄都能看到千姿百态的碉楼，开平塘口自力村的碉楼尤为引人关注，它们在建筑风格上亦中亦西，有一种中西合璧的美感。如果不是身临其境，你很难想象看到这些带有异域色彩的精美建筑随意地散落乡野的良田之中，是一种什么感觉，因为“狗吠深巷中，鸡鸣桑树颠”的乡村和古希腊神庙是不搭调的，地地道道的乡土味和西洋味混杂在一起，将比任何时尚的混搭都更吸引眼球。曾有人说：“建筑是凝固的音乐。”那么塘口的一栋栋碉楼奏出的又是一首怎样的乐曲呢?显然是一曲中西乐器合奏的田园交响乐。

到达塘口前，先试想一下中国乡村风情画中屹立着一座欧洲古堡，那是一种多么奇异的感觉，想到这里，你便会认为塘口之行，必将是一次另类的旅行。到塘口看碉楼，首推自力村。踏着田间小径，闻着阵阵稻香，穿过绿荫掩映的密林，就好像来到了美丽的世外桃源，忽然，一座座风格各异、造型优美的碉楼闯入了视野，那种心灵上的震撼真是难以形容的。

自力村至今保留了15座碉楼，最具特色的是铭石楼、云幻楼和叶生居庐。这三座碉楼外形较为西化，在装饰风格上引入了很多古罗马的元素，比如廊里古罗马建筑中的拱券、罗马柱檐上的雕花，无不闪现着异域文化的光辉。楼内有装修古朴的客厅和古色古香的雕花家具，还陈设着不少“洋为中用”的生活用品，比如法国香水、威士忌、留声机、鹿角衣帽钩等，反映出楼主对待西方文明的开放态度。最漂亮的建筑当属铭石楼，它造型美观，外观壮美，内部装修富丽堂皇，陈设奢华，至今楼内还完好地保留了很多生活设施和日常用品，是人们了解华侨文化的一个窗口。

站在楼顶赏景，风光无限好，难怪古人会说“欲穷千里目，更上一层楼”。四下望去，15座造型优美、形态各异的碉楼散落在稻田和草地之间，满眼翠色和西洋建筑相映成趣，农耕水墨画上又多了一抹浪漫的诗意。然而这一座座异国文明的产物出现在中国乡村的土地上，一点也不显得突兀，反而看起来是那么优美和和谐，这样的组合让人诧异，却融合得几近完美，这确实令人惊叹。

自力村很多碉楼的名字都能体现出主人的美好意愿，有的以自己手足的名字给碉楼命名，如“龙胜楼”，有的把亲人的名字和祈福的寓意结合在一起，如“球安楼”和“振安楼”，有的根据周围的环境给碉楼命名，比如因矗立于竹林中而得名的“竹林楼”，还有的表达了楼主对乡间农耕生活的向往，如“逸农楼”。这些含蓄又带有美好寓意的楼名，体现出了楼主对生活的热爱之情以及对传统文化的坚守，而他们以西式风格来精心打造建筑，又充分体现出了对西方文化的一种开放和包容的态度。

碉楼是一个矛盾的混合体，它将欧美建筑的精美浪漫的元素和东方传统乡村文化巧妙地融合在一起，掩映在绿树翠竹中，或者散落在稻田平原上，集居住和防匪防盗功能于一体。自力村的碉楼多数为二至三层，也有四至五层的，碉楼的外墙材质为厚实的混凝土，大门是用坚固的钢板制成的，窗户小巧并设有铁栅，铁窗一关，整个碉楼有如堡垒，外人难以侵入。楼顶设有两个圆形结构的“燕子窝”，它们实际上是射击孔。主人站在此处，可以居高临下攻击不友好的闯入者。

碉楼身披华丽的西方盛装，骨子里却难舍东方情结，楼主虽然迷恋西方文化，终归故土难离，而古老的东方文化渗透到西式风格的建筑中，碰撞出一种奇特的美感。随着光阴流转，它越发显得深沉和庄重，在和平年代，它的角色也发生了转变，不再是一座严谨防范的堡垒，而是变成了一道亮丽的风景线，这个戴着拜占庭头盔的士兵终于可以卸下盔甲，享受美好的田园生活了。

趣闻传说

在自力村众多的碉楼中，最为风雅的当属云幻楼了。楼主人方文闲本是一介贫寒的书生，他白手起家，成就了一番事业后专门为发妻在家乡建造了此碉楼，这份同甘共苦、相濡以沫的真情为云幻楼增添了不少烂漫的色彩。

相传方文闲年轻时在私塾教书，收入微薄，穷困潦倒，妻子关凤娣没有一件得体的衣服，遇到特殊场合还得向邻居借衣穿。母亲前来探望，夫妻俩竟需借米做饭招待。生活如此艰难，方文闲觉得继续留在家乡一点出路都没有，于是决定出去碰碰运气。后来他漂洋过海去了马来西亚，辛辛苦苦做生意，终于打拼出了一片天地，开办了商行，不断拓展业务，生意越来越兴隆，他成了一位富商。富裕起来之后，他多次劝说发妻出国和自己一起生活，可是关凤娣故土难离，执意要留在家乡。在劝说无望的情况下，方文闲为妻子在家乡建造了云幻楼，放弃了海外优渥的生活。

云幻楼上有一副对联“人生第一伦常事，天赋成双伉俪缘”，反映出楼主人的人生观，他把夫妻深挚的感情和人生伦常等量齐观，可见对家庭有多么重视。楼顶上“只谈风月”的横匾也是非常耐人寻味的，当时时局动荡，匪盗横行，方文闲作为一代儒商没有能力力挽狂澜，只能和妻子躲在碉楼内生活，所以他不想过问世事，只愿与妻子白首不相离，这四个字反映出了他当时的无奈心情，也体现出了他对妻子真挚的情义。

大旗头村——文化风景里的乡愁

久居都市，游走于千篇一律的高楼大厦间，看着这些钢筋混凝土的建筑，感觉上极为熟悉但又有几分疏离，享受着便利的生活，心里却总像缺少了点什么，有一种类似于乡愁的情愫在心头挥之不去。走进大旗头村，远离都市喧嚣，心灵瞬间得到了抚慰。这个清幽古朴的小村庄完美地保留着乡村的风貌，古榕、旧屋、枯井、祠堂、书院，仿佛凝固在了古老的时光中，所有的人都延续着传统的生活，摇着蒲扇的阿婆乐于为每一位到访者讲述这个村庄的历史。大旗头村绝对是一个沉吟历史的好地方，也是步履匆匆的现代人放慢脚步，体验不一样的生活、放松心灵的好地方。

还没有走进大旗头村，就已经窥见了这座古村落的容颜，公路离村子不过咫尺之遥，整个村落的格局一眼便可尽览。大旗头村坐西朝东，南北延伸，郑氏宗祠是整个村庄的地标性建筑，祠堂是人们崇宗祀祖的场所，随着时代的演进，祠堂的作用大大弱化了，但是村民们始终对它存有敬畏之情，每逢祭祀和红白喜事之日，他们仍能聚集到祠堂，缅怀祖先，或办理丧、寿、喜等事。

宗祠的对面是一方水塘，据当地人说它代表洗墨池，洗墨池不远处耸立着一座三层六角的古塔，塔尖如笔，人称笔塔，塔下的两块方石形状酷似巨大的墨砚，水塘边的晒坪有如铺展开的白纸，高塔、池塘、晒坪、方石组成了笔墨纸砚文房四宝。相传建村的清代水师提督郑绍忠目不识丁，是个善武之人，但是却希望后代多读书，所以才在村中构建了文房四宝。或许文房四宝的来历有不少后人附会的成分，但是大旗头村确实有好学之风，村里的孩子升学或考试，家长都会带着他们到笔塔下祈福，希望文昌星保佑他们学业顺利。

村口有一株参天古榕，据说是郑绍忠亲手所植，当地人给这一处的风景取了个十分诗意的名字，叫作古榕挂月，大榕树枝叶繁密，村民们喜欢待在它的浓荫下休憩，有的人在这里下棋，有的人则在聚精会神地看报纸，小狗也来凑趣，卧在清凉的树荫下睡觉，不远处的池塘里水牛在惬意地洗澡，有时会露出半只头来。人与动物同乐的画面是大旗头村最常见的场景。村民除了喜欢在古树下纳凉外，还喜欢在树下设宴，谁家有喜事，便会在古榕下大摆筵席，一时觥筹交错、谈笑风生，好不热闹。

代表洗墨池的池塘不仅具有象征意义，它还扮演了更为重要的角色——充当蓄水池。村中所有的房舍都是坐西向东的朝向，地基微微有些倾斜，雨水自屋檐溅落到天井小巷里，再由渗井汇入暗渠，最后随着地势流入村前的池塘里。大旗头村有如此科学先进的排水系统，因此村子修建一百多年来，即便遇上特大暴雨，村庄也从来没有积过水。

大旗头村在布局上采用的是粤中地区常见的梳式格局，集祠堂、府宅、民居、池塘于一体，大部分建筑都是清代所建，最具特色的是锅耳式的屋墙，造型酷似明代官帽的两耳，人称“鳌鱼墙”，这种装饰显然不仅仅是为了美观，更多的是象征意义，后人将其引申为“独占鳌头”的意思，只有博得功名的人才能采用，这种独特的造型被广泛应用，说明村民们普遍希望后世子孙金榜题名、出仕为官。这一堵堵高耸的官帽墙，整齐划一，肃穆严整，又流泻着和谐的动感，甚为有趣。

古屋的设计非常精巧，具有良好的防水、防盗、防火的功能，难怪曾经入村考察的华南理工大学建筑学教授说：“大旗头的规划建筑放在今天来看也是先进的。”屋子的地基较高，天井巷道、广场是用约一米的麻石铺成的，方便清理下水道，雨水和生活污水皆由天井和巷道边形似钱币的眼洞（俗称金钱眼）汇入村前水塘，再排出河涌。房子设有两米多的气窗，较低的窗子嵌有铁条，功能有如现在的防盗窗，而且家家户户都设有两层屋檐，盗贼想要破顶而入是非常吃力的。屋子的墙体非常厚实坚固，厚度有半米多，外层砌有青砖，里面夹有厚度超过 30 厘米的麻石板，这样牢固的房屋虽不是铜墙铁壁，可是确实固若金汤，任天灾人祸都奈何它不得。封火山墙防火效果良好，它可以有效阻挡火势的蔓延，失火之后即使房顶被烧穿，主体结构也丝毫无损，更不会殃及邻舍。

窄窄的青石板街，锅耳形封火山墙的青砖老房，透着一股怀旧的味道，大旗头村给人的感觉是原汁原味的，它就像遗留下来的墨迹，色泽暗沉，隐隐能闻到余香，让人久久不能忘怀……

趣闻传说

大旗头村这个名称颇为有趣，那么它是怎么来的呢？关于它的来历，民间有三种说法。

第一种说法是：钟姓先祖以放鸭为生，过着择水草而居的生活，有一天他赶鸭到了一个水草丰美的地方，只见那里河汊纵横，非常适合鸭群放养，遂着手建造了房屋，在那里定居了下来，成为大旗头村最早的定居者。

第二种说法是：郑氏康泰公和钟氏先祖都是以放鸭为生，两个人一块放鸭时发现了一处水草丰美、河汊密布的好地方，于是一起定居了下来，成为大旗头村最早的定居者。

第三种说法是：康泰公是这里最早的定居者。相传康泰公原来生活的村子地少人多，村民生活艰难，又加上兵荒马乱，越来越不适合居住，因此康泰公迁居到了此地，经过一番辛勤的劳作，过上了殷实的生活，子孙越来越繁盛，终于形成了村落。

无论是谁最先到达了此地，钟氏和郑氏共同在这里开辟了土地，经过世代繁衍生息，建成了村落。因为村旁河涌建有大桥，村落便被命名为大桥头村，后来郑氏第六代世孙广东水师提督郑绍忠去世后，葬于村落西南处的老虎岗，其墓远眺有如一杆大旗在风中招展，故后人将该村落命名为大旗头村。

广 西

黄姚——萦绕在心间的梦境家园

有人说黄姚是一本被珍藏在书柜里的古诗集，无论谁不经意间打开它，都能发现一首首意境优美的不朽诗篇；也有人说黄姚是一个神秘又具有诱惑力的美艳少女，一旦揭开她的面纱，你便会被她的美貌俘获；还有人说黄姚是埋藏在地窖中味道最醇厚的陈年佳酿，它的芳香可以醉倒天下人。而事实上黄姚是个装满故事的千年古镇，匆匆一瞥你就能感受到它曾经有过的沧桑，以及千载春秋沉淀下来的文化韵味，而波光滟潋的姚溪又给它涂抹了最亮丽的一笔，使它的美变得更加灵动。黄姚是古朴的，也是宁静的，它地处偏狭，尚未被商业文明侵蚀，有人称它是“诗境家园”，也有人称它为“梦的家园”。总之它是很多人想要栖居的美丽家园。

电视剧《茶是故乡浓》、《酒是故乡醇》的热播让黄姚蜚声全国，而好莱坞电影《面纱》的拍摄则使黄姚走向了世界。这个处在漓江下游的古镇，早已成为了一张风景名片，可是它仍旧低调地保持着自己的本色。黄姚，一个历史文化小镇，坐拥喀斯特地貌的天然山水，人与自然和谐相拥，亭台楼阁、古桥、老街、寺庙祠堂以及古色古香的民舍错落地排列着，与浓荫蔽日的参天古榕、长生古井交相辉映，一抹姚溪贯穿全镇，使得黄姚的每条巷道都被清溪环绕着，构成了“梦境家园”的意境。

孔子说“智者乐水，仁者乐山”，黄姚人是幸运的，因为他们就栖居在山水的怀抱里。黄姚四面环山，生活在古镇里的居民开门既可见山，随意推开自家的门窗，便能看到隐隐的青山，这番景致如画如诗般迷离。水赋予了乌镇以灵气，给了丽江无边的秀色，对于黄姚来说，水亦是点睛之笔。黄姚的韵致便在于平静流淌的姚溪，它穿街蜿蜒而过，滋润着小镇的每一条巷道，也让黄姚人时时都能瞥见它的波光艳影。

登上古镇的石桥，站在古榕的绿荫下，欣赏姚溪的景致，真有一种人在画中游的感觉。一位两鬓飞霜的老翁撑着一叶扁舟，从水上轻轻地飘过，闲云野鹤般潇洒，眉清目秀的乡下姑娘头戴斗笠，站在老树下唱起了好听的山歌，还有那懒散的大狗卧在榕树旁，异常享受地眯着眼睛晒太阳，一切都是那么美好。这些风景是在都市里绝对见不到的。

月色下的黄姚更是美丽，天显得格外高远，月朗星稀之际，姚溪上银光点点，好像洒落了无数的碎钻，整个小镇泛起了柔和的微光，变得缥缈和神秘起来，霎时间便忘记了自己来自何处、将归往何方，只想痴痴地在桥上看如画的月色，直到自己愿意从浪漫的美梦中醒来。

黄姚的自然风景可用“画意诗情山色裹，天光云影水声中”来形容，然而人文景观也不逊色，作为一座历史文化名镇，黄姚至今保留了三百多幢明清时期的建筑，每幢建筑都极具岭南风格，飘椽飞檐好似蛟龙腾跃，折射出古镇昔日的繁荣。而今这些建筑已经在风雨的侵蚀下淡褪了色彩，于朴实无华中增加了历史的厚重感。古镇存留下来的寺观庙祠、特色桥梁数以十计，楹联匾额足有上百副之多，其中最著名的匾额是一副题于清康熙年间的横匾，上书“且坐吃茶”几个大字，被誉为“中华名匾”。

带龙桥是黄姚最美的景点之一，它是古镇所有桥梁中最大的阶梯石拱桥，始建于明代，桥身有大小两孔，大孔是由石灰石拱砌而成的，小孔位于大孔的两端，能辅助大孔排洪。桥面是厚石板铺砌成的，石板与石板之间采用特制铁铆连锁，使整个桥面成为一个平整而坚固的整体。带龙桥上留有一对常露出水面的石头，远远看去就像一对戏水的鸳鸯。大桥右侧傍有嶙峋的怪石，几株古树顽强地从石缝间长了出来，树下设有钓鱼台，稍下有一块形如龟状的大石，被形象地称为乌龟爬沙，还有一块骆驼状的石头，被称为双峰骆驼。

站在带龙桥上，慢慢地欣赏着这一幅幅亘古不变的图景，呼吸着新鲜的空气，青山绿水、小镇风光尽在眼底，鸟鸣水声声声入耳，真是一种惬意的享受。黄姚这么美的地方只应该依稀出现在梦里，而现在它却成为眼前活生生的事实，踏上这片土地，是寻梦而来的，也终归会带着美梦离去，无论如何，这都是一次特别的旅程，值得永远铭记于心。

趣闻传说

关于黄姚名字的由来，一直是当地居民和游客十分感兴趣的问题，对此民间流传着四种不同版本的说法。

第一种说法是：黄姚是壮姚杂居之地，生活着黄姓和姚姓两户人家，北宋皇佑四年（1052 年），狄青率领大军征讨侬智高，途经黄姚时，派兵到镇上打探路线，得知那里只有黄姓和姚姓两户人家，于是就把小镇命名为黄姚。

第二种说法是：黄姚最早的居民是黄姓瑶族人，他们经常把自己种植的农产品运送到姚江下游贩卖，有人问起农产品的出处，人们便说是黄姓的瑶族人从姚江上游带过来的，传来传去，黄姓的瑶族人就变成了黄瑶，进而演变成了今天的黄姚。

第三种说法是：黄姚是以姚江而命名的。每年雨季到来时，姚江水位暴涨，势若一条奔腾的黄龙，所以人们就把小镇命名为黄姚。

第四种说法是：明朝初年有一大批移民迁入黄姚，其中以黄姓和姚姓人居多，所以该地就被命名为黄姚了。

大圩——岁月静好，古风犹存

南方人管集市叫作圩，大圩顾名思义就是大型集市的意思。从名字上来看，大圩就是商贸集散地，在古代它曾是个商业繁荣的好地方，至今仍保留着不少手工作坊。大圩一带优美风光也像商贾一样集中，北有悠悠漓江，西南磨盘山奇峰雄起，东南父子岩遥遥相望，东抵潮田新河，西接相思江，雄跨镇南的万寿桥，气势如虹。电影《刘三姐》曾在这里取景拍摄，当年刘三姐就是在这里唱出“山顶有花山脚香，桥下有水桥面凉……”高祖庙、汉皇庙、风火墙等文化古迹更为小镇增添了浓厚的人文底蕴。

大圩依山傍水，三面环水一面靠山，地理位置十分特殊，自古就是水上交通枢纽，因此早在北宋时期就成为了商业繁荣的集镇，素有“逆水行舟上桂林，落帆顺流下广州”之说。大圩古镇临江而设，沿着漓江碧水绵延两公里，一条古意悠然的老街被商贾和游人踩踏得如平镜般光滑，岁月把它打磨得莹莹发亮。老街上到处都是青砖青瓦的两层明清建筑，每隔几十米就会设有一道高墙，高墙上镶有厚重的门框，门框上旧迹斑斑，门楣上嵌有各种石匾，上面镌刻着“永安门”、“瑞霭瀛洲”等字样，一派古色古香。沿街仍保留着大量的竹编作坊、草鞋作坊、丧葬用品店、草医诊室、老理发店等一些古朴的老店铺。当年的风貌未曾改变，只是往昔的那种热闹已经随着历史远去了，而今它们只是安静地坐落在那里，成为了历史的见证物。

古镇没有被过度地商业开发，这里的居民没有受到太多的打扰，民风尤为纯朴，这里就像一方没有被污染的净土，一切都是那么纯美和和谐。守望在这里的老人经常坐在街边翻看着泛黄的老书，穿着草鞋的渔夫悠然地从你身边经过，肩上还站着两只鱼鹰，酣睡的猫狗舒舒服服地晒着太阳，偶然会睁开眼睛打量外面的世界……这里的市井生活或许是平淡的，然而却十分温馨，难怪明朝的才子解缙作诗写道："大圩江上芦田寺，百尺深潭万竹围；柳店积薪晨昏后，壮人荷叶裹盐归。"这里的壮汉不是指壮族男子，而是指家中的汉子，说的是男人要亲自买盐回家。购买柴米油盐的家务活在古时本该是女子来做的，那么为什么大圩的男人要这样做呢？原因在于大圩的女子社会地位比其他地区的女子要高，可以抛头露面做生意，男人也不介意包揽家务活。可见大圩人在遥远的古代思想观念就比较进步。

万寿桥是来大圩的游客必去的地方。在蜚声全国乃至东南亚的电影《刘三姐》中，刘三姐和阿牛哥乘坐小船横穿漓江，就是在这座古老的石桥下定情的。万寿桥始建于明代，桥面是以青石板砌成的，桥两侧各有二十余级台阶，并设有护栏，桥四角有四个造型美观的石狮。远观似如青龙卧江，气势如虹，近看典雅妩媚，静若处子。

除了万寿桥之外，大圩还有很多景点不容错过，比如相思江边的父子岩，它们位于一个高 8 米、宽 4 米的溶洞内，是一对大小不一的钟乳石，外观酷似人形，巨石很像一个光头的老人，而略小的石头就像端坐的儿童，故而人们把它们想象成父子。位于漓江中游的磨盘山山石层叠堆积，外形酷似石磨，因此得名磨盘山，传说姜子牙曾在此山下垂钓过。

大圩不仅得山水之美，还保留了古朴的石桥和老街，多情的漓江水、巍峨的磨盘山赋予了古镇以灵气，而文化遗留则为古镇注入了灵魂，走进大圩你便走进了山水如画的世界，而且踏上了一场文化之旅，它带给你的启示可以更多。

趣闻传说

大圩是个山水秀美、人杰地灵的好地方，那么这座美丽的古镇是怎么来的呢？相传和“犀牛望月”的传说有关。

很久以前大圩是个人迹罕至、荒草丛生的偏僻之地，有个年轻的后生有一天爬到了磨盘山上，望着山下零星的几个简陋茅舍叹道：“这里风景这么好，要是能变成大镇子就好了。”话音刚落，就有一个须发皆白的老者走过来对他说：“小伙子，你趁夜把这磨盘山推上100转，就能让几间茅舍变成大镇子。”年轻后生说：“可我没有那么大力气呀。”老者说：“没关系，你喝口山泉水就会变成力大无穷的犀牛，到时便能轻而易举地推动磨盘山了，记住一定要在月落之前把事情做好，否则你就恢复不成人形了。”

年轻后生遵照白发老者的指点喝了山泉水，幻化成了一头健壮的犀牛，新月初升时他就开始推移磨盘山，伴随着惊天动地的巨响，那山果真像磨盘一样移动起来。推到第99圈时，月亮开始西沉了，为了留住月光，后生迅速向西跑去，谁知他跑了几步就僵住不动了。霎时间天地一片昏黑，后生化成了一座犀牛状的山峰，静立在磨盘山西侧，这就是有名的“犀牛望月”奇观。

后生的奉献精神感动了附近的老百姓，他们纷纷来到大圩定居，经过数代繁衍之后，这里就变成了一座人丁兴旺的古镇。

兴安——一渠沟通南北，一街联动秦淮

兴安因秦始皇下令修建的水利工程灵渠而闻名于世，人常道：“北有长城，南有灵渠。”可见其影响之大。灵渠在战略上所起到的作用绝不输于长城，它沟通了长江和珠江两大水系，为秦始皇完成统一中国的霸业奠定了基础。故郭沫若说灵渠“与长城南北呼应，同为世界奇观！”兴安城被灵渠之水环绕，所以一公里的街市被称为水街，水街景区集秦汉建筑文化、古城桥文化、古雕塑文化、灵渠历史文化、岭南市井风俗文化

为一体，处处皆是风景，在小桥绿水的映衬下，更显得璀璨生辉。

去兴安游玩一定要到灵渠看看，它是世界上保存完好的最古老的人工运河，凿于公元前214年，工程极为浩大，分为南北两渠，包括铧嘴、大小天平拦河坝、渠道、渠堤泄水天平、陡门和水涵等。水量丰沛时，海阳江江水在天平坝坡底掀起层层雪浪，势若涨潮，声音也颇似阵阵潮声，所不同的是它比海潮更美，但见金黄的砂洲和一湾碧水拥吻，天空瓦蓝瓦蓝的，绿树婆娑，真是秀色可餐。

灵渠上至今保留着八座古桥，很多石桥两侧杂草丛生，也有了深深的苔痕，可是它们仍旧非常坚固。在桥上看风景，经常会听到有人引吭高歌，胸中顿生一种荡气回肠的豪情，遥想当年灵渠开凿，雄霸岭南，成为长江和珠江的交通枢纽，也成为秦始皇一统中国的重大军事工程，千古一帝指点江山，书写出了华夏历史上不朽的篇章。而今这项水利工程历经2000年的风风雨雨和流水的冲击，依然傲然屹立，这不能不说是人类水利史上的一个伟大的奇迹。

年代最久远的桥建于唐代，历经风水雨刷，古意盎然。据说此桥离都城长安有万里之遥，所以人们称它为“万里桥”。万里桥至今已有一千多年历史了，上有“楚越要津”四个字。不知有多少文人墨客为了探访灵渠，不远万里到达南国，在万里桥上留下了足迹，也留下了热血飞扬的诗章。桥上有一亭，匾额是当代著名作家魏巍亲自题写的，亭子的顶棚上有八仙过海的精美壁画，色彩艳丽，极为动人。亭桥北岸有两方石碑，其中一方石碑为一块原石，另一方石碑被一只石龟驮起，非常有趣，正面是明代子吴玉篆撰写的《万里桥记》。

灵渠流经兴安城的一段街市就是闻名遐迩的水街，在旧时，水街商贾云集，酒肆茶楼林立，丝竹声不绝于耳，笙歌阵阵，一派繁华的景象，就像是梦境一般。如今，仍有人在歌唱逝去的旧梦，表达怀古之情，到了夜里，常能听到几曲清歌，两岸的灯火映在水中，泛出斑斑点点橘红色的光，真有几分“桨声灯影里的秦淮河”，不禁使人微微有了醉意，只是不清楚自己是醉在曲里，还是醉在了这迷人的风景里。

漫步水街就像穿越千年历史的尘埃，来到了一个遥远的时代，有种不知今夕是何夕的感觉。在这里中原文化和岭南文化交融碰撞，熠熠生辉，亭台楼阁、古桥、雕塑以及具有岭南特色的民居，无一不散发着历史的芬芳，那布满历史印痕的石桥、鳞次栉比的青瓦白墙的房舍见证了水街曾有过的沧桑与辉煌。水街古韵犹存，又有“小桥流水人家”的美感，这里的居民脸上的笑容也像这桥下的流水一般明朗清澈。垂柳依依，碧水悠悠，顽童在赤脚戏水，美丽的少妇在濯衣，这是江南水乡的水彩画还是纳西的风情油画？

水街两岸的建筑传承了秦汉神韵，古朴的建筑中处处透出泱泱大国的威武气息，与一品居、三槐第、九井坊三条古街相映成趣。夜游水街，景色更为迷人，两侧的店铺高挂着竹编的灯笼，灵渠边傍有古色古香的楼亭和嶙峋的怪石，耳畔传来丝丝古乐，好一派岭南风情市井图。

如果说灵渠是镶嵌在古城兴安上的一颗闪耀的绿宝石，那么水街则就好比是一条华丽的翠玉飘带，两者交相生辉，在为世人展示秦文化流觞的同时，还把岭南的市井生活编织了进去。坐在飞檐雕花下奏乐清歌的兴安人，是在歌咏着楚越旧情，还是在歌唱今天美好的幸福生活，或者两者兼有，兴安人生活在一个随时可以畅游古今的环境中，这是多么幸运的事。

趣闻传说

据史料记载，灵渠是史禄奉秦始皇之命主持修建的，可是民间却流传着另一种说法，传说灵渠是由三位将军设计、施工和建造的。

第一位将军是一位了不起的设计师，他设计并参与开凿出了一条六十多里长的运河，沟通了湘江和漓江的上游。可湘江发源于兴安东面的海洋山，而漓江发源于西面的猫儿山，虽然运河开凿成功了，但两条江的水位相差数丈，这位将军无法解决水位差的问题，被秦始皇下令斩杀了。

第二位将军是个出色的发明家，他解决了第一位将军遗留下来的难题，创造了多级升降水位的陡门，使得船队顺利通航，可惜因为没有及时解决分水问题，又被残暴的秦始皇下令杀掉了。

第三位将军是位正直果敢的工程师，他总结了前两位将军失败的教训，终于完成了浩大的灵渠工程，船队运送粮草终于可以畅行无阻了，为秦国的统一大业奠定了军事基础。秦始皇大喜过望，想要重重封赏他，这位将军不要任何赏赐，上书说灵渠开凿成功并非一己之功，前两位将军也做出了巨大的贡献，请求秦始皇为两人平反昭雪。

秦始皇乃是一位自负的暴君，当然不肯认错，威胁说如果那位将军违抗军令则杀无赦，第三位将军不肯屈服，于是拔剑自刎了。临死前他要求把自己葬在灵渠边，好让他继续看守奔流不息的灵渠水。当地百姓为了纪念三位将军，把他们合葬在了一处，世代缅怀祭祀。

水源头村——遗失在山凹里的珠玑

水源头村是坐落在桂北群山中的一个古老村落，它的一草一木都是那么丰饶，一宅一院、一街一巷都是那么幽深静谧，一株株千年银杏依然苍劲挺拔，黛瓦青砖、飞阁流丹，使人仿佛走进了一个尘封的久远时代，蜿蜒的乡间小路旁是一片绿油油的田野，大水牛正休闲地嚼着草根。置身在这美丽的田园风光中，大气也不敢喘一口，生怕打扰了这里的宁静与安详。

水源头村四周石山林立，是一个隐藏在山凹里的小村庄，村头一条奔腾不息的清澈小溪从田峒中缓缓流过，源源不断地注入高尚乡上桂峡水库，成为湘江的主源，故而得名水源头村。水源头村最美丽的奇景便是村中那三百多株古银杏树了，其中有株被称作“七仙女”的银杏，树龄超过1000年，树干粗壮苍劲，树高达到30米，堪称银杏树中的无冕之王，吸引了很多游客在树下合影。

水源头村深秋的景色最是迷人，村子房前屋后的三百多株银杏纷纷换装，霎时间转为灿烂的金黄色，在阳光的照射下，一派绚烂的景象，就像浓墨重彩的水彩画一样，美得教人忘记了呼吸。站在盛装挺立的银杏树下，除了视觉以外，所有的感觉似乎都变得迟钝起来，风声止了，满眼都是铺天盖地的金色，到处都流溢着闪烁的光彩。这个古朴的古村落被装扮得辉煌起来，沐浴在一片金辉中，你会完全忘记了自己的存在，脑海里只剩下浓烈得化不开的鲜艳色彩，除此之外，便别无所有了。

水源头村不光树美，老屋也很美。村子完整地保留了很多明清时期的古宅，为双层建筑，皆是青砖砌墙、檐牙高啄，窗上镶嵌着精美的玻璃窗花，房间的板壁上精心镂刻着各种鸟类图案，十分精细逼真，边庭柱下磉石上凿有龙凤呈祥的图案，翩舞的游龙飞凤栩栩如生，大有呼之欲出之感。房屋之间有走道相连，走道是用青石板铺砌的，光滑的青石板上出现了一排一寸见方的小圆洞，这一个个孔洞竟是被好几百年屋檐下的滴水凿出来的，水滴石穿的故事就是这样在这数百年的光阴中悄无声息地上演的。我们不得不感叹造化的神奇。

村中最大最古老的庭院是秦家大院，据说它也是广西境内最古老、保存最完整的明清建筑。这大院是秦朝大将秦琼的后人所建，远近闻名，它依山而筑，占地面积多达1.5万平方米，气势非凡，曾多次出现在影视作品中，《历史的选择》、《大围剿》、《万山剿匪记》等影视剧都曾在这里取过景。秦家大院的门楼下有一方红漆金字的大匾，上书“武魁”两个大字，笔力苍劲，旁书“钦命赠武职郎秦本洛恩科武魁嘉庆

十三年戊辰岁季冬月谷旦立”。这是清嘉庆帝封赐秦琼后人秦本洛为武状元的佐证，说明秦家自古以来就有尚武精神。

走进大门，两层青砖黛瓦的民居映入眼帘，檐牙高啄，装饰华丽，古韵浓重，全部都用重达数吨的青石为基，地基高度足有三四尺，墙壁皆是清一色的青砖，颇为气派。连接屋子的巷道，是用一米见方的青石板铺砌而成的，虽然纵横交错，却有精妙的布局，看起来整齐、美观、大方。老屋的布置符合四合院的特点，天井位于中间，分为上下堂屋，左右傍有上下厢房。窗上镶有用琉璃瓦烧制的漂亮窗花，板壁上镂刻着飞鸟走兽及花卉图案。整体看上去秦家大院保存完好，虽然经历了三百多年岁月的磨蚀，风貌大体未改，雕梁画栋色泽明晰，一派古色古香，它是水源头村留下的文化遗产，也是我国建筑史上的瑰宝。

水源头村就像一本书页发黄的旧书，随便翻开一页，都能嗅到一股墨香，里面没有歌功颂德的诗行，却仍旧可以让人热血奔涌。合上这本厚厚的史书，耳畔传来的却是稻田里的一片蛙鸣，不禁想起了那首《西江月·夜行黄沙道中》：“明月别枝惊鹊，清风半夜鸣蝉。稻花香里说丰年，听取蛙声一片……”这个喜欢醉里挑灯看剑的词人，也曾有着和秦家子孙一样的尚武情怀，他不仅是个豪气干云的武将，还是个内心世界无比丰富的文人，就像这水源头村一样，有着多个侧面，形象立体丰满，惹人遐思。枕着稻香、听着蛙声入睡，呼吸着乡野清风，真有几分“梦里不知身是客，一晌贪欢”的感觉，贪恋这里的一切，只需在村里待上一天便乐而忘返了，心想如果时间能停下脚步该有多好，这样就不必为离别而烦恼，如果注定要踏上新的征程，带着美好的回忆风尘仆仆地上路，心境也会像被洗濯过一样明朗。

趣闻传说

相传水源头村是隋唐大将秦琼后人的聚居地，在明洪武年间，有位来自山东的秦姓官员来到了桂北的水源头村，据说他就是秦琼的后裔。秦琼的后人遭到贬黜，可谓是命运不济，其实秦琼本人也曾经落魄过，民间一直盛传着他当年卖马的传说。

隋朝末年，秦琼奉命到潞州办事，随身携带的盘缠已经用完了，又不幸身染疾病，连住宿吃饭的钱也付不出，只好把从不离身的兵器金双锏典当了，可是得来的钱并没能支撑多久，不得以他决计把自己的坐骑黄骠马也卖了。可惜没有人想要买他的马，一位卖柴的老者为他出主意说，二贤庄的主人单雄信想要买好马送朋友，不妨到那里碰碰运气。

秦琼谢过老者，依言来到二贤庄卖马，他眼下穷困潦倒，碍于脸面，没有报出真实姓名。单雄信听说他是济南来的，便客气地邀他吃茶，还让他帮自己打听山东好汉秦叔宝的下落，并支付给他 30 两纹银买马。秦琼拿了银两便离开了。后来单雄信从别人口中得知那卖马之人正是自己仰慕已久的秦叔宝，便立即追赶，两位惺惺相惜的英雄终于相识，后来结下了莫逆之交。

白沙——山水甲桂林

人说桂林山水甲天下，阳朔山水甲桂林。阳朔山青、水秀、峰奇、洞巧，自然景观非常独特，地处阳朔境内的白沙镇是桂林山水王国中、离都市最近的幽静之地，它是许多人苦苦追寻的世外桃源。如果说从桂林到阳朔的风景堪称一条黄金走廊，那么白沙镇就是这条黄金走廊上最耀眼的夜明珠，清波荡漾的燕子湖、幽暗的燕子洞、别具一格的侗乡风情和神秘的原始部落，无一不让人惊叹神迷，这一切似乎都在告诉你与世隔绝的桃花源不在别处，就在白沙镇。

进入白沙镇的世外桃源景区，首先映入眼帘的是垂柳下的一架竹筒水车，它伴着哗哗的流水声如歌如诉地转动着，似乎永远也不想停歇。放眼望去，青山如黛，一泓碧水绕田而过，翠竹青柏的掩映下露出几家小巧的农舍，隐隐能听到鸡鸣狗吠的声音，上空依依升起袅袅的炊烟，很契合陶渊明描述的“狗吠深巷中，鸡鸣桑树颠”、“暖暖远人村，依依墟里烟”的意境。

行至山脚下，一座小桥从浓密的绿荫中现了出来，过桥便深入到了神秘黑暗的燕子岩，这就是闻名遐迩的燕子洞了。岩洞内安静极了，除了自己的呼吸声，只能偶尔听到清脆的鸟鸣声。石壁上有无数形态万千的石钟乳，其中有两只形状酷似燕子，一只为振翅欲飞的雄燕，另外一只是回头遥望、含情脉脉的母燕，形态逼真，惹人遐思。

出了燕子洞，眼前豁然开朗。踏上长满桃树的小岛，似乎又离陶渊明笔下的桃花源更近了一步，又像是来到了黄药师栖居的桃花岛。这里桃花朵朵，灼灼其华，使人产生置身秘境之感，又有一种“久在樊笼里，复得返自然”的自在感。

诗人吴迈说：“桂林山水甲天下，阳朔堪称甲桂林。”桂林山水素有甲天下的美名，是因为它有多情的漓江，而阳朔甲桂林的风景，则离不开白沙镇灵秀的燕子湖。燕子湖没有九曲黄河奔流到海不复回的气势，也没有长江一泻千里的壮美，它是秀气的，也是梦幻的，有如南国娇美的女儿一般。无论是在晨曦还是在雾霭、烟雨中，它都是那么秀美，船行其上，有如在画中漫游。

燕子湖的形状酷似一只展翅欲飞的燕子，这可能是它得名的原因。此外，每年天气转冷时，大批的燕子都会飞到南方过冬，其中有一些燕子栖居在湖后山脚下的岩洞里，那段时间，山脚下、湖面上，经常可以看到成群结队的燕子，所以这湖便成了燕子湖。

在登岸步行的回程路上，你可以尽情领略少数民族独特的风情，侗族小伙子一边吹奏着芦笙，一边跳起了欢快的舞蹈，头戴银饰的侗族姑娘唱起了动听的歌谣，那圆润的嗓音仿佛从天边飘来的一样。侗族儿女的笑容是澄澈的，一如这里的天空和湖水。白沙镇的原始部落更为有趣，皮肤黝黑的侗族儿女热情奔放，尤善歌舞，异族风情顿时令人耳目一新。原始部落的生活当然也是原始的，男子时常到深山打猎，情侣们喜欢站在树下谈情说笑。他们拥有简单的快乐，过着幸福而纯粹的生活，就像南来北往的燕子一样自由。

世外桃源，山青青、水悠悠，山水多情，人更有情，踏上这片神奇的土地，你就会物我两相忘，仿佛走进了一个不真实的大美秘境，这就是令人心驰神往的桃源，一个至胜的完美境遇，不一样的山水，不一样的风土人情，让浮躁的人变得沉静，让流浪的心变得安宁，停留数日，你带走的将不再是一个梦，而是一段最美好的回忆。

趣闻传说

关于白沙镇的得名，有一个有趣的传说。相传西汉末年，刘秀起兵讨伐王莽，最初出师不利，几乎全军覆没，一个人落难到了山岗下，后来他不慎暴露了行踪，被王莽的一个部将发现，王莽便率领大军对其进行追剿。刘秀狼狈地向南逃窜，后面追兵穷追不舍，其中有一人高喊道："那个骑白马穿白袍的人便是刘秀，抓住他有重赏！"

眼见王莽的人马就要追上刘秀了，忽然，天地间刮起了一阵狂风，把河边的白沙吹得漫天风舞，飞沙走砾迷住了追兵的眼睛，刘秀趁机策马奔逃。风止息后，白沙纷纷飘落，追兵又来追杀刘秀，刘秀急急忙忙跳进了古井，追兵离开后，刘秀逃进了一座古城，这才得以脱险。后来刘秀登基成了东汉的开国皇帝，对那次历险经历依然记忆犹新，就将白沙漫天的小镇赐名为白沙镇。

云南

香格里拉——一个离梦最近、离红尘最远的地方

香格里拉是藏语的英音，藏语的汉音是香巴拉，是心中的明月的意思。多么美的名字，多么美的释意，它一直是所有人梦想中的伊甸园，宛若一个虚幻的所在，可它并不是一个虚无缥缈的海市蜃楼，而是一个真正存在的地方。那里有圣洁的雪山、静谧的湖水、肥沃的土地、茂盛的草场，还有成群的牛羊和淳朴的康巴人，是一个令人魂牵梦绕的地方，一个人人向往的天堂。

《消失的地平线》的热销使香格里拉名扬天下，故事是虚构的，可是香格里拉这片神奇的土地却像呼吸一样真实。书中这样描述香格里拉："这里是一片绝尘净域，美丽得让你一听倾心，一见钟情！这里是一方旷古秘境，神奇得让你入梦入幻，如痴如醉！"多少人因为这段文字对香格里拉怦然心动，还有人仿佛陷入痴恋般地高唱道："这美丽的香格里拉，这可爱的香格里拉，我深深地爱上了她……"

香格里拉的美超出了我们的想象，它似乎存在于我们的意识之外，皑皑的雪山、幽蓝的湖水、深邃的大峡谷、无边的草甸、茂密的森林、漫山遍野的杜鹃花，迷离着你的双眼，有如梦幻中的仙境，走进这片古

老的高原，你会被它的悠远和宁静所迷醉，没有了思维，身体也变得轻盈起来，灵魂则得到了最彻底的洗濯和净化，置身在香格里拉，你已经不再是你，而是成为了另一种所在。

踏上香格里拉的旅途，一路都是美景。蜿蜒盘曲的公路一层层拾级而上，巍峨的高山在云雾间耸立着，天空无比高远，瓦蓝瓦蓝的，远处的白云仿佛漂浮的棉絮，而近处的则轻似薄雾，让人不清楚是置身在白云间还是沐浴在雾气里。雨后的青山更显得雄伟壮丽，山脚下的风光也更宜人，辽阔无际的草甸像铺开的绿色巨毯，遍地的羊群便成了绿毯上的一朵朵白花，娇艳的格桑花开满了整个山谷，微风拂过，迎风招展，就像美丽的藏族少女那样令人心动。

香格里拉让人苦苦寻觅的梅里雪山，位于怒江和澜沧江之间的横断山脉中，它一路蜿蜒向南，绵延13座起伏的山峰，每座山峰都粉妆玉砌，壮丽磅礴。它曾被誉为“世界上最美的山”。雪山海拔在4000米以上，山顶和山腰上终年被白雪覆盖，银装素裹，冰冷圣洁，有一种凛然不可侵犯的美。梅里雪山不仅有晶莹壮美的十三峰，还有各种雪域奇观，卡瓦格博峰下，布满冰川和冰碛，其中最壮观的冰川从海拔5500米处一直延伸到海拔2700米的森林腹地，长度达到8公里，堪称奇观。当凌厉剔透的冰川遇上莽莽苍苍的一片绿林，虽然不是冰与火的碰撞，可是给人的视觉冲击力绝对可以用震撼这个词来形容。

香格里拉不仅有奇美的自然景观，人文景观同样令人憧憬。在茶马古道最美丽的地方屹立着一座千年古城，它始建于唐朝，坐落于香格里拉南部中心地带，叫作独克宗古城，还有另外一个诗意的名字——月光城。独克宗在藏语中的意思是建在石头上的城堡，顾名思义它是依山而建的，这座古城在布局上是围绕着城中的大龟山而建筑的，形成了山中有城、城中有山的格局。古城的风格是藏式的，有种康巴汉子的大气之美。城里的居民多为藏民，你随处都能听到“扎西德勒”的祝福声。“扎西德勒”在藏语中是吉祥如意的意思。淳朴的藏民愿意为每一位到访这里的人送上这样美好的祝愿。独克宗建筑、文化和风俗无一不阐明了什么才是真正的香格里拉，那便是纤尘不染的绝美境域，踏上这片土地你的脚步会自然放慢下来，呼吸的节奏也会跟着慢下来，恍若来到了充满异域风情的另一个世界，另一层空间。

藏民非常热情好客，每有客人临门都会捧出自酿的青稞酒，并送上一条洁白的哈达，口中不停地说着“扎西德勒”的祝福语。藏民的房屋设计得也非常有特色，窗户的上方呈飞檐翘角状，饰有漂亮的彩绘。外壁上雕琢着花鸟鱼虫的精美壁画，色泽明快，笔触细致，煞是美观。屋顶和梁柱上绘满了色彩瑰丽的漆画，多是几何图案，为方格组成的连续花边。房屋的四壁挂着藏刀、牛头和羊头，从中我们可以看到藏族人粗犷豪迈的一面。

藏族人的装扮也像他们的屋舍一样富有民族特色，男人的服饰中少不了皮毛，腰间悬有刀剑，显得高大威武，异常粗粝彪悍。女人的衣装色彩比较鲜艳，佩戴着藏银、宝石制成的精美饰品，长袖舞动时，颇有一种飘然的风韵。香格里拉的藏民无论男女老幼都能歌善舞，夜幕降临时，男子在皎洁的月光下拉起了悠扬的弦子，女子挥舞着长袖，踏着节拍轻歌曼舞。一边喝着味道独特的酥油茶，吃着奶酪和烤肉等当地美食，一边观赏藏家儿女美妙的舞姿，一股股浓浓的民族风扑面而来，即使你离开了香格里拉，姑娘天籁般的嗓音还会久久在耳畔回荡，仿佛的你双脚不曾走出那片土地。

香格里拉是一片圣土，它既有雪域高原的无限风光，又有纯朴的民风民情。来到香格里拉你便走进了梦中的伊甸园，它是凡尘以外的地方，是跌落到人间的天堂，一声鸟的清鸣、一声马的嘶叫、一曲飘荡的牧歌，都将告诉你什么才是激情和天籁，你敏感的心弦一次次被拨动，直到你听不清自己的心跳，迷失在这个地球上最美丽的地方。

趣闻传说

香格里拉被世人所知得益于畅销书《消失的地平线：香格里拉传奇》，那么从未踏足过中国香格里拉的詹姆斯·希尔顿创作灵感又来自哪里呢？据说，他的写作素材来自于奥地利美籍探险家约瑟夫·洛克在中国云南西北部探险时发表在《国家地理杂志》的照片和文章。

约瑟夫·洛克的足迹踏遍了中国西部壮丽的雪山冰峰，他深深地爱上了那片神奇的土地，把自己的经历和感受写成长篇纪实散文发表在了著名刊物《国家地理杂志》上。那些关于滇西民族风情和圣洁雪山的描述吸引了很多西方的读者，詹姆斯·威尔顿也因此受到了启发，决定以此为题材构架自己的冒险小说。

《消失的地平线》的主人公与约瑟夫·洛克有许多惊人的相似之处，有人甚至认为詹姆斯·威尔顿就是以约瑟夫·洛克为原型创造了康维这个人物。康维去过东方，会讲好几种东方语言，包括汉语和印度斯坦语，在中国度过了近十年时光，而约瑟夫·洛克也曾游历东方各国，会说汉语、印度斯坦语等好几种东方语言，还一度深入中国云南地区考察。小说的主人公陶醉于异域风光，过得充实而幸福，可是却终生未娶。而现实中的约瑟夫·洛克也情迷异国，最终选择了独身，显然这并非是一种巧合。

大研——印象云南，大美丽江

丽江是一个适合发呆的地方，置身丽江，仿佛时间倒退了几十年，坐在古色古香的四合院里，沐浴着满天星辉，抿一口玉龙雪山茶，什么也不必想，只想一个人静静地看夜景。丽江又是一个风花雪月的地方，最适合滋生爱情，而这浪漫的邂逅未必与红男绿女有关，它是关于一个人和一座城的。中国有不少地方都有小桥、流水、人家的风景，唯独丽江最符合美学意韵，而居于丽江坝中心的大研镇，小桥流水无处不在，更以纳西风格的古老民居和纳西风情著称于世，它是人们口中的“高原姑苏”，一个比江南更江南的地方，又弥漫着纳西文化的馨香，因此吸引了一批又一批的人慕名前来，成为人们心目中最向往的旅游胜地。

丽江城分为新城和古城，丽江古城就是大研镇，它与新城只有一街之隔，是一座没有城墙的古老城镇。漫步古城，眼前是一派典雅、古朴、唯美的图景，清澈的溪流穿城而过，水系四通八达，让人感觉仿佛进入了烟雨江南的画图中。水上卧着一座座玲珑娟秀的小桥，岸边的垂柳婆娑，纳西人鳞次栉比的民居具有鲜明的异域风韵，林立的商铺中摆满了琳琅满目的商品。在深幽的巷子里，经常可以看到身披七星披肩的老人或聚在一起玩纸牌，或悠然自得地在古城里散步，或坐在自家的屋檐下沉思默想。纳西人的庭院里栽种了各种花树，各色争妍斗奇的花卉将枝桠伸了出来，大有“满园春色关不住，一枝红杏出墙来”的意境。

古城的街道是用五彩石铺砌而成的，美观洁净，雨天不积水，晴天不扬尘，几乎所有街道都伴有潺潺的流水，溪畔栽有依依垂柳，柳荫下是小桥，民居错落有致地排列其间，可谓是“家家流水，户户垂杨”，它无愧为一座天然水城。到了夜里，老城不再安静，一间间风情酒吧红灯高挂，游客们纷纷走进依水而建的酒吧里小酌赏景，或者结伴去放河灯，酒吧醉人的霓虹和河灯星星点点的光芒映入水中，成为古城一道美丽的风景。

大研古镇依山而建，北靠象山、金虹山，西邻狮子山，这样得天独厚的地理位置抵挡来自背面玉龙雪山的寒气，又能吹到东南方向的暖风。古镇水系纵横交错，所以它既是山城也是水城。大研在格局上不同于中原的古城，最大的特点便是它四周没有修筑城墙。古镇依山傍水，纳西人以山为墙，以水为枕，世世代代与大自然和谐共生，那依山靠水铺就的街道，那庭院中栽种的美丽花树，那花荫下的小桥，小桥附近俏然挺立的屋舍，无一不体现了天人合一的理念。

纳西人崇尚原生态的生活，大研古镇的独特韵味和纳西文化淡定自然的气质密切相关。走在光滑的石板路上，随处可以看到当地人在晒太阳、品茗赏花，那笑容可掬的老阿妈，那悠然地磨着豆浆的老翁，还有那专注地做着木雕的小伙子，神态都是那么悠闲和惬意，这种生活是在喧嚣的大都市中找不到的。在古镇中生活的纳西人至今延续着先人的生活风貌，八百多年过去了，他们仍然坚守着原生态的生活方式。

了解大研应该从了解纳西文化开始，纳西人的生活方式固然令人着迷，可是最能体现纳西人民族特色的东西是纳西古乐，它以乐曲古老、乐器古老、乐师古老的三个特点，被称作“音乐活化石”。纳西老人从不拒绝登台献艺，舞台上，身着传统服饰的老乐师怀抱着琵琶、三弦、二胡、古琴、木鱼等乐器，奏出了一曲曲古老动听的经典曲目，雄浑的曲风，深沉的旋律，仿佛在歌咏逝去的远古文明。甜美的纳西姑娘毫不羞涩地一展歌喉，听众只觉得这有如天籁般的声音是从天边飘来的，不禁会发出“此曲只应天上有，人间能有几回闻”的感慨。

大研古镇的建筑街道、桥梁水系、民居庭院以及古朴悠扬的纳西古乐，无不凝聚着纳西人的聪明才智和文化濡养，这具有鲜明民族特色的纳西风情，为古镇增添了极为亮丽和醒目的一笔。凡是来到大研古镇的人，都会对它难以忘怀，大研有类似于姑苏水乡的风貌，但又不同于姑苏水乡，它是纳西人的家园，洋溢着浓郁的民族风情，这也是它独特的魅力所在。

趣闻传说

在大研古镇，流传着有关一米阳光的浪漫传说。据说丽江的玉龙雪山终年云遮雾罩，即使在晴朗的日子里，阳光也不能穿透云层照到山脚下，唯有秋分时节日月同辉的那一天，上苍会赐下最完美的爱情阳光，即一米阳光。那时玉龙雪山云开雾散，明媚的阳光洒满山谷，每个沐浴阳光的人都能得到圣洁的爱情。

还有一种说法是秋分这天阳光依然无法穿透厚厚的云层，但是会有一米的阳光照进玉龙雪山的一个神奇的山洞，如果相爱的情侣可以进入洞内享受一米阳光的抚摸，就能获得永恒的爱情。

据说这一米阳光是短暂易逝的，所以更加难能可贵，有如昙花一现的际遇不容易寻得，所以任何接触过它的人都是被祝福的，将得到纯洁永久的爱情。这个传说打动了很多来丽江旅行的人，他们认为大研古镇是一个风花雪月的地方，世上没有哪个地方比这里更适合遇见爱情，于是在大研上演了许许多多浪漫的爱情剧目。

黑井——封尘于历史尘埃下的千年盐都

黑井自古以来就是产贡盐的地方，自从有人在这里发现了盐，它便成了中国闻名遐迩的盐都，在制盐业鼎盛时期，黑井有82口盐井，现在存留下来的盐井有62口，随着海盐的涌入和现代制盐工艺的兴起，黑井的制盐业日渐式微，盐都的地位不复存在了。盐城失去了往昔的辉煌，可是却存留下来大量的名胜古迹，成为了一座历史文化名镇。古盐井、煮盐灶户、古塔、古戏台、武家大院等，成为这座千年盐都不朽的文化遗产。

金庸在《天龙八部》中对黑井有这样的描述：“保定帝下旨免了盐

税，大理国万民感恩。云南产盐不多，通国只白井、黑井、云龙等九井产盐，每年须向蜀中买盐，盐税甚重，边远贫民一年中往往有数月淡食。保定帝知道盐税一免，黄眉僧定要设法去救段誉以报……”点明了黑井作为大理国九大盐井之一的地位。黑井盛产盐是因为在古时云贵地区曾是一片汪洋大海，后来由于地壳运动，海底上升成为了高山，海洋里的盐分沉淀到了山底，经过沧海桑田的变化，黑井拥有了造福一方的宝贵资源——卤水，也就是盐水，盐水经过过滤、吸收等一系列工序加工熬煮后便变成了盐。

黑井镇以盐井命名，据当地人说它还有另外一个名字，叫烟溪。黑井制盐业发达的时期，镇上日日煮盐，制盐产生了大量的气体，使小镇笼罩在一片烟雾之中，这些烟雾久久不散，降落到了田埂边的水沟里，形成了一条烟雾溪，所以人们就把黑井镇称作烟溪。煮盐排放的气体并没有对当地的环境造成污染，反而使小镇“四季无霜、春夏无蚊”。

黑井的盐是远近驰名的，相传 20 世纪 30 年代，政府要选出中国最好的盐出国参展，便将各地出产的盐分别放置在一摞豆腐的最上层试验，只有黑井的盐可以使豆腐从最上层到最底层咸味均匀。当地人自豪地说想要分辨盐是否产自黑井镇，可以切 20 方肉，码成两堆，一堆上面抹上黑井产的盐，另一堆抹上其他地方出产的盐，几日后，渗入最底层肉里的便是黑井的盐，其他盐没有这样的渗透力。

来到黑井镇，黑牛盐井是必看之处，据说它是黑井镇最古老的一口盐井，位于小镇中心地段的山崖之下。盐井入口是一个石砌的洞门，洞门前是一方废弃的卤池，足有几十米深，当年小镇上的居民就是在这口盐井里发现了改变全镇命运的资源，铸就了盐都的辉煌。据《黑井盐史》记载，明朝时期黑井盐税最高时占整个云南省税赋的 67%，到了清代，占云南省税赋的一半，进入民国时期，仍然占云南财政总收入的 46%。盐对于人的重要性仅次于食物和水，在很多远古的传说中，盐和土地、爱情是同等重要的。黑井因盐而兴盛，最终也因盐而败落，这是历史的必然，可是繁荣之后未必都是落寞，这些存留下来的古遗址仍然能给我们现代人带来很多启示。

从黑牛盐井出发顺着山势往上走便来到了七星台，它共有几个台阶，长度近百米，全部用红砂石铺砌而成。黑牛盐井上方的山体颇为陡峭，坡度为七十多度，倘若有山石滑落或者山体部分出现塌陷，会直接威胁到黑牛盐井，它可是全镇的财源所在。为了保证盐井的安全，当地有钱的灶户每年都会花钱修筑护井的台阶，七星台应运而生。它落成以后，每块台阶间形成了七块梯地，人们在上面培植花木，成为当地的一道景观。

几个世纪以来，黑井几十口盐井和几十家煮盐灶户维系了小镇数百年的繁华与兴盛，遥想当年这里马帮络绎不绝，由于马蹄踩踏，小镇的许多街道和桥面都留下了深深的印记，这些痕迹直到今天还清晰可见。

黑井失去了盐都的地位，除了盐井、煮盐灶户等历史遗迹，建筑就成了它的第二张名片。黑井的建筑主要分为三类：官家的府邸、富家的气派宅院，还有寻常百姓家的小巧民居。在黑井，建筑中的翘楚当属武家大院。武家大院依山而建，呈纵一横三的王字型，规模宏大，装饰也富丽堂皇，颇具特色，整座楼飞檐斗拱，大门是龙头、凤、象单一斗拱共同组成的三重檐，端庄典雅，气势轩昂。砖柱和檐瓦上绘有山水花鸟和人物图案，构图精美，令人目不暇接。院内建有楼阁小亭，一派小桥流水的风景，虽然历经岁月沧桑，曲径回廊、亭台楼阁和私家花园仍很好地保留了下来，见证着黑井古镇曾有过的荣光与辉煌。

幽深的古巷、漆黑的古盐井、雕梁画栋的武家大院、石板街上深深的蹄印，无不述说着这座千年盐都曾经的繁荣与兴盛，红砂石铺砌的马帮道与不足三尺宽的街巷相偎依，在春风沉醉的晚上，万家灯火通明，黑井古镇屹立在无边的夜色中，显露出老而不衰的风骨，述说着一个远去的繁华时代。

趣闻传说

据《黑盐井志》记载，黑井的由来和一个叫李阿召的放牛女孩有关。相传，李阿召在河谷放牧时，发现有一头黑牛长得膘肥体壮，毛色也非常光亮。眨眼工夫黑牛就不见了，李阿召顺着牛蹄印，来到了山崖边，看到那头黑牛正在沼泽里舔舐水中的石块。李阿召好奇地尝了一下，发现水居然是咸的，于是盐井就被发现了。这口盐井给整个小镇带来了繁荣，人们为了纪念那头黑牛，就把盐井命名为黑井，并尊李阿召为盐龙女，还专门建造了大龙祠来供奉她。

沙溪——余韵绵长的滇西坝子

沙溪是一个群山环抱的小镇，位于大理和丽江古城之间，地处金沙江、澜沧江、怒江三江并流的高山峻岭间，那里群山延绵、良田丰美、人杰地灵，被称作是“山美、水美、坝子美、姑娘更美的鱼米之乡和歌

舞之乡”，作为滇藏茶马古道上一个陆路码头，它又被誉为是“茶马古道上唯一幸存的古集市”。随着茶马古道作用的消退，沙溪这一古道上的重要驿站，已经与现代文明社会完全割裂了，只留下无声的古道、古桥、古街在悄然地讲述着它的过去，然而它并没有因为辉煌的远去而魅力尽失，反而因为沉淀了太多的内容而更富风情，所以才有人说：“东南十八镇，沙溪第一镇。”

站在高处俯瞰古镇，田园诗境般的坝子上开满了金灿灿的油菜花，清风拂过，竞相绽放的油菜花在风中摇曳着，宛若在滇西的茶马古道上铺展开了一幅动态的油菜画。沙溪古镇给人的第一印象是朴实而自然，纯朴静美，韵致迷人。

走进沙溪古镇，一个用土胚做成的寨门便映入眼帘，它就是被称作“街子门”的东寨门，此寨门是村民就地取材用土坯镶砌而成的，外观看起来十分简陋，和那些高高矗立的石砌城门不可同日而语，可是它却很好地复原了古时茶马古道集市城门最初的样子——一个狭窄的土胚墙门，仅能使两匹马同时通过。穿过东寨门步行百余米，一座古石桥赫然出现在眼前，此桥名为玉津桥，是马帮时代走南闯北的人进入古镇的必经之路，这座古老的石桥不仅连通了外界与古镇的联系，还接驳了不同地域的文化，缔造了延续数个世纪之久的茶马古道文化。玉津桥桥面的石板经过人踩马踏，已经被磨蚀得分外圆润光滑，而今桥上再也见不到马帮们络绎不绝的踪影。一个时代远去了，唯有这座古桥依旧默默地卧在江面上，清澈的江水缓缓淌过，带着古镇说不清道不完的故事缓缓流向远方。

经过寨门和古桥，一条狭长的巷道蜿蜒而来，两侧是残旧的商铺，不禁让人联想到古时马帮浩浩荡荡穿过巷道的情形。沿着古朴的巷道往东走，便来到了沙溪镇的核心地带——四登四方街。这里商铺、马店林立，又保留了许多古寺庙和古戏台，商业气息浓郁，又富有文化气息。古时四方街每隔三天便有一个街市，人来人往，非常热闹，马帮陆陆续续地投店住宿，所以古街的格局是前铺后马店。所谓的前铺后马店是指临街巷的房子设为商铺，主要用途是经商或出租，而后面的房子则设为马店，用来供走南闯北的马帮住宿和存放马匹。

古镇上最有特色的建筑当属四登四方街上的古戏台了，其主体结构是魁星阁，它有三层高，前戏台后高阁，是当地白族人敬奉魁星的地方。该建筑精巧美观，出角 12 角犹若鸟翼翩飞。遥想当年，那南来北往的马帮们风尘仆仆地闯进古镇，一路洒下清脆的铃声，嘚嘚的马蹄声打破了古镇的宁静。夜幕降临时，马帮们便驻足在戏台前看白族儿女盛装表演，悠扬的古乐、优美的歌声、传统霸王鞭舞，使他们沉浸在歌舞的海洋中，忘记了旅途的疲惫和生活的辛劳，每个人的脸上都洋溢着幸福的笑容。白族人这种载歌载舞的表演要通宵达旦持续两天，当地人称这是“两宵两天戏”。

沙溪白族人是一个歌舞的民族，每一个沙溪人都以能登台表演为荣，沙溪妹子舞姿曼妙、歌声嘹亮，给外乡人留下了深刻的印象，所以马帮里流传着“惠水美，沙溪妹子更美”的说法。沙溪人热爱歌舞表演的传统，使这里人才辈出，涌现出了大批才华横溢的艺人、歌手和舞者，得到了“歌舞之乡”的美誉。

漫步红砂石板铺砌的古街上，看一看古街林立的铺面和马店，看一

次白族传统表演霸王鞭以及好看的肖拉者舞，听一次沙溪妹子唱一曲正宗的白族调，感受茶马古道曾经拥有过的文化传承，体会一个古老民族奔流在血液里的民族精神，你的心情将像旧时的马帮那样感到新鲜和激动。茶马古道繁华不再，可是它的余韵却依旧如此绵长，以至于你在踏上它的那一刻便沉浸在独特的氛围中，久久走不出来，这是一种快乐的体验，值得用一生来回味和珍藏。

趣闻传说

关于沙溪的得名，民间流传着这样一个历史故事。相传在明代，沙溪还是一个荒凉的小村庄，人烟十分稀少，因为濒临长江的冲击沙滩，所以叫沙头。村中有户姓曹的人家，膝下有三个儿子，长子叫曹逵号沙溪，次子号印溪，最小的儿子号团溪。长子曹逵是位两袖清风的朝廷命官，他刚直不阿，对上不曲意逢迎，对下不滥用职权徇私，深受百姓爱戴，可是却引起了奸臣的仇视，敌视他的佞臣想方设法加害他。

有一天，皇上召见曹逵，忽然问起了他家乡的名字，曹逵因为患有重听，没有听清楚，误以为是问他的别名，于是就以沙溪作答。退朝后，一位好心的同僚提醒他方才皇上问的是家乡地名，而他却以自己的别名作答，这件事要是被奸党知道了，恐是要追究其欺君之罪。曹逵知道事态严重，马上写了一封家信，派人快马加鞭送到了老家，要求家人想办法把家乡的名字改为沙溪，以防奸党诬陷。由于曹逵在乡里非常受到百姓敬重，人们不但爽快地把家乡更名为沙溪，还把他两位兄弟的号印溪和团溪也当作当地的别名了。

和顺——绝胜小苏杭

曾有人赋诗这样称赞和顺："烈遗浪叠起鳌峰，和顺人家图画中，花亭楼头问徒倚，岭梅临水笑春风。"这个小镇四面环山，一条清澈的小河穿镇而过，到了夏日，荷花映日别样红，绿柳拂岸如丝绦，其风景秀美不输江南，被认为"绝胜小苏杭"，又有古刹、祠堂、古民居遍布全镇，留下了深深的历史印迹。这里还曾是马帮的重镇，是茶马古道的一部分，又是西南丝绸之路的必经之地，各种外来文化交融碰撞，成就了它独特的魅力，成为西南最大也最有特色的侨乡。

和顺依山傍水而建，山上古树郁郁青青，风吹森林，涛声阵阵，山下是广袤的稻田，一泓碧水穿镇而过，造就了鱼翔浅底、白鸭戏水的美丽图景，河畔旁垂柳如烟，田园野趣令人神往。和顺山清水秀，风光如画，处处绿影婆娑，难怪有人作诗赞曰："远山苍茫茫，近水河悠扬，万家坡坨下，绝胜小苏杭。"

走进和顺不只让你感觉自己正走进一幅天然画卷，同时也像走进了一座文化迷宫。这里有一千多幢古朴的民居，清代民居有一百多幢，建筑风格多种多样，你既能领略徽派粉墙黛瓦的神韵，又能看到西方和南亚建筑元素的融入，中西合璧是和顺建筑的一大特色。这个栖居在西南边陲的小镇，竟然使多国文化水乳交融，成为中国建筑史上的一朵奇葩，这简直就是一个奇迹。

和顺是西南最大的侨乡，早在四百多年前，村民们就开始外出闯荡，有的去了缅甸做起了玉石生意，有的远走印度、加拿大、美国，成了商贾巨富，荣耀回乡后建造了大量的宅院、宗祠，由于长期旅居异国他乡，受到外国文化的熏陶，所以就将很多外来元素糅合到了当地的建筑中，形成了中西合璧的风格。六百多年来，和顺兼收并蓄，成为了华夏文明和异域文明交流的窗口，留下了大量多国文化碰撞交融缔造出来的古民居建筑。这是和顺先人遗留下来的文化财富，也是他们带给后世子孙的一笔不朽的遗产。

和顺的自然环境和人文环境都比较独特，所以和顺人所过的是一种亦商亦侨亦农亦儒的生活。在古时，这里既有在生意场上叱咤风云的雄商巨贾，又有朴实本分的农民，还有不少儒雅的知识分子，它是名副其实的“华侨之乡”，又是如假包换的“书香名里”。和顺图书馆规模之大、藏书之多，是其文化底蕴有力的见证。

和顺图书馆是中国最大的乡村图书馆之一，是20世纪20年代由华侨集资兴办的，位于双虹桥畔，像和顺的其他建筑一样，它是中西合璧式的建筑群，由大门、中门、花园、馆舍主楼和藏书楼等组成。门额上悬挂着“和顺图书馆”的匾额，蓝底白字，赏心悦目。步入大门，拾级而上，可见一西式风格的平顶拱形中门，门额上书有胡适先生题的馆名，穿过中门便是花园，园内花木葱茏，一派欣欣向荣的景象。穿过花园便到达了馆舍主楼，主楼为木质结构的楼房，造型典雅，两个半六角亭从正面两侧突出，十分别致，门窗为西式风格，主楼后面便是藏书楼。

馆内藏书达七万多册，其中古籍、珍本就超过一万册，这么一个小小的乡镇，居然有如此丰富的藏书，这在外乡人看来简直是匪夷所思的事。图书馆内至今保留着熊庆来、廖承志、李石曾等诸多文化大家的题字，说明当年它非常受到文化名人的重视和推崇。

在和顺，几乎所有人都爱阅读，不少在田间劳作了一整天的农夫晚上都会来到和顺图书馆读书，年轻人也是庞大的阅读群体，和顺人勤奋好学，具有包容心和上进精神，这从它的建筑风格和人们对于图书的态度便可见一斑。和顺有着世外桃源的恬静之美，处处又飘荡着浓浓的书香气，它是当之无愧的文化名城，来到和顺，就像受到了一次文化的洗礼，走出和顺，心情顿时明净起来，一如被新雨洗过的青山。

趣闻传说

和顺是有名的侨乡，村民们自古就喜欢外出闯荡谋生，所以民间流传着许多和顺人白手起家的励志故事。

相传在清朝末年，和顺有一个叫作尹其顺的少年，自幼丧父，家境十分贫寒，一直和母亲相依为命，他 8 岁时就开始割马草贴补家用。有一天，他把割好的马草送到一个大户人家，主人见他年纪这么小就出来做苦工，心里很是怜悯，就让自家女儿给他拿点吃的。那位大户人家的小姐长得清秀白皙，嫌弃尹其顺，觉得他又脏又丑，捂着鼻子把食物送了过去。尹其顺却毫不在意，还说长大了一定要娶她当老婆，在场的人听到这句话都哈哈大笑起来。

尹其顺 14 岁时，带了几双草鞋就跟着马帮去了缅甸，几年之后有了自己的事业，回到和顺开办了“玉顺兴”商号，还娶了位年轻貌美的富家小姐。这富家小姐正是当年嫌弃过他的女孩，他履行了儿时的誓言，过上了和谐美满的生活，成为和顺人上进拼搏的一个民间范本。

束河——古朴瑰丽的纳西别院

束河，纳西语称“绍坞”，因为束河依山傍水，其后有一座巍然高耸的山峰，以山名村，流传变异后就成了高峰下村寨的意思。这座小镇，是纳西族先民最早的聚居地之一，也是茶马古道上的一个重要驿站，其布局类似大研古镇，巷道临水，人行其中，可闻流水的潺潺声，环境清幽秀美，古街、古巷、古民居古意深浓，风情酒吧点缀其中，又赋予了古镇几许现代气息，给人以复杂而微妙的感受。

从丽江古城向北，顺着中济海东侧行走四公里左右，山脚下一个建筑密集的古镇便出现在眼前。当年徐霞客就曾经来过此地，他这样写道：“过一枯涧石桥，西瞻中海，柳暗波萦，有大聚落临其上，是为十和院。”十和指的就是今天的束河古镇。束河除了被载入过《徐霞客游记》之外，还曾作为茶马古道上保存完好的驿站，被列入了世界文化遗产。

步入束河镇，直抵中心街市——四方街，你会产生一种似曾相识的感觉，这里曾经是马帮交易皮毛的场所，长宽不过三十多米，水流萦绕，日中为市，街上有一个开阔的大广场，广场四周的店铺为红漆木门，显得厚重而古朴。古时街上设有夜市，人们漫步街头，边购买稀奇物件边游乐，手里高举着火把，有如夏夜流萤一般，所以有了“夜市萤火”的说法。

顺着四方街畔的溪流逆流而上，便可看到一座修建于明万历年间的古桥——青龙桥，它长为25米，桥面全部是用石块垒砌的，经过数百年风雨的剥蚀，已经变得斑驳不堪，然而仍显得气势宏伟，给人以庄严厚重之感。踏上古桥，耳畔似乎隐约能听到马蹄的回响。走过青龙桥，映入眼帘的是一弯清澈碧绿的潭水，它就是九鼎龙潭，为溪流的源头。潭水的水源来自玉龙雪山的融水，水温非常符合虹鳟鱼生长，故成为了天然的养殖场。美丽的虹鳟鱼在一泓碧水里快乐地游动着，景色是那么宜人。

到束河，一定不能错过纳西风格的民居，可以说它带有鲜明的民族色彩，又融合了南北建筑的精华，既有北方民宅的肃穆质朴，又有南方民居穿梁斗榫的特点，而青瓦上反扣半圆弧形筒瓦，则是纳西族民居的显著特征。薄薄的青瓦和筒瓦扣在一起，组成了一条条跃动的瓦垅，不但增强了立体感，而且看起来更为美观，随着阳光照射角度的不同，瓦

垅的线条流畅且有视觉冲击力，在变幻的光影中显得柔美悦目。瓦缝间镶嵌着白石膏泥，屋顶的斜面上形成了一幅精美的椭圆形图案，青白分明，看起来十分赏心悦目。

纳西人院落的墙体也是很有讲究的，有的是用五彩石垒砌的，色彩瑰丽，十分耐看，有的是用大小不等的碎石巧妙地堆垒成的，有着天然的斑驳质感，还有的是黄土泥砖砌成的，厚重结实，教人安心。纳西人建筑的墙体虽然没有任何精细的装饰，可是无论是厚度、长度、高度都非常符合黄金分割定律，而且还非常注意和主体建筑的色彩搭配，以及与周围环境的协调性，粗犷中带有一种自然生态美。当你轻轻抚摸这一堵堵粗糙的墙体时，不禁会被纳西先民的智慧和才华所征服。

远远望去，鳞次栉比的纳西民居在阳光的照射下泛起起起伏伏的波光，就像汹涌的海浪一般，气势恢宏，充满美妙的韵律感和强烈的动感，青瓦、飞檐和塔刹勾勒出了优美的天际线，参差错落中给人的视觉上带来和谐的刺激，一切都那么浑然天成，完全了无痕迹，这美好的画面足以让你回味很久。

束河的民居很有特点，酒吧更别具特色。酒吧在束河古镇是一种特别的存在，它既有古拙的怀旧情调，又不乏奔放的后现代风情，随意走进一家酒吧，你都能收获不小的惊喜，舒适的躺椅，素雅的白色花朵，艳红的灯笼，一切都是那么有格调，待在酒吧里看书或者发呆，都是一种无上的享受。与别处酒吧不同的是，这里的酒吧非常安静，一点也不喧闹，静静地看风景，心会瞬间柔软下来。

美丽的束河是那么安宁而朴实，又那么贴近人的精神需求，能到这样一个特别的地方旅行是一件多么幸运的事，所以离开就显得越发艰难，可是就算已然抽身离去，它仍是你心目中的一个特别的所在，时不时会出现在你的梦境和回忆里。

趣闻传说

束河古镇原名叫“绍坞希日杯”（纳西语），是束河皮匠村的意思，顾名思义束河曾经云集了不少手艺精湛的皮革匠，早在 20 世纪 40 年代，束河镇的中和、仁里、街尾等村落从事皮革制作的人家就多达 336 户，在那段历史时期，皮匠们仅凭一把锤子就能打拼天下，而今这已然是一段尘封的历史，人们想要了解束河制皮业曾经有过的辉煌只能从博物馆里寻找蛛丝马迹了。其实束河镇因皮匠闻名可以追溯到更早的历史时期，明朝洪武年间，历史上就曾经发生过著名的“鞭灯事件”。

相传在朱元璋当政时期，朝廷成功平定了云南一带的叛乱，将领凯旋之际恰逢元宵佳节，朱元璋大喜，下令普天同庆。为了筹办元宵灯会，全国技艺高超的手工匠人各献绝技，他们纷纷拿出自己的看家本领，制作出了一盏又一盏令人眼花缭乱的大花灯，应天府的皮匠师傅用羊皮制作了一盏色彩斑驳的彩绘大靴灯，这盏造型特别、外观精美的巨灯在灯会上一经展出即大放异彩，吸引了不少人驻足围观。

令人意想不到的是，这盏漂亮的靴灯竟差点给皮匠师傅惹来杀身之祸。一天，有人向朱元璋报告说，应天府的匠人胆大包天，竟敢私自扎造巨型靴灯讽刺马大脚皇后。朱元璋听罢，龙颜大怒，下令将扎靴型巨灯的皮匠一律处死。马皇后惊闻皇帝要为一盏灯大开杀戒，便劝谏说国家刚刚安定，滥杀工匠恐伤民心，朱元璋这才免除了皮匠们的死罪，把他们全部发配到云南充军。皮匠们的后裔世代在束河古镇定居，手艺一代代传承下来，束河因此也成了历史上有名的皮匠村。

大理——一场风花雪月的浪漫邂逅

印象中的大理是神奇的梦幻之都，苍山、洱海如梦似幻，浪漫的蝴蝶泉汩汩而流，神圣的南诏崇圣寺三塔蔚然屹立，剑川石宝山石窟雄伟壮观，独特的民族风情魅力十足，大理的自然风光只能用“造化钟神秀”来形容，而丰富的人文景观要比金庸笔下的大理段式家族传奇更引人入胜。大理，是一片洁净的圣地，踏上这片土地的那一刻起，你便真正知晓了如何和自然以及人类自身沟通。

大理的天空是明净蔚蓝的，风是清凉的，空气清新如洗，云也有着虚幻的色彩。云离我们是如此的遥远，因此我们只能抬头观望，可是来到大理，却会发现云也会与人如此地亲近，以至于人仿佛置身其中。乳白色的玉带云婀娜多姿地飘荡在苍山周围，仿佛给它环上了一条漂亮的腰带，沿着玉带云笼罩的山路走去，眼前的景色更加缥缈，山色苍苍，而浮云则似乎伸手可及。山恋云，云恋山，它们相看两不厌，苍山云景变幻万千，于是我们更有了眼福。

苍山十九峰，峰峰雄伟壮丽，不仅有云蒸霞蔚的奇景，还以壮观的雪景著称于世，人称“苍山雪”。苍山群峰海拔均在 3500 米以上，最高的山峰为 4122 米，由于地势较高，山巅终年白雪皑皑，盛夏时节山腰一脉青黛，峰顶却银装素裹、晶莹洁白，其壮美的景色堪与欧洲的阿尔卑斯山相媲美。元代的黄华老人在欣赏完苍山的雪景后，写下了“桂镜台挂玉龙，半山飞雪天风”的诗句，明代的翰林学士张来仪赞它为：“阴岩犹覆太古雪，白石一化三千秋。”

山和泉是密切相关的，山是庞大的，沉默的，而泉则是灵动的，涓涓细流汩汩作响，像是轻柔的呓语。蝴蝶泉水汇入山溪，最终流向了洱海。洱海不拒细流，广纳百川，仿佛也是一眼巨大的泉。蝴蝶泉与洱海一脉相连，又与苍山相辉映，山与泉与海本是大自然的一部分，山水相依亘古如此。

穿过茂密的竹林和绿油油的田野，便来到了苍山之麓的蝴蝶泉边，沿途有身着传统民族服饰的白族姑娘端坐在路旁，认真地绣着手工，竹林尽头一股汩汩而出的清泉吸引了游人的目光，泉水边的大理石上赫然书有郭沫若题写的“蝴蝶泉”三个字。泉不大，可是清澈极了，底部铺满了晶莹的卵石，清幽幽的泉水不断地从细细的白沙中涌出，辉映着灿烂的阳光，那迷人的色彩立即征服了人们的眼睛。

白色的大理石护栏环护着四周，旁边生长着一株参天的蝴蝶树，默默守护着这一泓美丽的清泉。偶见几只蝴蝶在沐浴阳光，它们首尾相衔，从树梢坠落到水面上，虽然已经无法再现万千蝴蝶翩然而来悬至水面的奇观，可是我们仍能想象出当年蝴蝶翩跹的眩彩。关于爱情，关于化蝶的故事人们已经传颂了千百年，这小小的一汪清泉，这一只只美丽的生灵，都成了人们歌咏忠贞爱情的载体，梁山伯与祝英台幻化成一对蝴蝶之后，是否也来过蝴蝶泉边，它们也在蝴蝶树下沐浴过晨光吗？在白族人心目中，蝴蝶泉象征着至死不渝的爱情，每年蝴蝶会，来自各地的白族青年男女都会聚到泉边，掷石头试探泉水深浅，用深情的歌声来寻找意中人，成就了一段段浪漫的姻缘。

我们不知道梁山伯和祝英台最终去了哪里，可是却完全了解蝴蝶泉的归途，它无怨无悔地投入了沧海的怀抱。洱海是白族人的母亲湖，白族先民管它叫金月亮，它是一个澄碧如镜的高原淡水湖。在风和日丽的日子泛舟湖上，湛蓝的天和纯净幽碧的洱海在远方相接了，给人带来“船行碧波上，人在画中游”的诗意感受。洱海的月色更加迷人，明代诗人冯时说洱海的月与别处不同，它的奇特之处在于“日月与星，比别处倍大而更明”。倘若选在农历十五泛舟洱海，正值月朗星稀之际，月亮又大又圆，高挂在深蓝色的天幕上，像一轮银色的玉盘，水中同样月圆如镜，水天辉映，你几乎分不清是月出洱海，还是天月坠海。

洱海西有苍山相映，东有玉案山环绕，湖光山色，环境优美，真是“水光万顷开天镜，山色四时环翠屏”，不少文人墨客在泛舟洱海时都留下了脍炙人口的诗文，比如“风里浪花吹又白，雨中岚影洗还清”、“浩荡汪洋，烟波无际”，都是对洱海的真实写照。

大理一年四季风光如画，尤以风、花、雪、月四景名闻天下，当地的白族人为此还编了一首世代传诵的谜语诗：“虫入凤窝不见鸟（风），七人头上长青草（花），细雨下在横山上（雪），半个朋友不见了（月）。”著名作家曹靖华在畅游了大理之后，也赋诗一首：“上关花，下关风，下关风吹上关花；苍山雪，洱海月，洱海月照苍山雪。”面对如此引人入胜的美景，谁又能不心醉呢？到下关山口感受大理独有的劲风，临风当歌，会觉得自己无比洒脱，看山茶花争奇斗艳，欣赏苍山山峦上皑皑的白雪以及万顷碧波，都是一种难得的享受，即使你不是诗人，面对此情此景，也有作诗的冲动，然而再多的溢美之词也形容不出大理的美，它处于尘世而不染尘埃，比梦更像梦，比天堂更接近天堂，游在大理，你会在不知不觉中将理性遗忘，只剩下浪漫的感性思维，这种痴迷是你在别处寻不到的。

趣闻传说

蝴蝶泉是大理的一景，据说每年的农历四月，都会有大批的蝴蝶聚集此地翩飞起舞，白家儿女也纷纷赶到这里参加蝴蝶会。有关蝴蝶泉，民间曾流传着这样一个动人的传说。

蝴蝶泉原名无底潭，相传古时云弄峰下有个地方叫羊角村，村里有个叫雯姑的美丽姑娘，云弄峰上有个英武善良的小伙子，名叫霞郎，他是个猎人。有一年，两人在三月三的朝山会上结识了，彼此一见倾心，没过多久便私订终身了。苍山下有一个凶残霸道的俞王，他垂涎雯姑的美貌，便打算强娶她为第八位妃子，于是派人把雯姑抢入宫中。霞郎得知后，冒险潜入宫中救出了雯姑。俞王带着一队人马在后面追击，两人跑到无底潭边时，已经累得气喘吁吁，实在走不动了，眼见手持武器的追兵步步紧逼，无奈之下双双跳进了无底潭。

次日，乡亲们开始打捞这对情侣的尸体，结果一无所获，只见潭水里气泡翻滚，有一对色彩斑斓的蝴蝶飞了出来，这对翩舞的蝴蝶引来了附近无数的蝴蝶，它们在水潭上空盘旋欢舞。这景象美丽极了，自此，人们便把无底潭更名为蝴蝶泉。

贵 州

青岩——沙场秋点兵

每个古镇都有自己的特色和内涵，它们或古朴自然，或富有诗情画意，或悠然世外，或充满浓郁的民族风，每个古镇都是独一无二，不可复制，不可取代的。青岩古镇曾是明清时期的一座军事重镇，拥有“沙场秋点兵”的壮阔，它又是川、湘、滇、桂的通衢，是往来商旅的必经之地，在中国具有一定的经济地位。而今游览那些断壁残垣的古城墙和古老的建筑，就好像在重温一个又一个充满传奇色彩的历史故事。

初到青岩，并没有看到任何让人联想到刀光剑影的历史残迹，见到的却是无比温馨的田园景象。三三两两的农人持着农具脚步轻松地走在乡间的小路上，眼神里透着淡淡的闲情。放眼望去，远山如黛，草木青青，幽深而静谧的小镇像一座古堡一样呈现在了眼前，不禁让人想起了那首悠悠的古琴曲《阳关三叠》，此情此景恐怕只有这首曲子能应和了。

走在光滑的石板路上，似乎依稀可以看见古代执矛持盾、全副武装的士兵，那英姿飒爽的身影刹那间便可让人热血沸腾，可是历史已经化作了悲歌，如今想来，脑海里怕只是剩下了一个悲怆的轮廓。穿过曲曲折折的小巷，一条青石板铺成的老街赫然呈现在眼前，它没有被刻意修饰过，带着一种浑然天成的风格，比任何精心铺砌的巷道都更富感染力。更为难能可贵的是，这里的房屋保留着自己最原始的风貌，尽管老墙已经残破斑驳，可是古韵犹存，比任何修缮过的建筑都更有韵致。

青岩的房舍都为木石结构，皆是青砖灰瓦，一路迤逦而去，中间由防火墙隔断。路面和房屋全依地势而建，由于当地地势高低不平，因此古街和古屋自然形成一种错落有致的立体感。临街商铺林立，土特产、工艺品琳琅满目、应有尽有。最吸引人的是苗族的蜡染和银器，它们都是独具一格的，蜡染精致，银器古朴，作为具有民族特色的艺术品，两者都是苗族人智慧和劳动的结晶。老街上还有一些茶肆饭庄，售卖自制的糯米酒和玫瑰糖，味道很是特别。行走在青岩不事雕琢的古街上，有一种生活在别处的感觉，它向世人展示的是另外一种生活方式，青岩人从不为名缰利锁所累，就像商业文明之外的隐士，每日饮一点清茶或糯米酒，做做蜡染或者其他手工艺品，便可笑看春月秋风。他们所希冀的良田美宅不过来自于陶渊明的描画，即使生活在一个简朴的院落里，哪怕院门只是一隅篱笆柴扉，也照旧活得洒脱和幸福。

古镇的正中心耸立着一座基督教大教堂，远远望去，尖顶的教堂和巍然的牌坊遥遥相对，这两种截然不同的事物在小镇上和谐地统一着，体现出了一种参差文化的不对称美。东西文化完美交融，就像镂空花窗遇到了西斯廷教堂穹顶，碰撞出华丽而诡异的效果，青岩人对外来事物的包容态度由此可见一般。

古镇的尽头高高筑起魏然耸立的城墙，这是古人屯兵留下的痕迹，于是便想起了辛弃疾的那首叫作《破阵子》的宋词：“醉里挑灯看剑，梦回吹角连营。八百里分麾下炙，五十弦翻塞外声。沙场秋点兵。马作的卢飞快，弓如霹雳弦惊。了却君王天下事，赢得生前身后名，可怜白发生！”当年有多少骁勇善战的铁血悍将在指点江山、挥斥方遒，又有多少执锐披坚的士兵严阵以待，随时准备征战沙场。俱往矣，而今这道留下斑驳印记的古城墙只是古镇的一道风景而已，沿着古城墙静静地走，古镇的整体风貌尽收眼底。一幢幢古建筑鳞次栉比地排列在高低不平的地平线上，教堂的尖顶耸立在成片黑褐色的瓦脊间，远处起伏的青山拥抱着这个苍茫的小镇，沉雄的钟声响起，整个古镇笼罩在庄严肃穆的氛围里，真想化作一片云，飘荡在古镇的蓝天里，静静地守候这一方和谐的净土，无论世间过了多少个春夏秋冬。

趣闻传说

青岩古镇的状元蹄香气四溢，美味无比，说起这好吃的状元蹄，民间还流传着一个十分有趣的故事呢。

状元蹄是卤猪脚的雅称，相传在清朝时，青岩镇有个书生叫赵以炯，为了能进京赴考，日日勤学苦读，常常读书到深夜。有一天夜里，他温习完功课，忽然感觉饥饿难耐，于是信步走到了北门街的一个夜市的食摊前，买了两盘香喷喷的卤猪脚当宵夜。摊主面露喜色地对他说：“恭贺少爷。”赵以炯便问他喜从何来。摊主答道：“少爷，蹄和题是同音，你吃了这猪蹄，定能金榜题名。”赵以炯听罢哈哈大笑，并不放在心上。

没过多久，赵以炯上京赶考，果真高中了状元。虽然他金榜题名是自己寒窗苦读的结果，可是仍然不忘摊主的一番吉言，荣归故里后以厚礼谢过了摊主，从此青岩镇的卤猪脚就被命名为状元蹄了。

西江苗寨——河谷中的千户苗家

西江在苗语里是苗族西氏支系居住的地方，顾名思义，在西江苗寨居住的人大多是苗族西氏支系的后人。苗疆辽阔，苗族人的村寨多得数不胜数，然而在人口规模上，却很少有哪个村寨可以和西江苗寨相提并论。在这里居住的苗家超过1000户，人们提起西江，首先想到的是它是个名副其实的千户寨，同时也是全中国最大的苗寨。

西江苗寨不仅因为人口规模大而在苗疆占有举足轻重的地位，而且因为优美的自然环境和鲜明民族特色的人居环境而成为中国的一枚风景名片。对于想要深入了解苗族风土人情的人来说，没有哪个地方比西江苗寨更理想了。西江苗寨坐落于风景秀丽的河谷，四面环山，白水河穿寨而过，蜿蜒的河流将寨子一分为二，河的两侧错落地排列着极具苗家特色的吊脚木楼，从山顶一直延伸到山脚下。远远望去，木楼的屋顶层层叠叠，连成了一片红彤彤的板壁，在阳光照射下，色彩更加温暖和鲜艳，十分壮观。

苗寨依山势而建，山体的陡坡在70度左右，可谓非常陡峭，千余户的民居就坐落在这样的陡坡上，从远处看去这些木质的吊脚楼就像一座气势雄伟的天上楼阁，不得不佩服西江苗人的智慧和胆识。每幢屋宇的地基都是石砌的，房基随着坡度的增大而增高，为了加强稳定性，房基被分成了两级或者三级。更令人称奇的是整个房屋不用一钉一铆，全部用榫头巧妙衔接，可是其坚固程度不亚于现代都市里的钢筋混凝土建筑，历经百年风雨屹立不倒。在建造这些房屋时，苗族人从不画图纸，所用的工具无非是一把尺子、一根墨线、一个锉子和一柄斧头。

千百年来，西江苗家人在这里过着日出而作，日落而息的农耕生活，他们耕地资源有限，于是便在寨子的上游开辟出了大片梯田来种植作物，使得农耕文明与田园风光相得益彰。苗家人敬畏自然，对树有着根深蒂固的情结，每个村寨的坡头都大面积种植枫树林，掩映在红枫下的吊脚楼有一种近乎诗意的美。苗族人以务农为生，想象一下美丽的苗家女子在田间劳作的情形，在层层叠叠的梯田里，苗家女子点染在或碧绿或金黄的田地里，异常扎眼。枫木搭成的苗家吊脚楼依山势错落地排列着，暗红色的枫木板壁在夕阳的余晖里变成了金黄色，这是怎样优美的一幅田园画卷?

苗家人躬耕于田亩，形成了自己独特的农耕文化体系，至今他们仍然保留着远古遗风。虽然不少苗家人都能说一口流利的汉语，可是他们仍旧延续着世世代代传承的风俗习惯，过着淳朴自然的生活。苗家人天生能歌善舞，歌舞是他们表达心情最直接的方式，他们为自己民族的文化特色而感到自豪，经常有人会唱："西江是个好地方，绿树荫荫绕寨旁，农闲时节更衣装，芦笙场上歌舞忙。"

来到西江苗寨这样的桃源胜地，绝不能错过苗家人精彩的歌舞表演。当音乐响起，穿戴华丽的苗族姑娘舞动着轻盈的身姿，身上闪闪发亮的银饰窸窣作响，洪亮的歌声惊艳全场。这传统的苗家曲目在姑娘的倾情演绎下焕发出新的生命力，人们很难想象这大山深处的演出能如此精彩动人，也许这就是西江古韵的独到之处吧。

大山中的苗家人淳朴友善，他们热情好客，骨子里是豪放的，可是又天生有一点羞涩和腼腆，这种矛盾的气质使得苗家少女看起来更美了，她们身上穿着色彩斑斓的盛装，手捧着盛酒的牛角，伴着芦笙吹奏的调子轻轻踮起脚尖跳舞，那轻巧的姿态不禁让人联想到了“掌中舞罢箫声绝”的赵飞燕。每逢节庆日，苗家儿女都会聚集在广场，表演丰收舞、敬酒舞、芦笙舞、锦鸡舞等节目，苗家姑娘的表演尤其出彩，她们婀娜多姿，惊若翩鸿，歌声清脆嘹亮，让人沉醉其中久久不能自拔。表演完毕之后，大家围坐在一起，高高兴兴地喝酒啖肉，这种简单肆意的生活让许多外乡人羡慕不已。

在月夜下观赏千户苗寨的万家灯火别有风味，吊脚楼里透出朦胧的灯光，就像一只只迷醉的眼睛在静静地观察这个桃源般静谧的世界，迷蒙的灯火使整个山寨都变得更加温柔起来，你的心也跟着柔软起来，思绪随着夜风逐渐飘远……

趣闻传说

西江苗寨云集了千户苗家，堪称是一个人丁兴旺的大寨，它能拥有如此浩大的规模，是历经多个历史时期发展的结果。我们知道苗族的祖先是蚩尤的后裔，蚩尤原本居住在黄河流域的山西一带，与居住在黄河下游的黄帝部落发生过一场恶战，那么他的后裔又是如何迁徙到西江地区的呢？

相传蚩尤在逐鹿之野败给了宿敌黄帝，兵败身死以后，他的三个儿子继续转战黄河南北，与黄帝长期对峙。长子傍蚩雄踞在黄河以南，三子力蚩迁居北方，继承父亲的国号建国，麾下部落称为“九黎国”。二子福蚩被中原人俘虏，其后裔渐渐汉化。后来福蚩部落残存的族人南下并入了傍蚩的部落，两大部落栖息在黄河以南地区，尊傍蚩为最高首领。

傍蚩率两大部落的兵力再次与黄帝交战，因实力不敌，被逼到了江淮一带，部分残余兵力迁徙到鄱阳湖畔及赣江流域。战国时期，秦始皇陆续消灭了六国，在统一中国的过程中遇到了傍蚩后代元金的顽强抵抗，双方展开了旷日持久的拉锯战。元金后人哈元、飞哈均战死，到了汉朝，飞哈后人虎飞为了保存有生力量，与四子共同迎敌，令长子、次子、三子率领部族转移至大西南另辟疆域。

虎飞三子遵照父命率领三支氏族奔赴大西南，浩浩荡荡地迁入了广西，部分族人历经 14 载迁移到了黔东南山区鸡江，即今日的西江，西江遂成为苗家大本营，经过数代繁衍，发展成了千户大寨。

岜沙——中国最后的武士部落

岜沙是贵州山区里的一个特色村寨，寨子里居住的都是苗人，相传是蚩尤的后裔。因为没有外界的打扰，岜沙人至今保留着古老的生产方式和原始神秘的民风民俗，男子头顶挽有发髻，长年腰刀不离身，肩上附着火药枪，一副明清武士的风貌，因此岜沙被人们称作“最后的枪手部落”，也是中国最后的武士部落。

岜沙人爱枪是出了名的，他们所携带的是一种射程为 20 米的火药枪，然而枪对于岜沙人来说并非单纯是勇气和力量的象征，而是具有更为实际的意义。在古时，岜沙苗人佩枪是为了打猎和防身，后来是为了威慑盗贼，现在岜沙人佩枪是为了延续古老的传统，枪已经成为这个久居深山的民族不可或缺的一部分，它已经不仅仅是一种具有杀伤力的武器，而是被赋予了更多的内涵。每逢举行重大节日庆典时，都会有十多位岜沙男子列队持枪欢迎，并朝天鸣枪，以此来增加节日的气氛，那番场景既奇特又壮观，火枪成了礼炮，不失为一个有趣的转变。

岜沙男子的人生和火枪是紧密相连的，每个男孩在 7～15 岁之间，必须举行一次成年礼。男孩子想要证明自己已经长大成人，必须上山完成一次狩猎活动。到了行成人礼那天，男孩要约上几个年龄相仿的伙伴结伴上山猎鸟捕鱼，然后聚在自己家里烹制猎物，再按照传统风俗举行剃发仪式，挽起发髻，梳起小辫，背上父亲为自己打造的一杆猎枪，便意味着人生进入到了独立的阶段。

走进岜沙，有如来到了一个古远的原始部落，岜沙人皆穿着传统的民族服装，黑衣、黑发，显得十分神秘。岜沙男子留着独特的发式，随身携带着七件装备，即火枪、酒篓、弯刀、烟管、火药葫芦、腰包、花袋。前六件装备体现出岜沙人豪放粗犷的性格，而花袋则代表硬汉也有柔情，因为它是心上人送的，里面包含了柔情蜜意，一针一线都那么精细，就像女孩家的心思，而佩带它的人必是对其格外珍惜的。岜沙男子的装束比西部牛仔更有特点，肩扛火枪，斜挎着花袋，弯刀、酒篓等其他装备统统挂在腰上，身着无领右开衫铜扣黑衣，直筒大筒裤，赤着一双大脚，往来行走，健步如飞，活脱脱一个古代武士的模样。

岜沙女子身着大襟黑上衣，下穿黑色百褶短裙，已婚女子短裙上滚有白边装饰，她们扎着绑腿，颇有几分武侠小说里描写的意蕴，这样的装束能凸显出女性亭亭玉立的身姿，又方便她们登山和在田间劳作。岜沙女子心灵手巧，将领口、袖口、下摆和绑腿用彩色锦带做装饰，将一袭单调的黑衣修饰得五彩斑斓。锦带都是姑娘们一针一线缝制的，做工非常精致，爱美之心在这些衣饰上淋漓尽致地体现了出来。岜沙女子的饰品包括耳环和银环，两者都非常粗大醒目，脖子上的银环闪闪发光，双耳上的银耳环形若铜鼓，更凸显女子的玲珑娇俏。

数百年过去了，岜沙的风俗从未改变过，仿佛时间在这里停下了脚步。岜沙至今保留着吃相思、荡秋千、跳芦笙、集体围猎、成年剃发仪式等风俗。芦笙是岜沙人非常盛大的一个节日，节日当天，人声鼎沸，强壮的小伙子们吹起了芦笙，尽显粗犷、狂放的本色。对赛开始时，姑娘们盛装在侧，为其加油助威，成为一道美丽的风景。

岜沙人固守着自己的风俗和传统节日，待客之道也是延续着过去的传统。当有客人来访时，村寨会选出一名精壮的岜沙男子在寨门前吹芦笙、芒筒，表示欢迎远方的来客，穿戴整齐的岜沙女子在寨内持牛角酒礼敬客人。奏完一曲笙歌，随即响起三声铁炮，接着是一阵震天响的火枪声，客人在热闹非凡的气氛中走进村寨，喝下姑娘们送来的牛角酒，欢迎仪式才算告一段落了。

进入岜沙村寨，你会发现这里的植被保护得非常好，村寨掩映在一片绿色的海洋中，处处古树参天，不时能听到鸟叫蝉鸣的声音。走进岜沙，就好像是来到了一片原始森林中一样，这主要得益于岜沙人尊重自然、爱护自然的环保理念。岜沙人崇拜树木，他们说："人来源于自然，归于自然；生不带来一根丝，死不带走一寸木。"所以岜沙人从不滥砍滥伐，爱护每一株树是岜沙的一种不成文的规定，从古至今，岜沙人都严格遵守这种良好的习俗，为自己营造了原生态的自然环境。在这里呼吸着新鲜的空气，聆听清脆的鸟鸣，欣赏苗家狂热奔放的民族舞蹈，似乎全身心都与这里的一切融为一体了，一时间忘记了离开，也忘记了归路，似乎已经成为了这里的一部分，不想也不愿抽身离去。

趣闻传说

岜沙男子的发式非常特别，因为这种发型历史悠久，专家学者称其为"活着的兵马俑"，那么这种独特的发式究竟是怎么来的呢，据有关史籍记载，它来源于一个古老的传说。

相传，在明朝的一个月黑风高的夜晚，有个盗贼借着夜色的掩护悄悄潜进岜沙，刚想人不知鬼不觉地大肆行窃，怎料还没下手就被一个夜归的村民发现了。村人得知夜里有盗贼闯入，纷纷拿起火枪追赶，盗贼狼狈逃窜，场面一片混乱。有位村民由于捉贼心切，看到有人从身旁窜过，便不分青红皂白地一把揪住那人的头发，宣布自己已经擒住了盗贼。众人围拢过来，举着火把定睛一看，才知道被捉的原来是本村的哑巴男子，真正的盗贼早就趁乱逃走了。

这次事件在全村引起了轩然大波，当晚寨主就把村寨中年满14岁的男子全部召集过来共同商议防盗大计。大家集思广益，终于想出了一个好主意。强盗一般都是趁夜行窃，由于在黑暗中很难辨清强盗和村人，所以村人必须想办法让自己人和强盗分别开来，假如让岜沙男子都梳一种独特的发式，使村人在夜晚也能辨别自己的身份，这样就不会误把自己人当成盗贼，让真正的盗贼趁乱逃逸了。经全村人同意，剃发防盗的决议顺利通过，从此岜沙男子满14岁时就要举行剃发仪式，这种古老而又特别的发式经过代代传承完整地保留了下来，这就是岜沙男子发型的来历。

石头寨——蜡染之乡，石上人家

石头寨是一个布依族聚集的村寨，位于喀斯特地貌区域内，距离黄果树瀑布仅6公里。寨子依山傍水，四周是挺秀的群山，又有清澈见底的白水河绕村而过，寨后遍布竹林果树，绿树成行，在朗朗晴空的辉映下，形成了一派令人迷醉的山村美景。更为独特的是，整个村寨依山而筑，与依附的整个石山浑然一体，不着痕迹。石头寨是名副其实的，整个寨子都是用石头做成的，屋宇、墙壁、街道、室内的各种用具全都是石制的。走进石头寨，就是走进了一个石头的世界，目力所及之处除了石头别无他物，可是正是这些粗糙的石头孕育出了布依族的文明，蜡染的技艺就诞生在这里。

石头寨坐落在青山绿水间，风光秀丽，绿荫下青白色的石屋显得古朴而肃穆。寨前蜿蜒的白水河静静地流淌着，河中有形状各异的石头，河水缓缓地从石间流过，把磊磊的怪石洗刷得洁净苍白。河上卧着朴实无华的石拱桥，更显出一种不事雕琢的迷人风韵。桥的上游架着几个水车，水车伴着哗哗的水流无休止地转动着，源源不断地把清灵灵的河水输送到田地里以及寨子里的各家各户。桥的下游是阶梯状的河床，形成了十几层壮观的瀑布，瀑水骤然跌落后卷起阵阵雪浪，人们至此莫不驻足观赏。

石头寨最大的特点是它的独特建筑。寨子里的所有的建筑都是由石头和石板建造的，街巷是石头铺的，房屋是石头砌的，这单一的石材使得整个寨子显得非常与众不同。走在或宽或窄的石板路上，你的心就会不由自主地被这种原始和粗犷的美所感染，其实街上的每块石头都曾经过加工和脚步的踏磨，可是它们带给人的感受却是不同的，它们的简约和粗糙，使得它们有别于任何街巷里的石头，那是一种恍若初见的感觉，就好像宇宙洪荒时代才有的质感。

石屋依山势而建，呈阶梯状，层层叠叠，错落有序。整个屋子不见一砖一瓦，除了天然的石料外，只有梁柱部分使用了少许木料。一幢石屋一般分为上中下三层，下层用来蓄养牲口，中层用于居住，上层用来堆放杂物。民居的主体是石头搭建的，石头间的缝隙以砂浆填充，砌石接缝十分紧密，线条流畅平整，足见建造者工艺精湛。墙壁是用块石垒砌而成的，屋顶是用片石搭建的，片石在功能上相当于屋瓦。布依族人建造的石屋冬暖夏凉，造型美观大方，这样奇特的建筑堪称建筑史上的奇葩，丝毫不比爱斯基摩人的冰屋逊色。屋子里的一桌一凳也是用石头做的，甚至连水盆和水缸都是用石头打磨的，可见石头的用途在这里有多么广泛。

布依族人不会对石头进行精加工，他们只是精心地把各种形状规则或不规则的石块巧妙垒砌到一起，筑造成一栋栋简朴大方的石屋。这些粗粝的石头建筑，历经风蚀雨刷，裸露出天然的本色，显得越发洁白。石头坚韧的本性，使得村寨的屋子更为坚固耐用，它们挺立在秀丽的山水间，默默地守卫着自己的家园，见证和凝固着一个民族的历史。

石头寨的男子几乎个个都是能工巧匠，所以才如此擅长建造石屋和打磨石具，而石头寨的女子则个个心灵手巧，她们制作的蜡染名扬天下，石头寨因此成为了有名的蜡染之乡。寨里寨外，桥河边上，到处可以看到忙着点蜡、漂蜡的女子，白河边上，常有身着蓝印花布服饰的布依族女子在河边专注地漂洗图案精美的布匹，那蓝白相间的颜色就像青花瓷一样剔透明朗，比世间任何色彩都更加动人。石头寨百分之八十的成年女性都精通这种传统的民间工艺，可以毫不夸张地说，她们的一生都是和蜡染相伴的。从呱呱坠地那一刻起，石头寨人就与蜡染结下了不解之缘，襁褓服、童装、花帽、口水兜、花背扇全都是蜡染制品，进入恋爱和婚嫁阶段，所用的绢、腰带、头巾、披肩、背心、脚笼也都是蜡染制品，平素所用的日常生活用品也都是蜡染制品。蜡染融入到了布依族人生活的点点滴滴，也把他们的人生装点得更加多姿多彩。

走出石头寨时正是暮色四合时，苍茫的暮色中，一栋栋林立的石屋显得更加质朴和幽静，灯光慢慢地亮起来了，一轮明月挂在了天幕上，皎洁的月光把古寨照得愈加纹路分明，石屋的纹理一如蜡染布上清秀的蜡花一般，有着细腻的质感，让人有一种想触摸的冲动。依依不舍地离开石头寨，不免感慨万千，布依族人凭借着独到的智慧和手艺，缔造了这座石头城堡以及了不起的蜡染文化，所谓民族的才是世界的，来到石头寨才能领略布依族的风采，领略世间万象的神奇。这是一次有意义的旅程，值得慢慢回顾和品味，正如一杯甘洌的好酒，越品味道越是深浓。

趣闻传说

石头寨被誉为蜡染之乡，布依族蜡染历史悠久、源远流长，那么它是怎么起源的呢？又是谁发明创造了这项令人惊叹的绝技？

关于布依族蜡染的起源，民间流传着两个传说，其中一个版本是蜡染是石头寨的一个叫蜡妹的少女发明的。她心灵手巧、蕙质兰心，常用蓝靛把一匹匹手织布染成蓝色和青色。有一天她例行染布时，忽然有一只蜜蜂落在了洁白的手织布上，嗡嗡地吵闹不停，她为了专心染布，就挥手把蜜蜂驱赶走了，不料这块布染好以后，留下了粒状的白点，这小白点就是蜜蜂分泌出来的蜡质，蜡妹发现了蜡能抗染的原理，于是就发明了蜡染。后来蜡妹把蜡染技术传授给了石头寨年轻的姑娘们，久而久之石头寨便形成了别具魅力的蜡染文化。

第二个传说要追溯到遥远的远古时代。当时人们已经学会了编织麻布，但还不会做成型的衣服，所有人均用一大块麻布包裹身体。有个叫颇草的布依族姑娘，觉得衣料的颜色太过单调了，于是就发明了染料，并改进了染布技术，大大美化了人们的生活。她用白泥和蓝靛草染布，又用蜂蜡涂抹在织布上，制成精美的花纹，之后把麻布放入染料中浸染，一套原始的蜡染工艺就这样新鲜出炉了。经过后世改良，布依族的蜡染技术日渐臻熟，后来便形成了享誉海内外的蜡染文化。

肇兴——笙歌阵阵动云霄

肇兴是侗族人的聚居地，它位于喀斯特山区的一个坝子里，四面环山，两溪交汇后变成了一条小河潺潺地流向小寨。寨内流水潆洄，古树

参天，绿荫萦绕，杉木搭建的干栏式吊脚楼参差错落地排列着，硬山顶屋顶，上面覆盖着青瓦，看起来古朴而又美观，河上架有小桥，寨、楼、桥、河浑然一体，掩映在一片绿色的浓荫里，一派田园景色，真是美不胜收。

关于肇兴的地理环境，《中国国家地理——选美中国》一书有过精确的评价，说它是“白云深处有人家”。不禁让人联想到《山行》古诗的前两句“远山寒山石径斜，白云深处有人家”。一条蜿蜒的石头小路曲折地伸向了远处的山峦，山下并非是一片荒野，而是充满了生活的气息，也许有鸡鸣犬吠和袅袅升起的炊烟。这番景象和坐落在大山怀抱里的肇兴又是何其相似啊。

肇兴是一个充满山野气息的小寨，因为镇上的居民多为侗族人，所以又带有鲜明的民族特色，其标志性的特点便是寨内建有多处鼓楼。侗寨鼓楼是侗族地区一种特有的建筑，在这个民族南部方言区，几乎每个村寨都建有鼓楼，鼓楼建筑已经成为了侗寨的一大标识。在侗族人的文化中，鼓楼代表着吉祥和兴旺，对侗寨人意义重大，所以它通常是由全寨人集资修建的。鼓楼的作用，除了代表全族人的标志以外，还是侗族人议事、祭祀、休闲和社交的场所，寨子里的居民经常在鼓楼下开会议事或举行祭祀活动，年轻人社交也喜欢聚在鼓楼下谈笑风生。

从外观上看，鼓楼就像一座巍巍伫立的宝塔，飞阁垂檐层层叠叠，楼顶是连串葫芦形的塔尖，直刺天际。鼓楼的平面分正方形和六边形，均为偶数，立面均为奇数重檐，少则一层，多则 21 层，逐层收缩，下方为方形，中间有火塘，四周设有长凳，楼门前是娱乐场地。每当烈日炎炎的夏季，村寨里的男女老幼便来到鼓楼下纳凉，隆冬时节又会围坐在这里烤火取暖。侗寨一直保留着做鼓楼的习俗，每逢春节，寨中的居民便齐聚鼓楼广场，吹奏芦笙或唱歌作乐，一派热闹的景象。

侗族人的很多民俗活动都是在鼓楼附近举行的，每逢佳节或者迎接宾客临门，侗寨的百姓便欢聚在鼓楼下，表演“踩歌堂”、“抬官人”等文娱节目。歌曲内容丰富，包括侗族大歌、踩堂歌、琵琶歌、牛腿琴歌、酒歌、情歌、山歌、童声歌等，其中侗族大歌以富有层次感的曲风而蜚声中外。大歌是一种无伴奏多声部混声合唱，先由一个人领唱，然后大家合唱，在合唱过程中各声部自然分成两部分，形成了“众低独高”复调式多声部的混声效果，旋律优美，声调动人，整部曲子扣人心弦，吸引了不少中外游客。侗族人在婚丧嫁娶和各大节庆日都会表演侗族大歌的合唱，有人说，每个侗族人都是在大歌声中降生的，也是在大歌声中长逝的。侗族大歌伴随着侗族人整整一生。

有人说侗族人是天生的歌者，最初演唱侗族大歌的人没有经过任何专业训练，他们只是凭着直觉来表达自己对于生活的理解，当几十个人一起合唱时，侗族人对于音乐的把握已经到了令人惊叹的地步，各种声部和唱法都拿捏得恰到好处，浑然天成，没有一丝破绽，连受过严格训练的歌手恐怕也做不到这一点。因为没有乐器伴奏，侗族人只凭对音乐的敏感就能与族人配合得天衣无缝，这真是一件了不起的事。

离开肇兴侗寨时，耳畔还回响着荡气回肠的歌声，慢慢踏上归路，一路都好像踩在了音乐的节拍上，对于一个如此热爱生活、热爱歌舞的民族，我们还能说些什么呢？有幸与肇兴侗寨结缘，有幸与善良热情又富有才华的侗家人结缘，这些生活在大山深处的人们带给我们的是最朴实的感动，别了肇兴侗寨，如果有机会我还是会再来的。

趣闻传说

肇兴最具代表性的建筑就是鼓楼，关于这种外形独特的建筑民间流传着两种说法。

第一种说法是鼓楼的起源与诸葛亮有关。相传在三国时期，诸葛亮率军南征，曾在侗乡驻扎，为了方便自己指挥号令，便在营寨中建造了高亭，内部置放一面铜鼓，击鼓传令三军，于是这种建筑就被誉为鼓楼。

第二种说法比较离奇，相传鼓楼是外星文明的产物。古代外星人曾经造访过侗乡，并在那里制作了火箭和飞碟发射架，这鼓楼就是外星人的飞碟发射架。细看鼓楼的造型，外形颇似发射火箭的支架，顶部阁楼的剖面也酷似飞碟的形状，于是便有人说这种建筑是侗族先人按照外星人的指示建造的。

四川

磨西——雄奇壮丽的冰川世界

磨西临近海螺沟冰川森林公园，因为坐拥皑皑的雪山和千年冰川等奇景而名声大振，现在这座历史悠久的小镇已经成为川藏通道上的一个繁华重镇，商业和旅游业都非常兴盛。镇上至今保留着明清时期的古建筑，还有中西合璧的哥特式天主教堂，教堂的钟声已经回响了一个世纪了。无论你想观赏震撼心灵的自然美景还是想品鉴古镇独特的建筑，磨西都是一个不容错过的好去处。

磨西古镇不大，甚至可以用小巧玲珑来形容，小镇依地势而建，错落的民居顺坡而下，森林、雪峰、山峦就是它天然的背景，号称“蜀山之王”的贡嘎山海拔高达 7556 米，周围环绕着 23 座海拔 6000 米以上的

雪峰和74条晶莹剔透的大冰川，景象极为壮观。冰川的融水堪比甘泉，甘美而甜润，成为了岷江、大渡河的源头，也成为了濡养磨西的生命之水。

贡嘎山东坡就是举世闻名的海螺沟景区。海螺沟内的大冰瀑布足以和加拿大冰川国家公园的冰瀑布相媲美。海螺沟冰川密布，较大的冰川有三条，最大的冰川就是人们口中的大冰瀑布，冰瀑布宽为1100米，落差超过1000米，由许多银光四射的巨大冰块组成，在阳光的照射下，熠熠闪光，宛若冰雪王国中的童话世界。冰川最高处为6750米，最低处为2850米，落差之大，令人叹为观止。

冰瀑布是一道凝固的奇景，不像水瀑布那样能发出万马奔腾的轰鸣声，也溅不起高高的水花，可是它却比水瀑布更壮丽、更宏伟。由于冰融作用，冰瀑布会产生冰崩，尤其到了气候转暖的春夏季节，冰体不断出现塌方。冰崩发生时，坍塌的冰块在撞击和摩擦的过程中将出现放电现象，迸射出闪烁的蓝光，无数的冰块像电影里的特写镜头一样迅速滑落，溅起阵阵雪雾，给人以一种惊天动地的震撼感，仿佛到了世界末日一样，但是游客无须为自己的安危担心，观景地点设在冰瀑布数公里以外，观赏冰瀑布是很安全的。

海螺沟的冰川深入原始森林6公里，形成冰川和森林共生的景观。海螺沟景区地形复杂，山顶终年被积雪覆盖，周围簇拥着无数冰川，山下却郁郁青青，最奇特的是绵延的冰川一直延伸到茂密的大森林里，这种长驱直入的气势颇为壮观。从冰川上下来，没有什么比舒舒服服地泡个温泉更惬意了，在这冰川遍布的世界里，居然有几十处温泉，真有几分冰火两重天的感觉。温泉池周边是一片原始森林，环境优美，泡在池水中，一边欣赏森林景观，一边洗尽身体的疲劳，享受度假的快乐，真是一件无比惬意的事。

磨西以冰川景色征服了无数的游人，而说起人文景观，最具代表性的当属法式天主教大教堂了。它位于古街的入口处，坐西朝东，为中西合璧的建筑，内部装修古典雅致，柱顶上饰有好看的木制树叶雕花，还绘有一些精美的花纹，望板上饰有漂亮的玫瑰花，图案为鲜明的西式风格。钟楼共有三层，楼顶造型为六角形尖顶，二层的窗户是方形的，拱门两侧各有一根圆柱，圆柱上绘有精细的花纹，深具东方古典韵致。

比起大教堂的精致雅观，磨西的民居就显得率性和自然得多，屋舍均为木石结构，散落在大山的怀抱里，隐匿在绿树丛中，家家门户虚掩，房屋为两层，上层堆放杂物，下层居住，走廊下堆放着柴火，廊上挂着玉米。庭院内栽种着柿树，树上红彤彤的果实压弯了枝头。生活在这里的居民都非常质朴和憨直，而且热情好客，会用当地的特色烧烤来招待远方来的客人，磨西姑娘还会载歌载舞，用嘹亮的歌声和优美的舞姿来表达友好之情。当你离开这片土地，多年以后仍会忍不住思念它，这里的冰川、建筑、悠然自在的美好生活都像梦境一般美好，就算你走遍万水千山，磨西带给你的回忆也是非常特别的，当你年华渐逝时蓦然回首，依然会记得自己去过一个美丽的地方，它的名字叫作磨西。

趣闻传说

磨西最引人注目的莫过于其复杂多变的地形地势，海螺沟地形酷似巨龙，龙首、龙身、龙尾毕现，栩栩如生，让人叹为观止，因此摩西人坚信自己居住在龙的背脊上，其子孙后代将永远受到神龙的庇佑。

相传龙首、龙身、龙尾之处各有一株参天古树，而今仅有龙首上的古树存活了下来，它有一个好听的名字，叫作康定木兰王，其树龄已逾1200 岁。另两株古树在一场特大洪水中淹死了，传说是有人动了龙形招来了弥天大祸，两株古树和无数百姓因此而失去了生命，好在龙首上的木兰王躲过了那场洪灾，靠着木兰王的庇佑，磨西才没有被山洪淹没。

活下来的磨西人非常敬畏木兰王，还有人专门修建祠堂供奉这株千年树王，人们认定它具有某种神奇的力量，能给磨西子孙带来无尽的福祉。在磨西，木兰王具有神圣不可侵犯的地位，当地居民甚至不敢把树王飘落的树叶捡回家。而今有许多七旬老人经常给儿孙绘声绘色地讲述木兰王的故事，儿孙们听得入了迷，他们相信这株具有传奇色彩的千年古树一直镇守在磨西，会永远福佑磨西人。

夕佳山——山气日夕佳，飞鸟相与还

夕佳山是这样一个地方，那里楠木成林，白鹭翩飞，被青山绿水环绕，更有名震天下的古民居坐落于此，构成了一幅风景优美、古意盎然的美丽画卷。夕佳山镇的名气是夕佳山古民居带来的，它完美地保留了川南古民居的建筑精华，素有“巴蜀民间古建筑珍奇化石”的美誉，凭借其别具匠心的布局、精湛的绘画和雕刻艺术以及天然鹭鸟公园的天然野趣，成为可以与庄园相匹敌的建筑群落。

古民居所在的夕佳山山形有如一只巨蟹，民居就修筑在这只巨蟹的背上。远远望去，左右青山耸峙，蔚为壮观。民居主人在建造这个庄园般的居所时，广植楠木，楠木蔚然成林以后，引来大批白鹭鸟在此筑巢栖息，每年阳春三月，鹭鸟回归旧地，到了黄昏时分，白鹭鸟在夕阳的余晖中纷纷回巢，构成了千鸟归林的壮观图景，“夕佳山”由此得名。走进夕佳山古民居，你不但能在山野中看到成片高大繁密的楠木，还能看到上千只白鹭在林间欢叫、嬉闹，它们优雅地在树丛中飞过，宛若片片白云浮动，美丽极了。

白鹭是一种非常具有观赏价值的鸟，它们身形修长，有着纤细的双腿和脖颈，羽毛洁白如雪，非常好看。难怪诗人在描述优美的风景画时，会用“一行白鹭上青天”来形容。夕佳山广阔的桢楠林，上千只鹭鸟提供了天然的栖息地，每年春天，大批的白鹭鸟都会回到夕佳山，在蓝天下展翅翱翔或在枝头啁啾歌唱，成为川南难得一见的美景。

夕佳山民居始建于明万历年，周围楠木森森，园内白鹭飞舞，环境十分清幽。民居坐北朝南，南靠青山，北临浅丘，大门、正厅、后庭在中轴线上依次排开，中轴线左右两侧又设有三进厢房，站在高处鸟瞰，其布局看起来就像一只立于古瓶上翩然欲飞的仙鹤。整个建筑布局巧妙严谨，开合有序，互为呼应，沿袭着明清时代的建筑风格，具有浓郁的川南风情。主体建筑装饰富丽堂皇、庄严典雅，又富有变化性，飞檐翘角辅以精美的瓷片嵌花纹装饰，柱础、驼峰饰有山水花卉和几何图案的装饰，雕梁画栋，巧夺天工。除此之外，园内还有小桥流水，怪石假山，既具江南园林的风韵，又带有四川园林的典型特点，十分赏心悦目。

建筑的雕刻非常精美，门窗、脊顶、斜撑、柱础均彩绘飞金，无论木刻还是石雕都别具匠心，手法纯熟，雕工细腻，而且每幅图案都有自己的寓意。比如，堂屋脊顶上灰塑的“山谷题留”，讲述的便是黄庭坚被贬官赶往宜宾的途中，在江安题字的故事。其他屋顶上的装饰多和神话传说及历史故事有关，诸如“西游记”、“八仙过海”、“黄鹤楼”，等等。

正厅前有28扇棱花格木制窗门，中间的4扇镂空4幅有关“渔”、“樵”、“耕”、“读”的图案，其下刻有“福”、“禄”、“寿”、“喜”四个篆字，寓意希望后世子孙以耕读为业，勤勉上进。

中客厅两侧各有一道门，推门而入便会发现里面别有洞天，那里是主人的休闲娱乐区。大厅十分宽敞明亮，呈工字型，因此被称作工字厅，它是主人看戏品茶的休闲场所。工字厅前方设有戏台，台前立柱上书有“移影换形俨然君臣父子，假哭真笑表达离合悲欢”的对联，寓意深刻、构思巧妙。台口左右华板上雕有经典剧目《白蛇传》中的“船舟借伞”和家喻户晓的《西厢记》中“莺莺听琴”的故事，人物刻画形神兼备，惟妙惟肖。台前的落地罩雕刻着各种历史故事和戏剧故事，比如“黄道州发兵抗清”、“别窑从军”，还有部分取材于唐诗和民间故事，比如“寻隐者不遇”、“羊有跪乳之恩，乌有反哺之义”等。

古老的夕佳山民居豪华雅致，气势轩昂，集巴蜀民间所有建筑技艺于一身，更有“山气日夕佳，飞鸟相与还”的美丽自然景观，漫步其中，但见古木参天，芳草萋萋，恍若置身在虚幻的桃花源中，人生难得几回醉，然而面对此情此景又如何不醉呢？美轮美奂的古民居掩映在森森的楠木之中，沐浴在鸟语花香的氛围中，这是多么美妙的结合啊，所谓的天人合一也不过如此吧。

趣闻传说

夕佳山民居装饰富丽堂皇，雕梁画栋尤为令人赞叹，许多精美的雕刻不仅形神兼备、活灵活现，而且意蕴丰富，传承着我国的古典文化，比如堂屋前厅正门的窗户上雕刻着“麒麟吐玉书”的故事，就涵盖着一个与孔圣人有关的传说。

麒麟是古代神话中的一种祥兽，在许多版本的民间传说中，它都曾吐出三本玉书赠与孔子，孔子因为得了智慧成为了一代大家。传说孔子的出生也和麒麟有关。相传有一次孔子的母亲颜征随同家人从祖籍河南桑丘出发，赶往家乡曲阜，途经巨野麟山时，已是十分劳累，又见麟山风景秀美，便提议在此歇脚休憩。一行人纷纷止住了脚步，颜征倚着一棵大树不知不觉就睡着了。她梦见麒麟入怀，梦醒时即身感有孕，怀胎11个月后诞下孔子。孔子出世第二天，麒麟又造访了这户人家，送去了三卷玉书。

丹巴藏寨——美人辈出的千碉之国

丹巴藏寨，一个隐逸于横断山脉中的世外桃源，那里青山延绵，森林茂密，山脚下分布着大大小小的湖泊，当地人这样形容它，“山顶皑皑，山腰树林葱葱，山脚海子粼粼”，这壮丽迷人的风光是如此富有层次感，大自然的运笔又是这样让人捉摸不透，只需一眼，便让你沉沉醉去。几百幢民居依山就势地深藏在密林中，挺拔的碉楼傲然屹立，显露出铮铮的风骨，美丽的少女让人魂牵梦系，使整个秀丽的村寨，多了几分女儿国的神韵。这是一个鲜为人知的小小山寨，可是它的美足以让你一见倾情。

丹巴藏寨依山势而筑，一路迤逦，高低起伏，层层叠叠，错落有致，和周围葱翠的山林、淙淙的溪流、皑皑的雪峰组成了一幅田园牧歌式的乡村画卷。走进丹巴，只觉得天空格外幽蓝纯净，阳光也非常灿烂，青青的草地，清澈的溪流，以及素雅的小野花，都能给人带来大自然的气息。一栋栋藏房散落在绿茵田野间，与高耸的古碉交相辉映，一幅绝美的山寨图景便展现在了你的眼前。

丹巴境内碉楼林立，素有“千碉之国”的美誉，其中梭坡乡和中路乡的碉楼最负盛名。有些古碉楼距今已有上千年的历史了，而今依然傲然矗立于深幽的河谷之中，不得不说是一个奇迹。古碉楼的材质为泥土和石块，墙体十分厚实坚固，造型也很美观，为四角、六角、十三角的高方柱状体，有要隘碉、烽火碉、寨碉和家碉四种。

古碉楼的作用各不相同，发展到后期大多与战事密切相关。防御性的碉楼门板坚厚，雕门低矮，内部有十至二十层的木制隔层，以独木梯相连，有人来袭时，迅速关闭碉门，就能安全坚守住自己的阵地，外敌很难闯入。

藏房为木石结构，以家碉为脊筑成的碉楼式，为3～5层的建筑，最底层用来圈养家畜，由下至上依次为锅庄室、储藏室、居室、经堂及角楼，二楼是天井，三层为露天大阳台。墙体有白色、褐色、黑色圈成的条纹装饰，还绘有日月星辰图案及宗教图案。碉楼外的经幡和房顶的嘛呢旗随风飘扬，为这些古朴的寨房增添了瑰丽的色彩。

丹巴有三绝：藏寨、碉楼和美女。人常道康定的汉子、丹巴的美女，丹巴女子天生丽质是世所公认的。据史书所载，西夏灭亡后，大量的皇亲国戚和美艳的后宫妃嫔逃难到了山清水秀的丹巴，成就了丹巴美人谷的地位。据考证，丹巴是古代东女国的国都，从古至今一直盛产美女，素有“丹巴自古出美女，美女出在巴底乡”之说。灵秀的丹巴山水，抚育了一代又一代千娇百媚的丹巴美人，她们大都鼻梁高挺，双唇饱满丰腴，眼眸如水波般清亮，肌肤光滑如脂，吹弹可破，体态婀娜，气质非凡。她们一律素颜，喜欢穿长裙，挽发髻，服饰古典朴素，走起路来裙摆轻曳，风情万种。

丹巴的女子从不穿华服、施粉黛，有一种天然的健康美，她们虽然个个娇艳如花，却非常吃苦耐劳，不惧风吹，不怕日晒，从事着艰苦的体力劳动，略加梳洗，便气韵凸显。丹巴的美女穿戴素雅，却非常惊艳，节日里会身着最艳丽的藏族服饰，轻歌曼舞，美目流转，巧笑嫣然，让人一见便心生怜惜。

丹巴藏寨是一个美丽的地方，秀美的山水、凌空挺拔的碉楼、丽质天成的美女，都使这片丰饶的土地充满了灵性，这片土地没有太多人工雕琢的痕迹，一切都是浑然天成，这正是它让人深深迷恋的原因。

趣闻传说

丹巴美女是东女国后裔，据《旧唐书》所载，东女国发端于青藏高原，是一个女性掌权的神秘国度，那么这个王国的族裔为什么会迁居到四川呢？历史上究竟发生了什么才导致了如此大规模的迁徙呢？

东女国由藏入川的转移，主要是和当时的政治局势有关。在这个国家，女王具有至高无上的权力，官职分为内官和外官，女性担任内官，男性担任外官。女王发布的政令由内官传达外官执行。在朝野内部，内官地位高于外官，在民间，女性的地位也高于男性，女性充当一家之主，在家庭内部具有绝对的话语权，男性负责耕作和打仗，在社会生产生活中处于附属地位。

东女国的男性不甘忍受压迫和奴役，于8世纪末期发动了集体叛乱，女王被迫带着随从趁夜潜逃，最终逃到了丹巴地区的深山密林中。丹巴的原住民热情款待了女王和她的部下，女王就此定居下来，日日筹划着东山再起的大计。女王不仅找到了理想的避难地，还在大小金川流域发现了砂金，她率领残部热火朝天地淘金，很快就积累了大量财富。凭借着雄厚的物质基础，女王迅速巩固了自己在丹巴的地位，东女国成功复国。

由于东女国坐拥金矿，又有那么多天生丽质的美女，引起了不少盗寇的兴趣。为了捍卫国家财产以及子民的人身安全，女王下令在丹巴的崇山峻岭中修建军事防御设施，于是一栋栋石砌的碉楼就出现了，这些奇特的建筑不仅易守难攻，具有良好的御敌功能，而且便于储藏财物，充当安全可靠的金库。

平乐——古驿道上的繁华旧梦

平乐是一座具有两千多年历史的文化名镇，素有“一平二固三夹关”的美誉，以“九古”风华闻名于世，古街、古寺、古桥、古树、古堰、古坊、古道、古风、古歌古韵绵长，秦汉古道古意盎然，除此之外，悠悠的白沫江、参天的千年古榕、沿江而建的吊脚楼以及叠翠的青山和一望无际的竹海也非常引人注目，这个古镇不仅有悠久的历史，还有田园诗般的山水美景。

平乐自古便是“茶马古道第一镇、南丝绸之路的第一驿站”，进入平乐，首先映入眼帘的是一座书有“秦汉驿道”的高大牌坊，似乎在昭示世人这里便是秦汉驿道——南方丝绸之路的起点。秦汉驿道是民族地区的交通要道，既是中原统治者古时出兵作战的一条重要路径，又是商旅往来的必经之路，而今被称之为中国的“南方丝绸之路”。

这条古驿道虽然历经千年风雨的侵蚀，仍保存着较为完整的一段，现存的驿道长度为两公里，中央是大河卵石铺成的中心线，两侧是河卵石铺就的坚实路面，两旁筑有高高的墙垣，规模构制同秦汉时期的甬道一致。墙垣最初的作用是为了防止敌兵抢掠运输物资，但在客观上又能起到养路的作用，比如防止路面因为雨水浸泡出现塌方。

秦汉古驿道沿着山脉蜿蜒而筑，仿佛一道长城绵延在川南的崇山峻岭之间。如今这条南方的丝绸之路上，似乎还回响着商旅马队嘚嘚的马蹄声和清脆的铜铃声，蜀道里似乎还飘扬着远征大军的猎猎旌旗，漫步古驿道，领略中华丰厚而灿烂的历史文明，胸中层云激荡，拨开历史的尘烟，一个久远的时代便出现在了眼前。

如果说是秦汉古驿道给平乐古镇增添了历史的厚重感，那么澄清如练的白沫江则赋予了这个古镇飘逸灵动的气韵。水是有灵气的，有水的小镇必然是鲜活的。凭借丰富的水力资源，万亩良田得到了灌溉，黄金堰便是先民为浇灌田地而修建的，它虽不算什么浩大的工程，却真正起到了造福一方的作用。这一农用堰是用竹笼装卵石筑成的，筑成以后，白沫江的滔滔江水便被人为地分流了，滋润了千顷良田。

乘竹筏在江上漂流，环顾四周美景，十分惬意。江水清浅，阳光铺在江面上，洒下点点碎金，或许黄金堰就由此得名吧。清幽的江水缓缓地流着，江边绿树成林，耳畔不时传来清脆婉转的鸟叫声，周遭却显得更加幽静了，不禁让人联想到了一首古诗：“艅艎何泛泛，空水共悠悠。阴霞生远岫，阳景逐回流。蝉噪林逾静，鸟鸣山更幽。此地动归念，长年悲倦游。”

兴乐桥头两棵巍然卓立的古榕是古镇的一道亮丽的风景，古榕树龄足有1500年，繁枝密叶伸向天空，仿佛擎起了一片绿云，炎炎夏日里在树下品茗、发呆、阅读、聊天，一点也不觉得闷热，浓荫送来的凉意比空调吹出的冷风更令人神清气爽。

那历经千年风霜的古榕树，和映照着万物的绵绵江水相映成趣，令人感慨万千，树会老，但却老而不衰，奔流的江水不竭，仿佛是应和着树的召唤，这树这江亘古不变，斗转星移，人间换了天地，它们却平静如斯，仿佛什么也不曾发生过。

漫步平乐古镇，在秦汉驿道上探幽怀古，坐享千年古榕下的醉美浓荫，观赏黄金堰分水的滚滚波涛，就会不由自主地被古镇焕发出来的独特魅力所感染，这具有浓郁地方特色的山光水色，这屹立千年不倒的古遗址，演绎出了一幅融贯古今的美丽画图。平乐，这个川西水乡古镇，浓缩了太多的自然美景和历史文化底蕴，是一个可以感受自然、畅游古今的绝佳去处。

趣闻传说

平乐古镇，古称“平落”据《尚书·禹贡》记载，大禹治水时，筑造飞沙堰将穿平乐镇而过的白沫江分成了内江、外江，形成了一江分三水的格局。大禹能够想出这么有效的治理洪灾的办法，是在总结失败的教训后收获的成果。

在大禹之前，负责治理水患的人是大禹的父亲鲧，那个时代黄河泛滥成灾，百姓深受其害。鲧知道哪里发生了水患，就想方设法把水堵住，通过筑建堤坝的方式拦住滔天洪水，结果造成水位上涨，水势增大到一定程度就会漫过村庄，淹没房屋和良田。直到去世，鲧也没有想出解决水患的办法。

后来大禹接过了父亲治水的任务，他发现洪水越堵越难治理，堤坝根本挡不住滚滚洪水，反而使洪灾闹得更厉害，于是通过挖开堤坝引流或者开山引水的方式，使洪水从村边改道通过。大禹认为治理水患宜疏不宜堵，在治理平乐镇的白沫江时采用了同样的方法，将汹涌不息的白沫江成功分流，使其绕镇而过，成功治理了这里的水灾。

黄龙溪——宋词般婉约的十古之镇

无论你走到黄龙溪的哪个角落，都能感受到它悠长的古韵，古街、古牌坊、古寺、古民居、古榕、古崖墓掩映在杨柳绿荫里，剥落的灰墙、褪色的雕花窗棂，散发着阑珊诗意的幽香。漫游古镇，就好像跌落到了一本纸张泛黄的古书里，时光在这里倒流，让人恍然忘记了自己所处的时代。黄龙溪还盛行“烧火龙”的传统民俗，这一盛大的活动有着悠久的历史，场面恢宏，气势宏大，让人神往。

黄龙溪素以古街、古树、古庙、古堤、古埝、古民居、古码头、古战场、古崖墓和古衙门的“十古”而名震全国。古街非常有特色，正街、横街、河街、复兴街纵横交错，漫步在曲曲折折狭长的石板路上，不知不觉就融入到了古巷悠悠的意境里。林立的商铺彩旗招展，仿佛在欢迎远方的客人。街道两边为飞檐翘角的木制二层吊脚楼，楼下临街的为店铺，楼上为住宅。古色古香的建筑，处处透着浓浓的古意。由于有一溪穿镇而过，古镇颇有水乡风韵，木柱青瓦的楼舍依水而筑，空气里弥漫着氤氲的水雾，倒有几分江南的风味。

古街建筑以民居为主，没有奢华的官邸，也没有气派的大宅院，然而这些记录过寻常百姓生活的民宅却为我们展开了一幅幅无比生动的市井风情图。其实古民居并不粗糙，反而有着宋词般的雅致和婉约。木雕、砖雕、彩绘尤为精彩，线条明快，造型生动，反映出先人精湛的技术工艺。开商铺的人家，还在自家的厅堂里挂满了写意的字画，并精心用玻璃镜框装裱起来，与居住的古屋浑然一体。

古镇正街上保留着三座完好的寺庙，分别为古龙寺、镇江寺、潮音寺，构成“一街三寺庙”的景观。古龙寺是古镇最早建造的一座寺庙，大殿前矗立着一座千佛铁塔，正门为戏台，是整个古镇九个戏台仅存的一个。台前宽阔的院坝成为了人们集会娱乐的广场，院坝南北两侧各植有一株树龄逾 1700 年的古榕，树冠将整个院坝笼罩起来，气势蔚然。这座古寺将古庙、古戏台和古榕“三古”有机结合，堪称天下一绝，当之无愧地成为古镇各寺之首。

古镇的路旁、河堤上、树林下都设有简易的茶肆，五颜六色的太阳伞下，摆放着几个竹椅、竹凳，泡上本地特产的茉莉花茶，冲在盖碗里，幽幽的香气直窜鼻尖，品上些许上乘的竹叶青、峨眉雪蕊等川茶，顿感口齿噙香，回味不绝。喝茶既能提神解渴，又是一种悠闲、雅致的享受，对于风尘仆仆的旅客来说，没有什么比在古街上喝上一杯好茶更惬意的事了。

古镇除了有十古的特色，最为引人关注的当属每年正月初二至正月十五举办的“烧火龙”活动了。“烧火龙”的民俗起源于东汉，盛行于南宋，历史悠久，人们通过跳火龙灯舞祈求一年风调雨顺、五谷丰登。每年黄龙溪烧火龙，都十分轰动。舞龙的队伍由 50 人组成，分成三组。火龙灯舞的一招一式都非常吸引人，到了高潮部分，一方的舞龙者穿着一条扎裤脚的短裤，上身赤裸，胸背上抹上桐油或清油，野性十足，尽显阳刚之气。另一方则备好了袭击对方队伍和居民的焰火鞭炮，双方在噼噼啪啪的鞭炮和燃烧的焰火中翻转腾挪，攻防进退，场景颇为壮观。放火的一方烧得火焰愈旺，吉财愈旺，舞龙的一方在寒天赤裸着身体，为了取暖也希望火焰靠近自己。火龙灯舞集龙、灯、舞、火焰于一体，场面盛大，气氛喧腾，一派龙腾人欢的盛世景象，在正月寒天里大放异彩，吸引了无数外乡人观看。

黄龙溪宛若一首凝固的宋词，清丽、厚重而苍凉，1700 年的历史镌刻在了每一处古老的建筑里，其文化精髓伴着热热闹闹的火龙灯舞传承了下来，离别时远望这座古镇，有几分依恋，有几分不舍，那氤氲在脑海里的光影记忆依旧时隐时现……

趣闻传说

相传黄龙溪古时土壤贫瘠，是蜀国丞相诸葛亮改变了这里的环境。

蜀汉王朝刚建立政权不久时，黄龙溪古镇河岸上是一片芦苇荡，到了盛夏多雨时节，河岸受到洪水冲击，丧失了大量的泥土。有一年，诸葛亮带着一行人来到河岸一带微服私访，他发现黄龙溪的河岸水土流失非常严重，而分水要冲王爷坎一带的土质更加疏松，这主要是因为河岸周围没有固定泥土的树木，致使王爷坎受到了更严重的冲刷，垮塌成了一个大窟窿。

诸葛亮想如果在水流要冲之地种上一棵枝繁叶茂的大树，让它粗壮的根须把土壤牢牢固定住，就能起到保坎作用，还能形成一道不错的风景线，岂不是一举两得？诸葛亮素来关心民间疾苦，希望通过改善环境来改变百姓的生活，他休息了一晚上，第二天就迫不及待地着手实施计划。他费了好多周折才找来了合适的树苗，郑重地把它栽种到了王爷坎上，还专门为这棵树举办了一次植树庆典。

树苗入土后，长势良好，过了若干年后，形成了一片浓密的绿荫，不但起到了固定泥土的作用，还给人们带来了无限的凉意。黄龙溪沿岸水土流失的情况有所改善，人们为了纪念诸葛亮，就把那棵树命名为诸葛树。

肖溪——青山绿水间的巴渝人家

肖溪古镇依山傍水而建，它就像停泊在渠江与山野之间的一艘古船，坐揽山水田园风光，既有“小桥、流水、人家”的美景，又有“竹林、渡船、古庙”的景致，山、水、镇、寺浑然一体，风光无限。环顾全镇，摩岩山巍峨陡峭，摩崖石刻形态万千，古寺雄踞山巅，渠江水绿水悠悠，千帆过境，渔舟往来穿梭，两岸绿竹葱翠，正应和着古镇场头牌坊的描述：“百年渺街峦幽篁独领巴渝风景，千载摩崖留华赋尽书禹甸文明。”

肖溪是一座绿意盎然的古镇，远处是苍凉的青山，近处绿树成荫，天空无限辽远，极目远眺时，天空似乎比树木要低，碧绿的渠江水将所有的风景倒映在水里，到了夜里江中便映出一弯月影，在水天相接的画图里，真有几分“野旷天低树，江清月近人”的感觉。泛舟江上，好景不断，泊船上岸，又能看到另一番景致。老街呈渔船形状，据说这种设计是因为受到当地码头文化的影响。这条老街最大的特色就是街檐比较宽敞，最宽处单侧超过八米，为对称形，檐廊皆为青涩瓦片盖顶，人们走在街上就好像漫步在凉亭之下，不用担心受到日晒雨淋。

沿街两侧是明清风格的老屋，黛青色的瓦面，穿逗——悬山式屋顶，为典型的川南民居风格，木漆早已剥落，古朴沧桑中透出鲜明的巴渝人家风韵。临街支撑檐廊的木柱或直或弯，给人以摇摇欲坠之感，但是其坚固程度远远超出了人们的想象，历经数百年的岁月，它们仍是稳若磐石，丝毫没有倾倒的迹象。

古镇凭借着当地的水运码头，成为了大巴山区的商贸集散地，街上客栈、茶馆、药铺、商铺、铁匠铺林立，方圆百里的居民通过肩挑背扛的方式将土特产、粮食、布匹和各种生活用品带到小镇上来售卖，给古镇平添了不少商业气息。这里一直沿袭着赶场的习俗，逢场时，山民们挑着鸡鸭鹅、山货、粮食或者牵着羊，涌入小镇做买卖，中午邀上几个好友一起喝茶饮酒，吃上半斤香喷喷的肉，显得格外豪爽洒脱。

由于地处偏僻，当地的居民较少受到外界的打扰，悠然自得地享受着宁静的生活。纳凉的老人时常坐在竹制的“马架椅”上晒太阳或打盹，妇女们三三两两地聚在一起做针线活或考话家常，小孩子趴在木凳上认认真真地写着作业。

比起老街上热闹与宁静并存的情形，古寺就要幽静得多，古镇上有一座名为“冲相寺”的寺庙，它依山而建，建筑风格古色古香，飞檐重重，圆柱擎立，朱墙红门。四周风光如画，碧水青天下，波光粼粼，将古寺映照得如新雨洗后一般，令人迷醉，唐代著名诗人崔灏在游览冲相寺之后即兴做了一首诗：“水流花谢本无情，道尽东风过楚城。蝴蝶梦中家万里，杜鹃枝上月之更。故园书动经年绝，华发青催满镜生。自是欲归归不得，五湖烟景有谁争。”

肖溪是古雅的，至今存留着历史文化的遗韵，它又是清新自然的，因为尚未被过度开发，居民们完好地保留了原生态的生活方式，它不像其他历史名镇因为旅游业的兴盛而变得喧嚣，这是一件幸事。如今的肖溪，仍是你在灯火阑珊处才能瞥见的丽影，耀眼的镁光灯不适合它，它只有在隐秘处才能大放异彩，就像清丽脱俗的美人远离世俗的尘嚣，美目盼兮，巧笑倩兮，更加美丽动人。

趣闻传说

在肖溪，流传着许多有关余步云的传说。余步云是何许人呢？清道光时期的一名久经沙场的老将。在肖溪人眼里，余步云绝非等闲之辈。

余步云功成名就后回到家乡，已然成了乡人口中的“余大人”。当时肖溪有一句十分流行的歇后语——余大人散烟，一句话。这句歇后语产生的背景是，余步云平步青云成为朝廷重臣后，尤为春风得意，显得意气风发，同乡纷纷来到余家大院，想要一睹余大人的风采，最初，来拜访余步云的人并不算多，所以余步云每次见到来人都愿意热情地打招呼，连连说：“请烟！请烟！”随即让随从给客人送上烟草。

后来拜访余步云的人越来越多，人们络绎不绝地挤进余家大院，余步云仍对随从道：“请烟！请烟！”可是随从一时没有备好那么多烟草，不可能个个都能照顾周全，访客见余步云赏赐的烟草久久没有拿来，就调侃道：“余大人散烟，一句话。”从这个传说故事中，我们可以看出当时的余步云确实如日中天，宾客盈门，也难怪时过境迁，肖溪的百姓依然记得这位曾经风光无限的大人物。

桃坪羌寨——美丽的堡垒式古寨

桃坪羌寨背山面水，土沃水丰，寨内保留着最完整的羌族古建筑群，其魅力独特的黄褐色碉楼式民居、四通八达的地下水网及通道和碉楼合一的迷宫式布局，尽显一个古老民族的智慧和创造力。羌族人用石头垒砌了自己的民族历史，建造出了神秘而富有特色的东方古堡。走进桃坪羌寨，你不仅可以欣赏到神奇独特的建筑，还将了解淳朴的民风民俗，感受羌族人的聪慧、热情与奔放，领略民族史诗的风采。

羌寨的民居建在陡峭的山坡上，随着山势石屋逐坡上垒，其间碉堡赫然耸立，远远望去就像童话中的古城堡，庄严神秘，令人捉摸不定。羌寨的布局打破了传统的建筑格局，我国传统古城均会在东南西北四个方向设城门，而桃坪羌寨却是以碉堡为中心，筑成了放射状的八个出口，出口连接甬道形成了错综复杂的路网，寨中的居民因为熟悉环境，可以进退自如，而外族人则像走入了迷宫一般，倘若入寨一定会迷失方向。每个寨房都是相连通的，居民相互走动或出寨都很方便。房屋一般为二至三层，底层是牛羊圈舍或者是堆放农具、杂物的仓库，上层为居室，房顶用一块卵状白色石头垒成了一个“小塔”，宛若白鸽歇落在屋顶上，二层设有阳台，楼层之间均以活动的木梯相连，撤掉木梯时整栋建筑就成了一个封闭性非常好的微型城堡，外敌和盗贼便无法侵入，安全系数非常高。

建筑的主要石材是石块和黄泥，每层用厚木板做隔层，外墙是用卵石和片石砌成的，石墙自下而上慢慢变薄，逐层收小，这样设计是为了使墙体的重心向室内略稍偏移，在向心力的作用下，墙体形成聚拢趋势互相挤压，因此变得更为牢固和稳定。这说明羌族先民在很早的时候就掌握了建筑的力学原理，这是非常了不起的成就。

碉楼是羌寨的标志性建筑，一栋栋巨大的碉楼高低错落地屹立于村寨之中，风姿雄浑挺拔，气势轩昂，极具视觉冲击力。现存的较高的碉楼高约 30 米左右，为 9 层建筑，每层的四面都设有射击窗口，顶楼设有专门用于传递消息的钟孔。羌族先人在设计碉楼时，不用图纸，也没有经过精确的测量，然而建造出的工程结构稳固，外观雄伟，看起来又十分别致，堪称人类建筑史上的一大奇观。

桃坪羌寨的建筑将高大的碉楼和民居合二为一，运用了数学、几何、力学的基本原理，体现出这个古老民族高超的智慧。寨内完善的地下水系统也是独一无二的，羌族人在地下挖暗渠、设暗沟，并从海拔五千多米的雪山上引入泉水，供每家每户享用。地下水网隐秘而复杂，在战争年代，可以避免敌人切断水源，还可作为逃生的暗道。在和平时期，可起到防火防灾的作用，又可有效调节室温，是天然的绿色空调。

桃坪羌寨的特色建筑浓缩了这个古老民族的千年历史，这些奇妙的泥石建筑既具审美性，又具有极高的实用价值，堪称羌族建筑文化艺术的活化石。羌民们世世代代居住在这些奇特的石屋里，至今保留着传统的生活习惯。羌族男子敦厚、勤劳，彪悍健壮，在寨外栽种了各种果树，金秋时节，家家户户都收获颇丰，苹果、李子、葡萄应有尽有，寨房的墙壁上挂满了黄澄澄、金灿灿的玉米。劳作之余，羌族男子会喝上一碗青稞酒，脸上浮现出幸福满足的笑容。羌族女子善刺绣，精美的衣饰、漂亮的鞋垫和色彩纷呈的墙饰挂件都出自她们的一双巧手。

到桃坪羌寨不看羌族歌舞，你会觉得十分遗憾。热情奔放的歌舞是羌族人表达情感的一种重要方式。每逢重大节庆日或者举行婚礼，寨子内的所有居民都会聚在一起，燃起熊熊的篝火，举办篝火晚会，大家吃烤肉、饮咂酒、唱山歌、跳锅庄，气氛非常热烈。在熊熊篝火的辉映下，羌族的姑娘和小伙子载歌载舞，有时通宵达旦，从羌寨的美酒和歌舞中你可以领略到古羌文化极富魅力的一面。

古朴美观的羌寨建筑、浓郁的民族风情、豪放的歌舞、醇香的咂酒，一切都是那么令人心醉，你不是斗酒三百篇的诗人，即使有了微醺的醉意，也很难用合适的诗章来形容那种愉快舒畅的心情，所有的语言都失去了效力，除了乐不思返，没有什么词能更恰当地表达对这片土地的眷恋之情。

趣闻传说

桃坪羌寨羌语称为“切子北”，传说在很久以前这里土壤贫瘠，物产贫乏，人口非常稀少，是一片荒凉的不毛之地。人们每天辛苦劳作，却只能勉强维持生计，虽然日子过得十分清苦，但这里民风古朴，寨民淳朴善良、安居乐业。他们的勤劳朴实感动了神明，有个叫木比塔的天神便向桃坪撒下了树种，霎时间桃坪的荒山野岭就长满了茂盛的桃树。

每年春天，山谷里漫山遍野开满了桃花，原野、河畔、寨房前后到处都是桃花的花影，空气中弥漫着醉人的花香，整个村寨淹没在一片花海里，俨然就像世外桃源。彩蝶在花枝上翩跹，蜜蜂在花丛中飞舞，林间桃花朵朵、灼灼其华，飘落的花瓣随着流水杳然远去。到了果实成熟的季节，村寨果树飘香，桃子鲜嫩多汁，甜香爽口。村民渴了就随手摘一个桃子吃，饿了也吃桃子充饥，桃成了寨子最受欢迎的水果。

桃坪羌寨由一个贫瘠的不毛之地变成了一个花果飘香的风水宝地，

寨民们也过上了幸福快乐的生活。由于这里盛产桃子便被称作桃子坪，后来简化为桃坪，在羌语中这里一直被叫作“切子北”，这一名称是寨民们为感念天神的福泽而取的。

西来——千年不改的古老画图

西来就像一幅泛黄的古卷，走进西来，处处都是古老的画图，厚重的石板路、标志性的千年古树、直刺苍穹的文峰塔、原汁原味的老房子，以及满面沧桑的老叟老妪，无一不在提醒你，西来和其他古镇是不同的，它的风貌千年不改，无论世间有过多少变迁，它拒绝迎合任何人，这使得它更为独特和卓尔不凡。

西来受外界的影响十分有限，因此保存得相当完好。作为位于汉唐时期西征古道上的一个历史文化重镇，西来处处都留下了历史的车辙印。漫步在古镇褐色的石板路上，似乎隐约能看到横刀立马的将士，呐喊声和厮杀声刺激着耳膜，不多时所有的影像都消失了，摩肩接踵的商旅大踏步走了过来，沿路洒下好听的铜铃声……西来的老街能让人产生如此丰富的联想，就在于它完好地保留了自己的原貌。这里没有修旧如新的败笔，也没有力图还原旧貌的高仿真，每一块街石、每一栋老宅都无声地承载了蹉跎岁月留给它的印记，西来的真实一如时光雕刻过的脸庞，没有一丝粉饰，毫不掺假，所以它的质感才那样不容置疑。

镇西的文风街道是古镇的经济文化中心，据说在汉唐时期，这里商贾云集，十分繁荣，而且因为是成都到川西的咽喉要塞，成为了兵家的必争之地。而今这里呈现出的是一片祥和的景象，虽不如古时那样繁华，可是仍旧处处可以看到林立的商铺。街道中心处，商贩们兜售着自己的土特产，菜农用最原始的钩秤称着自产的空心菜、西兰花、红苕叶，这些时令绿色蔬菜引起了路人的兴趣，很多人都停下脚步纷纷购买。

矗立在街心广场上的文风宝塔——文峰塔是整条街最显眼的建筑，塔身并不高，它没有雄伟之姿，可是却玲珑有致。古塔为砖石结构，顶部镶有墨绿色的琉璃飞脊。从外观和造型上看，文峰塔少了些许浮夸和繁复，它轮廓简洁、色调素雅，透着些许庄重和灵气。塔身上的龛位里供奉着古代圣贤们的牌位和造像，塔前一直香火不断，可见古镇上的人有多么推崇文治和敬重先哲。

沿着古街来到安码头，穿镇而过的临溪河便出现在眼前。河水清澈见底，四季奔流不息，河道上有一道低矮的堤坝，水流从堤坝上倾泻而下，溅落在光滑的鹅卵石上，激起一片雪浪，偶见几个顽童脱掉了鞋袜，赤足在浅滩上戏水，真是一幅非常美妙的图景。临溪河畔，生长着一排奇崛伟岸的千年古榕，它们历经千年的风霜依旧枝叶长青、繁茂婆娑，而且个个身姿挺拔、威武雄壮，有的古树要五个人才能合抱。这些古榕还各有各的形态，有的如蛟龙出水，有的似荷花盛放。到了盛夏，骄阳炙烤着大地，人们纷纷聚到古榕下纳凉，既能在绿荫里享受清凉，又能观赏沿河的景致，真是一种惬意的享受。

古榕中，最为奇特的当属“夫妻树”，两棵树干在离地两米处合抱了起来，合抱处生出了无数缠绕交织的根须，在下方 10 厘米处有两只长长的“手”紧紧地握在了一起，那形态像极了一对恩爱的夫妻在甜蜜地拥抱。左边较细的是身材苗条的妻子，右边粗壮的是魁伟的丈夫，一对伉俪深情相拥，煞是浪漫，不由得让人想起了“在天愿作比翼鸟，在地愿为连理枝”的优美诗句。当然舒婷的《致橡树》更能准确表达爱情的真谛：“我们分担寒潮、风雷、霹雳；我们共享雾霭、流岚、虹霓。仿佛永远分离，却又终身相依。这才是伟大的爱情，坚贞就在这里：爱——不仅爱你伟岸的身躯，也爱你坚持的位置，足下的土地。”

苍穹之下，与相依相偎的千年古榕相伴，看临溪河水川流不息，再看一看房檐下一串串火红的灯笼，尝一尝川锅中的辣椒，西来古镇的轮廓和韵味就变得明晰起来。它既朴实又别致，像养在深闺人未识的素颜少女，热情中带着羞涩，不假装扮，丽质天成，真实而本色，让人一见就怦然心动。

趣闻传说

关于西来的夫妻树，民间流传着一个凄美的传说。相传在南宋淳熙八年（1181 年）夏日的一个夜晚，临溪河洪水泛滥，有一对男女抱着浮木漂到了临溪古渡，被一位好心的艄公救下。一问才知，男子张德久家贫未娶，女子李翠芝因为一场特大洪水失去了丈夫和女儿，两人侥幸活了下来，镇上的人对这对落难的男女都十分同情，于是帮助他们在渡口旁建造了两间茅屋，供两人居住。

两个同命相连的人从此成了邻居，平时互相扶持，渐渐产生了感情，遂结为夫妇，婚后张德久开始拓荒种地，李翠芝靠编织草鞋贴补家用。两个人虽不富裕，倒也过得和和美美，后来这对患难夫妻渐渐年华老去，张德久又染上了咳病，不能再耕田了，李翠芝因为年纪大了，编织的草鞋也不如以前多了，所得的银两越来越少。两个人的日子越过越窘迫，几乎到了捉襟见肘的地步。

宝庆元年（1225 年）冬，天降大雪，西来镇的积雪高达一尺，这是十分罕见的，人们皆闭门不出，躲在家里避寒。大雪停歇后，有人见张氏家依然门户紧闭，便觉得有些不对，推门一看，夫妻俩紧紧偎依在一起，已经气绝多时了。于是人们将夫妻二人合葬在渡口旁，若干年后，渡口旁的河堤上长出了两棵郁郁葱葱的榕树，两树的枝干在空中合抱在一起，有如拥抱的夫妻，遂被命名为夫妻树。

云顶寨——奇特的孤城夜场

文学和影视作品对山寨进行过多种多样的描述，比如高高的寨门、随风飘扬的旌旗，热血飞扬的粗莽汉子和泼辣机智的美艳女子，女中豪杰穆桂英就是在山寨里长大的。可是这些故事多半都是人们的臆想。真实的山寨是古朴和随和的，越是古老的山寨越是如此，作为中国的两大古寨之一——云顶寨，有着“年古城堡、万担收租院、方圆百平方公里庄院的微缩景观、民俗文化的活化石”的美誉，认识云顶寨，你才能了解什么是真正的山寨。

云顶寨的海拔高度达到530米，主要寨门建有门楼，用于侦察和瞭望，一般由两人执勤轮守。寨墙是用青条石丁挂砌筑的，中间用泥土和块石填充，墙面用三合土或石板砌成通道，四围凸出的墙体上，设有四座炮楼，可用于观察寨外的情况。而今寨子的门楼和古城墙已是乱草丛生，硝烟炮火远去了，残阳夕照中只空留下苍凉肃穆的景象。

进了城寨，顺着石板小路拾级而上，缓步走在街面上，心情顿时放松下来。老街是长方石铺砌的，经过长年车轮碾压和行人踩踏，突兀的棱角早已磨得浑圆，但踩上去仍有一种高低不平的感觉。比起平整光滑的街面，这种凹凸有致的粗粝石板街反而让人感觉更亲切。街道两侧的老屋大多为土木结构，历经风吹雨打显得有些古旧，但屋檐和门窗上的雕梁画栋别具清代遗韵。在四川，茶馆是所有古街上不可或缺的一道风景，云顶寨也一样，处处可见先人遗留下来的老竹椅、八仙桌，虽然它们如今已经乏人问津了，可是仍为我们描绘出了古寨居民的生活图景。

古寨里有许多风化的小路，有的是青石铺砌的，有的是黄土铺成的，掩映在茂林修竹之下，颇有几分曲径通幽的意境。顺着小路一路前行，可以见到零星的房舍和败落的院落。据当地人说，云顶寨兴盛时曾有48座庄园，可谓风光无限，每个庄园都有一个别致的名字，比如金墨湾、竹林屋基、新竹林屋基，极富诗情画意。

金墨湾庄园是明末清初时期一位寨主的寨房，里面陈列着各种精致的瓷器和木雕，很多物件做工都非常精细，堪称艺术珍品。走进庄园，你的目光立即会被梁柱上的镂空雕花吸引，鎏金上彩的痕迹依然可辨。六柱床的做工也很精巧，床上的浅浮雕是两个工匠历经11载春秋雕刻完成的，凝聚着先人的心血和汗水。鎏金上彩工艺不凡，使整个床看起来价值不菲。床沿下是一个可以摆放桌椅的平台，中间位置安置了一个能拆分的圆桌，椅子分别置于床头和床尾，方便主人用餐、喝茶、看书。更奇的是椅子上装有抽屉，专门用来存放贵重物品，相当于我们今天使用的保险柜。

云顶寨外的云顶场，由跑马道和寨子相连，是一条石板铺成的丁字形街市，大部分的建筑为郭氏所建。云顶寨兴旺时，街上生意非常兴隆，酒肆、茶庄、钱庄、商铺、药铺等应有尽有，这里至今保留着神秘的“早市”习俗。“早市”的概念和我们现代都市里的早市完全不同，它指的是人们凌晨三四点进场交易，天亮散场，原为满足债主娱乐进餐的需求，现在演变成了当地的风俗。每当农历三、六、九赶场期，天还没有亮，人们就提着灯笼举着火把穿过森林小径纷至沓来，场上立刻变得灯火通明，买卖双方讨价还价做生意，到了清晨六七点钟便匆匆散场，所有的人顷刻间消失得无影无踪。那情形很像《百年孤独》中被飓风卷走的马贡多，颇为神奇，又带有几分梦幻的感觉，怕是只有白居易的《花非花》能形容得出：“花非花，雾非雾，夜半来，天明去。来如春梦几多时？去似朝云无觅处。”

远离都市文明的云顶寨，至今没有发生过太大的变化，人们依然居住在古老的青瓦木屋中，踩着暗灰色的青石板路开始一天的忙碌，从古老的水井里汲水，过着平淡安逸的生活。在这片没有工业文明痕迹的土地上，云顶寨人建立起了属于自己的文明，它更遵从人的天性，代表的是一种健康的生活态度，对于身心疲累的都市男女来说，云顶寨绝对是一个放松身心的好地方。

趣闻传说

云顶寨是一座历史文化底蕴深厚的古寨，它始建于明代，据史料记载此寨为郭氏祖先所创建。明洪武年间，郭氏先祖郭孟四从湖北麻城出发，翻山越岭进入蜀地，行至云顶山时，脚下一软，挑行李的箩筐滚下了山谷。郭孟四尝尽跋涉之苦，已无心上路，于是便就地定居了下来。他就地取材，搭建了简陋的房舍，又开辟了几亩田地，过上了自给自足的生活。过了一段时间，又有其他人家迁入，村寨渐渐有了人烟。

郭孟四的后代郭廉高中进士，在朝中身居高位，郭家因此成为村寨中影响力巨大的望族。后来郭廉厌倦了官场，回乡归隐山林，曾在山顶筑巢而居，成为当地一景。清咸丰年间，郭家后裔郭人银奉父命在山顶筑城兴建云顶寨，寨子初具规模。光绪年间郭祖楷对其扩建，并修筑了城墙。经过郭氏家族 29 代的辛苦努力，历时 600 年光阴轮转，历经三个王朝的更迭，云顶寨才有了今天的规模。

云顶寨雄踞山巅，备有坚固的城墙和多个炮台，寨内兵强马壮，寨主威风八面，力霸一方，在古代地方县官上任也要亲自拜见寨主，以示恭敬。历史上曾有土匪试图攻寨，但均以惨败告终。而今云顶寨早已变幻了风云，往昔的霸气不复存在，但是云顶寨的历史并没有被彻底尘封，郭氏家族缔造的传奇一直在民间流传。

上里——古色古香的川西小镇

上里，一个川西的小小古镇，倚山枕水，二水萦绕，碧水长清，田野小丘意趣盎然，古桥、修竹相映成趣，一派怡人的田园风光。小镇上散布着许多明清风貌的吊脚楼，又有许多茶马古道上唐宋文物遗迹，古韵悠长，居高俯瞰，有如观摩一幅古老的画卷。

上里古镇背靠“观音峰”，坐落在群山的怀抱里，面向连绵起伏的小山丘，山中雾气迷蒙，沐浴在白雾中的小丘若隐若现，有如在仙境一般，此地常年多雨，青山显得格外苍翠，良田也十分丰饶，因此小镇有了水墨上里的美誉。

古镇石板铺街，呈井字形结构，木屋为舍，潺潺的河水穿镇而过，一栋栋古屋沿河而设，河上卧着形态各异的小桥，青瓦飞檐辉映着小桥流水，成就了天然的水墨丹青画。镇上的居民自然就成了画中的人物，在河边浣衣的妇女，在屋檐下看报的老人，装饰了小镇的风景，也装饰了别人的清梦。

镇上的古桥颇有特色，它们形态各异，有拱桥、石板桥、单孔桥、七孔桥还有十一孔桥，其中最有名的是兴建于清乾隆年间的二仙桥，它是一座弧形的石拱桥，远远望去，如长虹卧波，颇有几分“二水夹明镜，双桥落彩虹”的意境。桥上青藤缠绕，似乎在向世人述说着它的古老与沧桑。桥下是脉脉的流水，两岸林木青青，绿意绵延，风光无比秀美，游人忍不住对它举起了相机，想要捕捉并定格它的美，写生的学生认真地勾勒着它的轮廓，刚刚结为眷侣的新人则兴致勃勃地在这里拍婚纱照，脸上洋溢着明媚的笑容。

上里的青石板路已经被足迹打磨得油光可鉴，街道两旁的木制楼阁，虽然在岁月的侵蚀下失去了往日的光泽，可是精湛的雕工造就了栩栩如生的画面，至今看来仍旧精美绝伦。最具特色的建筑当属韩家大院，它建于清道光年间，因为韩氏的祖先是清朝的带刀侍卫，故这座府邸又被称为守卫府。大院由七个四合院组成，格局被称作“七星抱月”。

建筑的门、窗、枋、檐皆是精雕细琢，雕刻技法炉火纯青，无论是浮雕还是镂空雕都可称作民间一绝。雕刻的人物大小从几厘米到十余厘米不等，五官细腻，体态美观，表情丰富生动，各人物的情感、性格一目了然。这些图案多取材于戏曲故事和历史典故，比如耕耘、垂钓、陈州放粮等。而今我们从紫色的石质柱础和精美的雕花窗棂上，依稀能窥见当年的华丽，尤其是悬挂于正厅书有“踩草梭镖”的金字匾额，更显得熠熠生辉，不由得让人想起那位武功高强的宅院主人。

来到上里，一定要到白马泉看看。白马泉是一个涨潮没有规律的间歇泉，涨潮时，喷涌的泉水从“龙马”浮雕下汩汩流出，水涌满潭，深不可测，声若雷动，轰鸣震天，退潮时，水位节节下降，水流流向“龙马”浮雕下方的洞内，洞口发出嘚嘚的马蹄声，有若骏马飞驰，甚为离奇。白马泉的水质特别好，有人曾赞它为甘露。掬一捧清澈的泉水，痛快地一饮而下，顿感暑气全消，全身舒畅，尘世间的烦恼全都烟消云散了，它确实是琼浆玉露，清凉爽口，甘美甜润，不同凡响。这清冽的泉水奔涌出来的细流缓缓地汇入了周边峡谷的溪流，形成了上里河，所以说它是上里的命脉，为古镇提供了用之不竭的淡水资源，更赋予了它灵气与神韵。

上里古镇，处处皆是景点，古老的木屋蕴藏了小镇悠久而深厚的历史文化内涵，精巧的古桥成为绝美的风景，精雕细刻、气势恢宏的韩家大院沉淀了一个显赫家族的历史，汩汩奔流的白马泉依旧欢快作响，上里的美千言万语道不尽、诉不完，唯有眼睛可以代替口舌作答，走进上里，你会忘记置评，只想贪婪地把一切收进眼底。

趣闻传说

上里除了美丽的自然风光外，还流传着不少令人难忘的传说故事。据说民间有个人叫幺木槐，原本姓黄，真实名字不详，他五短身材，长得非常结实，跑跳敏捷，身板硬朗，有如山涧“木槐”，因此当地人就给他取了个绰号叫作“幺木槐”。

幺木槐是个勇武之人，善使铜炮短枪，出枪快，而且弹无虚发。他出身贫苦，对同样贫苦的老百姓非常同情，又有一番侠义心肠，因此常常打抱不平、劫富济贫，其行为和侠盗罗宾汉如出一辙。因为他的行为破坏了当地的法治，所以遭到了官府的通缉。

幺木槐武艺出众，又总是来无影去无踪，官府想尽了办法也没能顺利擒拿到他。后来通过买通了一个叫韩翠莲的女子，才使幺木槐落网。韩翠莲模样非常娇俏，她的哥哥时常和幺木槐一起锄强扶弱、劫富济贫，所以她很早就认识了幺木槐，并和他有过一段情。她见幺木槐为人仗义，得了钱财几乎全部分给了穷苦百姓，而自己得不到任何好处，所以官府给了她500两银子后，她就狠心地出卖了幺木槐。

最终韩翠莲和官府里应外合将幺木槐擒获，幺木槐被判了斩刑。行刑那天，当地的百姓流着泪为他送行，一代侠盗就这样死于屠刀之下，但是他的故事却广泛流传了下来，至今为上里百姓津津乐道。

安仁——巴蜀中的公馆王国

安仁取自“仁者安仁”之意，颇具儒家风范。古镇物华天宝、民风古朴，被称作是川西平原上的一颗耀眼的明珠，距今已有一千多年历史了。青砖重瓦的宅院、古色古香的商街，宁静肃穆，它们是特定时代的建筑，生动地勾勒出了宏阔的川西古镇风情画。古镇公馆林立，每座公馆背后都有一个精彩的故事，它能勾起人们关于过去、现在和未来的遐

想，安仁，这个巴蜀中的公馆王国，在引发人们怀古怀旧的同时，又给人们带来了多少启示呢？

安仁是川西风光秀美的一个小坝子，小河蜿蜒、垂柳青青，清风吹过苍松翠竹涛声阵阵，古朴的小镇宛若画家率性地一抹，浑然天成地出现在这样的背景里。宋代诗人文同在游览小镇时立即被眼前的美景震慑住了，忍不住赋诗一首，写下了“引马江头来晚时，好风无限满轻衣。寒蝉噪月成番起，野鸭惊沙作对飞。揭揭酒旗当岸立，翩翩渔舟隔湾归。此间好景皆新得，须信诗情不可违”的旷世佳句。

安仁自然风光宜人，古典神韵更是迷人。街道两旁青砖青瓦的古建筑古朴凝重，院落庄重典雅，人们在老宅里、古街上或居或商或茶饮或吟读，给古镇增添了不少市井气息。旧式街坊屋舍多建于清末民初，尤以民国年间刘氏家族所兴建的建筑最多，包括商街、宅院、学校和茶楼等，身临其中，恍若步入了20世纪30年代。

安仁镇保留了较为完整的三条古街：维星街、裕民街、树仁街，古街上大大小小的公馆群星罗棋布，其中最具代表性的是刘氏公馆。巍巍矗立的刘氏公馆，留下了华屋数百间，内部建有亭台楼阁、假山水榭，繁花竞放，草木生香，环境清幽。行走数十步，映入眼帘的是百亩校园，教室宽敞明亮，洋房鳞次栉比，周围花木扶疏，还有可容纳上千人的大礼堂和十丈擎天钟楼，成为校园最具特色的标志，而今这一名校为国家培养了不少栋梁之材，已经成为当地的最高学府之一。

安仁赫赫有名的刘氏公馆包括老公馆和新公馆，始建于清末，民国末年完成，为中西合璧的风格，被称之为刘氏庄园。整个建筑群落占地七万多平方米，规模宏大，实属罕见，内部装饰富丽堂皇，奢华气派，令人惊叹。庄园内部庭院深深，台阶上印上了斑斑苔痕，亭台楼阁、雕梁画栋随处可见。潺潺的溪水穿过前院、内宅院、后院，为整个公馆增添了活泼的动感。院落之间及院落与花园之间皆用各种花墙隔断，使空间上更富层次感，同时又不影响通透感，达到了“隔墙不隔景”的目的。

刘氏公馆最大的亮点便在于它既沿承了川西豪门府邸的建筑风格，又吸纳了西方建筑手法，布局上以传统的四合院为基本单元，同时把川西民居的特点和欧式建筑风格完美地融合起来，形成独树一帜的中西合璧的建筑风格。内院被誉为“川西第一”的四合院，雕花装饰融入了不少西方建筑元素。庄园内有一座三层的绣楼，造型精妙，风格独特，园门两侧有朱砂色的立柱，顶部饰有白色牡丹浮雕，门楣上镶有上书“祥呈五福”的白瓷板，墙体上挂着名人字画和仕女图，画图中的仕女个个风姿绰约，端庄秀美。

公馆在民国时期是显赫人物的官邸，所以民国政府的首都南京和陪都重庆会出现大量的公馆，整个南京市留存的公馆共有 26 座，可是安仁这个面积仅有半个西湖大小的小镇，却完整地保留了 27 座公馆，这的确是不可思议的。安仁川西的公馆王国，从全国范围来看，一个小镇能保存如此众多的公馆也是极其少见的，而安仁以它数量众多、规模庞大的公馆为我们揭开了 20 世纪 30 年代的历史画页，仅凭借这一点，就足以使安仁古镇从众多的历史文化古镇中脱颖而出。游览安仁古镇，你将感受一个时代厚重的文化，探寻公馆背后的一个个传奇，探访安仁定能让你感觉到不虚此行。

趣闻传说

传说，安仁这块山清水秀、人杰地灵的宝地，是神农炎帝发现的。4700年前，炎帝部落和黄帝部落都生活在黄河流域，两个部落为了扩充地盘，争夺自然资源，进行了一场大战，最终炎帝被黄帝打败，被迫南迁到了长江流域。

炎帝部落背井离乡，出现了水土不服的症状，炎帝看着自己的族人纷纷病倒，被饥饿、疾病和恶劣的环境所折磨，感到忧心如焚。他日夜都在苦思冥想，如何使衣不蔽体、食不果腹的百姓过上丰衣足食的好生活，如何给让那些疾病缠身的人恢复健康，他思考了七天七夜，最终得出一个结论：要想解决眼前的难题，必须继续南迁，直到找到适合人类居住和生活好地方。

炎帝带着他的族人足足跋涉了七七四十九天，他们一路攀山涉水，历经了重重磨难和考验，终于找到了一个水草丰茂、风景优美的好地方，那里地势开阔、风光旖旎、空气无比清新，非常适合人居住，炎帝便带领大家定居下来，他们的定居之地就是古时的荆州，今天的安仁。

炎帝非常关心民间疾苦，为了给百姓治病他尝遍了百草，他还教化民众，发明了农具，促进了农业生产，深受百姓崇敬和爱戴。安仁这块神奇古老的大地，自从得到了华夏始祖炎帝的护佑，不仅山水草木都沾染了灵气，人也神清气爽，渐渐发展成了风景宜人、物华天宝的古镇。

洛带——客家文化码头

洛带是四川的一个客家古镇，始建于三国时期，唐宋时期位列“三大场镇”之首，在中国历史上占据重要地位，然而以前一直鲜为外人所知，近些年来因为原生态的自然环境和浓郁的客家风情引起了非常多的关注，洛带这个曾经默默无闻的古镇，逐渐走进了大家的视野。

洛带背倚龙泉山，前面是一望无际的成都平原。和其他古镇一样，洛带的老街是青石板铺砌的，蜿蜒曲折，两侧是木制的吊脚楼，空气中弥漫着花草的香味，不时能听到软软糯糯的客家话，其韵味不逊色于吴侬软语。洛带是成都近郊保存得最好的客家古镇，走进小镇，一股浓浓的客家文化气息扑面而来，然而却不会让你产生距离感，客家人待人热情，会让每一位造访这里的客人觉得宾至如归。

洛带老街呈“一街七巷子”格局，街道两旁有不少明清风格的商铺，客家美食、传统手工艺品和各种纪念品应有尽有，琳琅满目，令人眼花缭乱。当地风味美食“油烫鹅”、“盐焗鸡”让人垂涎欲滴。民居大部分为单四合院式，门外有小晒坝，用来晾晒粮食和其他农作物，内部有天井和堂屋，屋顶覆盖着小青瓦和茅草，这样的居室通风和采光都十分良好，而且冬暖夏凉，屋前有荷塘，到了夏日，莲花怒放，荷香阵阵，醉人心脾。

客家人讲究饮茶，对居住环境也有较高的要求，将自家的小小庭院装点得雅致宜人，院子里设有假山枯石，还植有各色盆景和绿意葱茏的植物，常有三五好友聚在庭院里品香茗，神情悠闲，格调清雅。

巫氏大夫第是洛带建造年代最早保存得最完好的客家民居建筑，大致始建于乾隆末至嘉庆初，为复合四合院式，以大门为中轴线，布局呈对称排列，主体建筑包括大门、过厅、院坝、前中后三堂、东西花厅、厢房、通街厅道、一个附属小四合院。从格局上来看，四横纵二，小天井和大天井相连，大院落和小院落相通，天井复天井，院落复院落，甚为巧妙。前堂的后天井设有卷棚式的东西花厅，花格木窗上饰有花鸟鱼虫的逼真雕刻，活灵活现，栩栩如生，十分惹人注目。

洛带的居民是来自于广东、湖广、江西、川北等地的客家人，他们的祖先跋山涉水，在此地落地生根，将浓浓的客家文化一代代传承了下去，而今居住在小镇上的客家人依然保留着自己的传统、语言和风俗习惯，而且还完整地保存着最具客家特色的建筑——客家会馆。目前洛带存留的会馆主要有广东会馆、川北会馆、湖广会馆、江西会馆等。会馆能反映出先人移民时期，同族人既相互包容又各自独立的心态，也能反映出不同族群不同的建筑风格。据史籍记载，会馆的功能包括聚嘉会、襄义举、笃乡情等，遥想当年来自五湖四海的移民来到一个陌生的新环境里生活，难免思念故土，有时也会生出“飘飘何所似，天地一沙鸥”的寂寥感，会馆就成了他们缓解乡愁，寻求精神皈依的场地，同乡人聚在一起喝茶看戏，述说人生的苦与乐，漂泊不定的心因此靠了岸。

会馆之中最具代表性的当属广东会馆，它建于清乾隆年间，是广东籍客家人捐资建造的。建筑坐北朝南，戏台、乐楼、耳楼、前中后殿沿着中轴线对称分布，占地面积为3310平方米，可谓规模浩大、气势蔚然。馆内完好地保留了不少意蕴深刻的石刻楹联，比如大殿石柱上那一联，“云水苍茫，异地久栖巴子国；乡关迢递，归舟欲上粤王台”，道出了客家先民在异乡开疆拓土的艰辛以及对故乡的深深思念之情。

可以毫不夸张地说，洛带就是成都坝子最大的一个客家文化“码头”，镇上90%以上的居民都是客家人，他们操着一口地道的客家话，沿袭着客家的习俗，居住在客家风格的老宅中，完好地保留了本民族的特色。如果你想要了解客家人和客家文化，千万不要错过洛带，它将解除你心中所有的疑惑，告诉你什么才是客家生活。

趣闻传说

洛带镇以前叫甑子场，场内有一方清澈的池塘，塘中有一口八角井，井水异常甘美，用来沏茶极为爽口，用来濯面有润肤美颜的效果。井里还有一只东海鲤鱼，肉质无比鲜美，蜀国的太子阿斗听说了有关八角井的奇事，就带着众太监来到井旁，只见有一尾金色鲤鱼穿过石洞在八角井和池塘间游来游去，煞是好看。

阿斗命太监下水捉鱼，众太监纷纷脱掉靴子，挽起裤脚，在池水里到处找鱼，可是那鲤鱼却遍寻不得，阿斗看得非常着急。这时有人高叫了一声“好”，只见有一白发老者甩动了一下钓竿，那条一尺多长的金色鲤鱼就跃出了井，阿斗想要买鱼，老者却执意不肯卖。阿斗命太监把鱼抢来，太监依命行事，阿斗终于得到了那尾漂亮的鲤鱼。

阿斗抱着鲤鱼正得意之际，那鱼却挣扎不休，奋力一摆尾，阿斗连人带鱼一起跌进了池塘，鲤鱼穿过石洞钻进了八角井。阿斗一急，连忙跳进井中找鱼，那鱼却溜进了海眼，不见了。众太监大骇，忙把阿斗从水井里拖了上来，慌乱之中把腰带掉进了井底。阿斗十分恼怒，将所有的过错都怪在那个白发老者身上，正打算找他算账，可是那老翁已经离去了。老翁的垂钓处留下了一方白色绸帕，上面写了一首诗：“不思创业苦，孺子太荒唐。带落八角井，帝运终不昌。”后人遂把甑子场改名为落带镇，后来演变成了洛带镇。

罗城——东方的诺亚方舟

罗城被誉为是“中国的诺亚方舟”，这是一个非常浪漫的联想，它坐落在椭圆形的山丘顶部，主街东西长，南北短，为船形结构，从高处俯瞰，宛若一艘搁浅在山顶上的巨船，因此有了诺亚方舟的称号。诺亚方舟是人类遭遇洪水浩劫之后，仅存的文明之光，代表着未来和希望，而罗城这艘方舟承载的又是什么呢？是逝去的美好过往和原生态的人文风貌，有时候最简单最质朴最原始的生活方式才是最高文明的体现，人类想要走得更远，过得更幸福，往往需要从起点寻找答案。

罗城的老街据说是中国唯一的船形状街道，距今已有三百多年的历史了，东西长为 209 米，南北却仅有 9.5 米，这种奇特的结构极为罕见，尤其是在高处鸟瞰，梭形的街面好似船底，两旁林立的建筑好比船舷，而中部耸立的戏楼看起来更像船舱了，西端的天柱变成了篙竿，整体看起来真是活脱脱的一艘大船。可是因为它停泊在山顶上，不能乘风破浪，它就像洪水退尽靠岸的诺亚方舟，惊险地泊靠在高高的地势上，随时等待肩负起新的使命。

古街两旁是木制的旧瓦屋，商铺、旅馆、茶肆、武馆充斥其间，屋舍临街一侧的屋檐非常宽大，下面用粗大的木柱支撑，搭建成了凉亭式的长廊，人们常常聚在长廊下喝茶、打牌、聊天，像闲云野鹤般地怡然。不时有人拎起锃亮的铜茶壶，在茶客间殷勤地倒水，人们喝上一杯热茶，摆上龙门阵，往往大半天就这样悠然地过去了。几百年来，罗城人就是躲在这特殊的凉亭里享受人间清福，从他们恬淡而悠闲的神情中，我们可以品读到幸福和自由的真正含义，这种宁静和闲适并不是所有人都有机会享受的，上苍把这种平凡简单的幸福赐给了罗城人，同时以诺亚方舟的名义启迪更多的人。

街旁店铺的食品店里处处可见撒满红辣椒、雪白莹亮的豌豆凉粉，红白相衬，煞是好看，入口即化的嫩豆花瞬间就能勾起人的馋虫，切得薄若蝉翼的灯影牛肉和丝丝分明的金丝牛肉，让人一见就大吞口水。罗城最有名的街头小吃当属豆腐干，系列美食栏目《舌尖上的中国》曾经介绍过这一色香味俱全的特色小吃。它的食材取自新鲜的豆腐，切成正三角形后炸至金黄色，然后用刀将其划开一道，把萝卜丝、辣椒、花椒等配料填入，再在红油和醋里浸一下，味道颇富层次感，入口后先尝到酸酸的味道，然后是豆腐的香味，紧接着是萝卜的脆感，最后是辣椒和花椒混合的麻辣味道。

在船形古街的凉亭茶肆里，人们悠然地抽着叶子烟，谈笑风生，品茗闲聊，饿了便吃上一盘酸酸辣辣的豆腐干，可以说他们是四川盆地里生活着的最闲适的人群，外界的烦恼和压力与他们无关，似乎一直受着天府之国的庇佑，这种生活又是多少外乡人梦寐以求的啊。

漫步在石板铺砌的古街上，细数着一百多根支撑凉亭的旧圆木，呼吸着自由清润的空气，感受古镇闲适的气息，不禁对罗城人生出一种羡慕的情绪。现代的都市人生活在被钢筋水泥阻隔的空间里，人与人之间最真挚最温暖的情感似乎越来越难寻了，于是人们越发怀念古老的旧时光，而罗城就是这么一个适合怀旧和寻找温情的地方。

古镇的北郊有一大湖，湖中有成群结队的野鸭在调皮地戏水，岸边有十多个林木葱郁的岛屿，翠竹、绿树蔚然成林，湖畔右侧的铁山脚下，绵延着一片茂密的松林，栖息着两万多只白鹤，景色十分迷人。

在罗城，有最特别的古街，最麻辣的小吃，最闲适的生活，还有锦上添花的美丽湖泊，作为东方的诺亚方舟，它记述的不是有关救赎的史诗，而是风平浪静之下，人们最惬意最闲适的生活方式，如果说自由是一种高度发达的文明，那么罗城的一切都能代表人类文明的硕果。

趣闻传说

罗城古镇最大的特点莫过于那条船形老街，中国诺亚方舟的名号也是因此而来的。那么当地人为什么要把街道建成大船的形状呢？当地流传着这样一个传说：

相传，在明崇祯年间，有个外地人张秀才来到了小镇上，有一天他坐在茶馆里喝茶，见茶客们边饮茶边摇头叹气，临行时还把杯里的水喝得干干净净，觉得很是奇怪，便问邻座的老者究竟是怎么回事。老人长叹一声说：“镇上缺水呀！”张秀才这才明白了其中的缘由，沉吟良久后他一口气说出了四句口诀：“罗城旱码头，客商难久留。若要不缺水，罗城修成舟。”

众人都觉得此言有理，一致推举张秀才做造船的带头人。张秀才也不推辞，带领数百名能工巧匠花了两年多的时间修建出了一条船形的大街，方圆百里的人听说罗城人在山顶修筑了一艘巨船，非常稀奇，都想过来一探究竟。因为看船的人络绎不绝，小镇因此繁荣起来，因为打破了闭塞的状态，罗城人再也不用为吃水发愁了。

阆中——唐宋格局，明清风貌

我国素有“南丽江、北平遥、东歙县、西阆中”的说法，可见阆中历史文化名镇的地位。三国猛将张飞镇守阆中七年，镇内至今屹立着纪念他的庙堂，精美绝伦的滕王阁可媲美一代才子王勃笔下歌咏的江西名楼。此外阆中自然风光宜人，四面群山环抱，嘉陵江绕城三方，素有“阆苑仙境”、“巴蜀要冲”之誉，诗人杜甫在这里留下了“阆州城南天下稀”的千古佳句，陆游曾赞叹道：“城中飞阁连危亭，处处轩窗对锦屏。”优美的自然环境和灿若星辰的文化遗迹，成就了阆中无与伦比的独特魅力。

阆中的特点可用“秦砖汉瓦魂，唐宋格局明清貌；京院苏园韵，渝川灵性巴阆风”来概括，这座古老的城池因为历史悠久，得到了丰厚的馈赠，不但孕育出了光辉灿烂的文化，还完好地保留了宋、元、明、清四个历史时期的民居及文化古迹。古城迄今已有3000年历史了，1.78平方公里的土地上，密布着90条古街古巷、数十座楼阁祠寺以及无数座融京味、江南韵、巴蜀风于一体的特色院落，整座古城就是一座云集了大量古建筑的博物馆。

古城的入口矗立着一座状元坊牌坊，它是古城的标志性建筑，阆中这座历史文化名城，也是闻名遐迩的状元之乡，实行科举以来，整个四川省涌现出了15名状元，而阆中这个小城就占了4个名额。状元坊是为了纪念阆中高中的状元而建的，屹立于学道街与状元街的交汇处，因民国时遭到拆毁，现在的状元坊是重新建造的，它气势宏伟，高度超过20米，两侧的横梁上书有四位状元的名字，游人至此莫不驻足观赏，有的还拿出相机合影留念。

古城西街建有张桓侯祠，也就是张飞庙，是当地人为了纪念一代骁勇善战的三国虎将张飞而建。主体建筑沿中轴线分布，由山门、敌万楼、牌坊、大殿、后殿、墓亭、张飞墓和墓后园林组成，占地面积为六千六百多平方米，规模宏大，山门为悬山式屋顶，大门檐下悬有书法家赵朴初题写的“汉桓侯祠”的匾额，门前有一朵庄严威武的石狮。穿过大门，映入眼帘的是构造精巧的敌万楼，檐下高悬着书有“灵庥舄奕”、“万夫莫敌”、“虎臣良牧”等字样的巨匾，是对张飞这个历史人物的中肯评价，据《三国志》记载，张飞“称万人之敌，为世虎臣”，是一员骁勇善战的虎将。

穿过敌万楼，气势宏伟的大殿赫然出现在眼前，踏道两旁和明阶前的石栏雕琢着花卉、动物等精美的图案，装饰十分典雅。端坐于大殿神龛之内的张飞塑像手持玉笏，豹眼环睁，蚕眉直竖，显得威风凛凛。祠内还陈列着大量的历史名人的碑刻匾联，体现出了阆中深厚的历史文化沉淀以及人们对张飞这一历史人物的热爱。

阆中另一处备受瞩目的建筑便是赫赫有名的滕王阁。提起滕王阁人们马上会想到王勃笔下那座雄踞赣水之滨的“滕王阁”，其实滕王阁并不是江西南昌独有的，除了王勃当年登临的那座滕王阁，中国还有两座滕王阁，分别位于山东滕州和四川阆中。这三座滕王阁都是唐高祖李渊第22子滕王李元婴建造的。南昌的滕王阁因为王勃吟诵的千古绝唱《滕王阁序》而誉满天下，阆中的滕王阁因为杜甫在《滕王亭子二首》、《玉台观二首》中描绘而声名鹊起。

阆中玉台山上的滕王阁距今已有一千三百多年历史了，它坐北朝南，威严屹立，俨然一座王宫式的建筑，阁前有一座六层螺形石质的佛舍利塔，还有两处荷花池，池内荷花绽放，鱼儿嬉戏，引得许多游人驻足。阁内雕梁画栋，奢华气派，装饰得金碧辉煌。沿滕王阁右侧步行数十步，可见一刻满诗文的爬壁长廊，由杜甫所作、邵元善所题写的《滕王亭子》显得十分显眼，运笔苍劲有力，潇洒写意，配上杜甫沉郁的诗词，视觉冲击力十足。

徜徉于阆中古城，唐宋格局、明清风貌的布局不禁令人连连称奇，古祠、古街、古楼与森森的古树浑然成为一体，显得大气、沧桑、素雅、宁静，这就是一座千年古城独特的诱人气质。靠近它，你便会不由自主被它所俘获，任思绪疯狂迷乱地穿梭古今，似乎眨眼间来到了大唐盛世，没过多久又来到了宋朝的大街上，等到你目睹完明清时代的图景，收回思绪，已经到了月落乌啼时分，晨时醒来大有一梦千年的感慨。

趣闻传说

阆中人杰地灵，人才辈出，民间至今流传着许多关于杰出人物的历史故事。

秦末阆中出了个巴人领袖，名叫范目，公元前206年，范目带领着七姓巴人响应汉王刘邦，立下赫赫战功，刘邦封他为长安建章侯，打算让他率军远征关东，与项羽一决雌雄，但范目麾下的巴人都思乡情切，不愿意远赴他乡作战，范目便请求刘邦让他们回归故里。刘邦不好强人所难，就改封范目为慈凫乡侯（因范目是阆中慈凫乡人），范目不喜欢邀功，所以固辞不受，刘邦又改封他为渡沔侯（因范目是渡过沔水出兵帮助刘邦作战的），并免除了参战巴人士兵的税赋。范目被封侯三次，所以人称“范三侯”。

范目不仅对大汉的军事行动产生了影响，还影响到了汉室的宫廷文化。范目和巴人将士迎战时，运用的是巴人“前歌后舞”的战法，那是巴人当初帮助武王伐纣时的军前舞。刘邦对此舞印象深刻，于是命乐人学习，巴人的军前舞得以传入了汉宫，被命名为巴渝舞。巴渝舞就这样从战场上的军前舞演变成了汉宫的宫廷舞，此后每每有边疆民族来朝贺，皇室都通过表演此舞来显示国威。

福宝——盐道古驿，山地民居

福宝镇坐落在山水的怀抱里，它依山而建、三面环水、五桥相通，有“一蛇盘三龟”、“五桥锁二江”之说。古镇悠悠，青山苍茫，河岸翠竹摇空，这景象就像一幅未干的水墨画，新鲜如斯，目光所及之处，都是定格的美景，你不想也不愿眨眼，担心错过一秒钟，自己就会醒来，而眼前的一切皆是梦境所造。

福宝是一个原生态的小镇，这里没有仿古的复制品，也没有任何翻

修的痕迹，最大限度地保留了它的自然风貌，青石板街坑坑洼洼，依山势起伏的木制吊脚楼依次排开，显得古老而沉静。黑色轻薄的屋顶肃穆而雅致，与高大结实的白色墙壁形成了鲜明的对比，层层叠叠的屋顶富有音乐般的节奏感，粉白的墙体于宏大中透着细腻的质感。房屋两侧的木板夹壁微微倾斜，梁上挂着艳红的灯笼，成了应景的点缀。这里的一切都像凝固了的历史，完全屏蔽于现代文明之外。

白色溪迂回而下三面环绕着古镇，镇上古老的民居鳞次栉比，既得山庄之雄奇，又收揽了水乡旖旎的风光，有人说福宝是活脱脱从山上长出来的村庄，野趣盎然，浑然天成，有人则认为三水汇流的奇景成就了福宝风水宝地的美名。无论如何，福宝的选址是完全符合自然的，放眼望去山川秀丽，溪水澄澈，一排排千姿百态的吊脚木楼顺山势沿河而立，组成了一幅天然的田园山水画。

全镇现存最完整的一条古街，叫作回龙街。白色溪环其三面，把古街圈成了半岛形状。溪上横跨着一座座小桥，最为知名的是一座长约 25 米的石拱桥——回龙桥。回龙桥是当时福宝大漕河唯一的一座石桥，小桥中部镌刻着一条栩栩如生的龙，桥面是大青石铺砌的，显得古朴典雅，桥下水波粼粼，桥畔芳草萋萋，景色恬静如诗，美如画图。

回龙桥连接着古街区，即回龙街，回龙街大多为明清时期的建筑，民居、文坛、宗祠、茶馆、酒肆、钱庄、公馆应有尽有，而且各具特色，别有韵味。因为各色建筑大都临河而筑，为了防范水患，多为干栏式建筑，形成排排而立的吊脚楼。平平仄仄的古街巷，高低错落的吊脚楼，给人在视觉上形成跌宕起伏的感觉。难怪有人称赞小镇是“凝固的空中交响乐”。

福宝镇的建筑具有艺术特色，美食也独具风味，福宝豆腐干的制作工艺就发源于这里。唐宋时期，福宝镇是盐马古道的一个重要驿站，盐商和马帮需穿行两百余公里的森林山道才能到达贵州一带，经过福宝时，他们将豆花滤尽窖水，做成豆腐，撒上盐在锅中烘干，便成了一道简单的菜肴。到了天寒地冻时，人们常在路旁的岩腔中生火取暖，顺便把又冷又硬的豆腐块放在炭火上烤热，这样它吃起来口感就好了许多，这就是福宝豆腐干的由来。

福宝豆腐干色泽酱黄、口感细嫩，香味浓郁，是一道炭火烤出来的传奇美食。央视《走遍中国》百集系列片《中国古镇》专门以“盐道古驿，山地民居”为主题详细介绍过福宝古镇，对烧豆腐的产生、盐道的历史、古镇的魅力等有过精彩的解读，使更多的人从另一个层面了解了福宝古镇的历史文化底蕴。

福宝古镇无疑是座宜居的小镇，这里风光旖旎，充满山野情趣，又有驰名全国的美食——福宝豆腐干，能在这样一个地方生活，定然是件幸福的事。由于地处偏僻，这里不会受到外界的打扰，你丝毫不必担心嘈杂的气息入侵。它是古朴和清幽的，以前是，现在亦然，它的风貌或许会一直保持下去，最适合放逐自己，寻找返璞归真的感觉。福宝是静谧的，但并不沉闷，民间艺术多种多样，演灯戏、对山歌、打连枪、耍花灯、舞狮子等民俗活动，定能让你大开眼界。生活在福宝，是快乐的、怡然的，即便没有机会定居在这里，有幸探访这座古镇，也会幸运地沾染一点福气。

趣闻传说

福宝是块名副其实的福田宝地，那么福宝的名称是怎么来的呢？据说和民间流传甚广的一个凄美的传说有关。

相传在遥远的古代，这里生活着一户本分善良的人家，家中有个叫秀娥的年轻女子，她美丽贤淑，不仅经常无私地帮助乡邻，对陌生的过客也常施以援手，甚至对受伤的小动物也呵护有加，曾经救过不少鸟兽，深受当地人喜爱。有一年大漕河流域连月下雨，阴雨连绵不绝，河水水位暴涨，形成了水患，疫病伴着洪涝灾害开始流行起来。

秀娥的居住地却风调雨顺，丝毫不受影响，过往路人都啧啧称奇，说这里是一片福地。但是在很多时候福祸是可以相互转化的，这里虽则没有受到洪灾和疫病的威胁，却被人搅得天翻地覆。盗贼发现这处宝地后，轮番来抢劫，秀娥的家里遭到了洗劫，家畜都被抢夺一空，连菜园里的蔬菜也被拔净了。丈夫因为急火攻心病倒了，儿子活活饿死了，婆婆整日以泪洗面，哭瞎了眼睛。整个家眼看就要垮下来了。

秀娥肝肠寸断，流着泪在河畔为夭折的儿子挖墓坑，边挖土边哭述，将心中的种种委屈和痛苦倾泄出来。挖着挖着，只听“咣当一声”，挖到了一个异物，原来是一块坚硬的卵石，那卵石光滑莹润，色泽瑰丽，仿佛聚集了天地间的灵气，一看就是个宝物。秀娥把卵石带回家中，奇迹发生了，她即将下葬的儿子复活了，辗转病榻的丈夫康复了，失明的婆婆也能看见东西了，空空如也的粮仓又堆满了粮食，全家人沉浸在幸福的喜悦之中，不敢相信眼前的一切。

秀娥知道这些福泽都是卵石带来的，为了让更多的人得到福佑，她每天走街串巷送福运，所过之处云销雨霁、枯禾转青、病人自愈。她不知疲倦地游走四方，脚磨破了，汗也流尽了，有一天忽然刮起了一阵大风，把卵石刮走了，眼见卵石滚落到了山腰上，但她已经精疲力竭了，只得坐下来休息，不知不觉竟沉沉睡去，化成了一块大石。人们认为秀娥的化石之地就是一块宝地，于是纷纷来到这里定居，并将此地命名为“福宝”。

重庆

中山——时光雕刻的历史文化名镇

中山古镇俗称三合场，曾是一个繁华的水码头，历史悠久，建筑古色古香。它背山临水，清澈的笋溪河沿着老街静静流淌，这座被溪水滋润着和抚慰着的小镇，显得宁静而鲜活。从土家吊脚楼的窗外望去，青山如墨、小河悠悠，古寺、古桥、古堡、古民居点染其间，美得难以描摹。

远远望去，小镇上的古街有如画家勾勒出来的，它从一片翠色中蜿

蜒而至，临河而筑，在笋溪河的最窄处架起了一座简约的石桥，它是由两块厚重的石条铺砌的，坚固实用，方便两岸的人来往。它的美就在于它的天然和粗糙，不假雕饰，浑然天成。河岸的岩石嶙峋错落，裸露着原始的质感。

从石板桥上走过，一条层层递进的老街就出现在眼前。商街依山势而建，高低起伏自有韵律，纵向长一千多米，风雨场的过街建筑几乎都是封闭式的，这是因为川东地区阴晴不定，这种设计主要是为了方便当地人躲雨，即使天气骤变，人们也不必担心被淋湿。看外面雨丝飘飘洒洒，听雨滴打在地面上清脆的声音，丝毫不会困窘，反而别有一番情趣。

街道两旁的建筑多为双层结构的吊脚楼，底层是商铺，楼上是居室。屋宇皆是青瓦盖顶，圆柱承重，竹篾夹墙，木柱、木板、木门，一派原汁原味的巴渝风韵。所有的店铺都是临街而设的，茶馆、食品店、古玩店、字画店、布匹店、工艺品店、药店、铁匠铺应有尽有，镇上的居民用竹篾和苎麻编制成精美的斗笠和小草鞋，做工精致，深受游客欢迎。自制的腌海椒、糯米糍粑、熏豆腐干等风味独特，是当地最具特色的美食。稻壳烤豆腐是尤为令人印象深刻的一道美食，一块块鲜嫩的豆腐摆在竹篦子上，下面用稻壳烘焙，用这种制作方法烤熟的豆腐外焦里嫩，口感非常好，尝一口便念念不忘。

当夕阳给黛青色的街面镀上一层金色时，古镇顿时有了生机。踏着青石板路一路前行，空气中弥漫着好闻的药香和食物散发出来的诱人香味，铁匠铺里火星飞溅，打铁声叮当作响，屋檐下的白发老者安然地望着过往的行人，似乎也在欣赏夕阳美景。暮年中的人心态更加宁和，眉宇间是淡淡的笑意，不由得想起了巴金翻译的一篇很美的文章《春天里的秋天》："秋天，在我棕色头发中间，已经出现了几根银丝，秋天夺去了我面颊上的玫瑰色……春天在秋天里微笑了；眼儿更灿烂的发亮了。真率的乐观主义抚慰着心儿。老年的人看见了自己的童心，便宽恕了青春的轻浮行为；青年人带着虔诚的了解望着白发的前辈……"想象着自己就在中山的老街上慢慢老去，是否也会变得像目中的老者那样安然自在、平和而慈祥呢？

岁月如歌，千年古镇如今已失去了昔日的商业繁荣，可是却存留下了大量的历史珍迹和文化瑰宝。中山汇聚了大量古庄园、古寨、古堡、古寺庙、古桥、古墩等古建筑，境内至今存有 9 座古庄园，最具代表性的是枣子坪庄园和龙堂庄园。枣子坪庄园始建于清末，距离老街仅有 850 米之遥，占地面积多达 4000 米，规模宏大，内部设有花厅、天井、花台、戏楼等，花厅、窗棂上饰有精美的浮雕、镂空雕，做工精细，形象生动，并富有故事情节。龙塘庄园坐落在距老街 900 米的地段上，建筑面积为 3500 平方米，粉墙青瓦，斗拱、顶梁上饰有漂亮的雕花，庄园内建有花园，四周绿树葱郁，引来成千上万的白鹤、白鹭在此栖息、嬉戏，这些优雅迷人的鸟类从不避人，愿意与人为乐，形成了一幅温馨美妙的风景画。

“莫道珠宝无人识，黄沙吹尽始见金”，昔日三合场，今朝中山镇，繁华谢幕后，它依然光彩依旧，整个小镇透着幽古的气息和别样的风情，历经千年沧桑，它魅力不减，等待着人们去领悟和体验。

趣闻传说

在中山，流传着一个广为人知的爱情故事，它比杨过和小龙女的故事更令人动容。痴情的杨过苦等了小龙女16载，而中山镇的男主人公却守候了女主人公整整半个世纪，他为了爱情，和她私奔到了深山，并在悬崖峭壁上凿出了六千多级通往外界的石梯，这石梯后来被人们称为“爱情天梯”，而他们的旷世绝恋也因为这石梯罩上了浪漫凄美的色彩。

男主人公叫刘国江，是中山古镇一个淳朴的农家青年，女主人公叫徐朝清，比他大十岁，是当地有名的“俏寡妇”，膝下有四子。两人是姐弟恋，那时乡人观念十分保守，无论如何都不可能祝福一个男青年和一个大龄寡妇的爱情，为了躲避闲言碎语，刘国江拉起徐朝清的手走进了与世隔绝的大山。从此他们远离了现代社会，盖起了茅屋，与青山绿水相依，与野生动物为伴，靠野菜充饥，在艰苦的条件下养大了孩子。

为了让爱人能安全下山，刘国江在石壁上凿出了六千多级阶梯，这些阶梯是他半个世纪的劳动成果，也是半个世纪旷世情缘的见证。昔日年轻健壮的小伙子变成了老态龙钟的高龄老人，而从前俏丽动人的姑娘也变成了华发苍苍的老妪，直到2001年中秋，一对户外旅行者发现了他们，他们的故事才为外界所知。人们惊叹于爱情力量的伟大，天梯传奇的浪漫爱情童话并不是影视作品的杜撰，而是活生生的现实，六千多级石梯在大山中绵延，书写了一段长达半个世纪的姐弟恋，这是多么震撼的事，可是它就发生在中山，中山古镇也因为这个感人的爱情故事而多了份神秘浪漫的气息。

龚滩——乌江之滨的天然画廊

龚滩坐落在乌江江岸，既有天光水色的秀美和乌江画廊的美丽景致，又有惊涛拍岸的轰鸣声，浪花喧哗而去，总让人联想到万马奔腾的壮阔画面。然而它自古以来就是一个险滩，险峻的水路航运，造就了一大批身强力壮的纤夫，川江的号子声久久地在峡谷间回荡。龚滩，一个古老的水陆码头，曾孕育过数百年土司城的辉煌，吴冠中也曾在这里得到灵感，创作了著名油画《老街》、水彩画《乌江老街》，并用唐街、宋城来形容这座具有一千七百多年历史的古镇。小镇遗存一百五十多堵封火墙、两百多座幽静的四合院，五十多座别具一格的吊脚楼，成为乌江江畔古朴壮丽的一道风景。

龚滩西岸，地势奇险，悬岩耸立，直指云霄，悬岩之上，鸟语声声，古木参天，云遮雾绕的山峦，刀劈斧刻般的岩壁，给视觉以无可比拟的震撼。碧波荡漾的江水哗哗地流淌着，有着浩浩汤汤的气势。湍急的江流体现出大自然声势浩大的气魄，映衬着对岸高耸的岩壁，显得极为绮丽和壮美。临崖高挑的土家吊脚楼面江而立，推开木窗就能看到奔流不息的乌江水。土家人日日枕水而眠，享受着美妙的音乐。放眼望去，浩渺的江波和巍峨陡峻的山崖，蔚为壮观，在大自然鬼斧神工描绘的巨幅画卷中，人渺小如一粒浮尘，不免赞叹宇宙的广大和天地的雄奇，这种感觉是非常微妙的。

龚滩的吊脚楼始建于南宋时期，至今屹立不倒，其经久耐用的程度连都市中的高楼大厦都不能与之媲美。吊脚楼依山势而建，高低错落，起伏有致，就像铿锵和谐的音符。所有民居均是木质结构，一般有二至三层，也有四至五层的，木楼悬空而立，楼下以圆木支撑，楼与楼之间间隙较小，但是先民们依照地质变化巧妙地利用空间，使得整片建筑空间利用最大化，不但坚固而且美观，饱受岁月侵蚀、江水侵袭，依然卓然挺立。吊脚楼还颇具艺术美感，临江的万字花格窗花样变化繁多，匠心独运，成为一景。形态各异的吊脚楼都有一个美丽的名字，如望牛郎山的织女楼、数吨重的鸳鸯楼、亭台楼阁式的绣花楼等。

龚滩最具特色的景观除了吊脚楼以外，就属青石板铺砌的老街了。古镇处于乌江和阿蓬江两江交汇处，万仞峭壁之下，整个小镇只有一条曲曲折折的石板街，它有两公里长，是长江沿岸目前保存最完整的古街。经过多少岁月变迁、人世沧桑，已经被踏磨得青幽如玉。先民们的脚板在上面走过、一双双草鞋或布鞋在上面走过，它是那么的静默，直到一双双皮鞋打破了它的沉寂。光滑的石板路上没有车马的喧哗，就像绘画大师吴冠中在画中描绘的那样富有诗意美感，它是唐风宋骨的精华，怎能不惹人遐思呢？

现在的古镇一如既往地古朴和宁静，悠闲的老人头上扎着白布帕，笑起来满脸的皱纹都舒展开来，幼童缠着鲜艳的红衣戴着可爱的三角帽在门外嬉戏玩耍，纤夫悠然地吸着市面上很少见的自制土烟，身形健硕，脸上留下了时光的印记……土家人的生活是简单的，但也是丰富多彩的，每年旧历正月初九，当地居民舞龙灯舞狮子，热闹非凡，端阳节还有赛龙舟的活动。土家人还非常热情好客，常用盐茶、羊油茶、油碟糟、酿海椒、酥食、米花等地方小吃款待远方来的客人。古镇特有的韵味让每一位慕名前来的游客长久流连，不忍离去，它是人们心底永远的一个梦，使人宁愿沉醉不愿醒。

趣闻传说

龚滩因何得名，民间流传着各种说法，至今众说纷纭，莫衷一是。有一种说法是龚滩的得名和古时的一个姓共的氏族首领有关。他为了避难奔逃到了乌江大山，安家落户之后改“共”姓为“龚”姓，过起了隐姓埋名的低调生活。“龚”是“共”的谐音，取意为共氏后裔，多了一个龙，表明共氏子孙乃是龙的传人。首领的后人世代栖居在乌江之滨，由于他们都姓龚，所以该地就被命名为龚滩。

龚滩的命名还与一个动人的神话传说有关。相传龚滩之畔的两江——乌江和阿蓬江，是由大小两条龙凿出来的，乌龙开凿了乌江，它体型健硕、力大无比，从黔东北出发，蜿蜒向重庆东南方向挺进，最后到达了渝黔交界地带，所过之处即成大江。阿蓬江是阿龙开凿的，它体型太小，力量不济，朝渝东南方向没走多久就已经力气衰竭了，两条龙最后在渝黔交界地带汇合，它们逾越了高高的峡谷，途经之处就形成了水势湍急的险滩，人们称其为“龚湍”，也管它叫“龚滩”。把两条龙说成龚滩的缔造者，无疑是给这块地势奇险、风光如画的小镇蒙上了一层神秘的色彩，其实龚滩是大自然的杰作也罢，是神龙的伟大工程也好，它的存在本身就是一个奇迹，游览龚滩美景，就是见证奇迹到来的时刻。

涞滩——亦刚亦柔总关情

涞滩给人的感觉亦镇亦寨，它三面都是悬崖峭壁，地势险要，是一个“一夫当关，万夫莫开”的雄关瓮城，就像一个象征着力与美的阳刚武士，威风凛凛，具有一种神圣不可侵犯的威仪。可是那绕镇而过的一弯秀水，青渍灰墙上的精致雕花，又赋予了它女子般的妩媚。这是一个梦里才会走过的古镇，刚柔兼济，钢骨柔情，既能激起你的豪情壮志，又能引起你的无限爱怜。

古镇历史非常悠久，宋代时已经初成规模，它临近渠江，风光优美，平静的江面上，波光粼粼，日出如诗，月升如画。旭日东升时，景象颇似白居易描写的“春来江水绿如蓝”，而皎月当空，一轮月影和镇上的风景全都倒映在水波上，更多了几分朦胧和苍茫的美感。更绝的是站在渠江河畔仰望涞滩，远远望去整个古镇就如同一只凌空展翅的苍鹰，气势凛然，教人惊诧。

涞滩古城门，森严肃穆，四座城门呈十字对称格局，寨墙以半米多长的坚硬条石砌成，墙高达 7 米，别具古味特色。高耸的寨墙如蛟龙盘踞山势之间，其势巍峨，又凝聚了历史的厚重感，靠近它，你会不知不觉放慢脚步。寨墙之内，坐落着许多狭长的石板街巷和青瓦小木屋，给人以朴素宁谧之感。

涞滩分为上涞滩和下涞滩，两者咫尺相望，一高一低，一刚一柔，气质截然相反，却互为辉映，饶有趣味。上涞滩雄踞山巅，有龙盘虎踞之姿，十分壮美，下涞滩位于渠江江畔，紧邻渠江码头，显得亲切柔和。上涞滩面积比下涞滩要大得多，人口规模也大于后者，建筑物也更为密集。下涞滩的老街和建筑都较为平民化，青石板路凹凸不平，坑坑洼洼，两侧伫立着古朴的木房子，清一色青瓦盖顶，屋脊上饰有各色图案，是瓦片和三合土镶砌而成的，门窗为凝重的黑褐色，与洁白的墙面形成鲜明的对比。古镇的民居错落有致，老街老巷清幽古朴，靠近小镇明清风格的建筑群落，你不禁会为那些精雕细琢的雕栏而惊叹万分，这个有着“水码头”之誉的小镇，因为精湛的雕刻艺术显得更为玲珑娟秀了。

镇上遗存了不少古庙古寺，最著名的古寺当属雄踞山顶的二佛寺。阳光普照时，悬崖峭壁上的琉璃瓦顶显得金碧辉煌，该建筑依山临河，周围山峦叠翠，古刹在渺渺云烟中若隐若现，显得神秘而古远。每当夕阳西下时，站在寺山门前，就可将整个下涞滩的景色尽揽眼底。西侧是熠熠生辉的大殿金顶，东边是晚霞笼罩下的美丽田园，袅袅的炊烟慢慢升起，一派宁和的景象。

二佛寺的上殿占地面积为5181平方米，居于鹫峰山顶，山门、玉皇殿、大雄宝殿和观音殿位于中轴线上，两侧设有社仓。大雄宝殿内的四根石柱足有13米高，峭拔挺立，令人望而生畏，山门牌坊上雕刻着精美的浮雕，堪称建筑史上的珍品。二佛寺的下殿位于鹫峰山崖，寺内的摩岩造像堪称稀世精品。图案别开生面，故事离奇，雕工细致，装饰精致华美，被誉为石刻艺术的宝库，著名石刻专家段文杰先生题词说："涞滩摩崖造像，宋代石刻艺术的精华"，"涞滩罗汉造像，石刻艺术的瑰宝"，足见涞滩摩崖造像巨大的艺术成就和观赏价值。

涞滩不像丽江、凤凰、周庄等古镇那样名声在外，它就像一个深居闺阁中的羞涩少女，神秘而秀雅，所以人们更迫切地想要一睹它的风采。涞滩的美在于它气质上的矛盾性，从山顶上向下眺望是一望无际的滚滚江水，颇有几分"大江东去，浪淘尽"的雄浑之感，而鹫峰山上的古镇、古寺，气势恢宏，粲然可观。可是抛开宏观的意象不说，从微观上观察涞滩，它又是细腻和柔和的，多情的渠江、江上过往的片片扁舟，以及古雅的民居和精细入微的雕刻，都给人以柔美之感。品读涞滩，你将领略哲学上的对立统一之美，同时在如画的风景里尽享旅行之乐，能够拥有这样的体验本身就是一种福祉了。

趣闻传说

相传同治元年（1862年），涞滩瓮城刚刚完工，便有匪帮前来攻寨，足有2000兵马。发动进攻前，匪帮派出二十多个探子来探寨，只见主城和瓮城无人把守，瓮城只有两个扫地的老翁，于是便大摇大摆地冲进了瓮城，大步流星地向主城挺进。孰料，刚刚走进瓮城，城门立时关闭，只见燃烧的柴草散发着滚滚浓烟向他们抛来，探子个个猝不及防，被烧得狼狈不堪。结果只有两个人侥幸逃脱了，其余人均被活捉。

这次空城计效果出奇成功，跑掉的探子向匪帮头目报告了军情，匪帮探子又派50名悍匪发动了第二轮进攻。匪徒们这次是有备而来，将自己的衣服全部浸湿了，前面的匪徒还披着湿被子以防遭遇火攻。但这次瓮城城门紧闭，匪徒只好爬云梯进城，刚刚爬到一半，瓮城上的守卫就开始向他们抛掷滚烫的瓦罐，匪徒们纷纷被烫伤，叫苦不迭，最后只好灰溜溜地逃走了。

次日凌晨，匪帮头目亲自带领手下强取瓮城，行至距瓮城半里之地，就受到了瓮城守兵的猛烈进攻，两枚重炮落下，匪徒死伤无数，匪帮被迫停止前进，欲等天亮再看个究竟。天明一看，城楼上布设了二十多门大炮，刀枪林立，猎猎旌旗飘扬，匪帮不敢再轻举妄动，再次狼狈逃窜。其实城楼上只有两门大炮，其余都是用染黑的席子做成的炮筒伪装的。守城的将士通过与匪帮的斗智斗勇，保卫了涞滩古镇。

偏岩——独具风韵的原生态古镇

偏岩古镇是诗情画意的真实再现，黑水滩河紧紧萦绕着它，河岸盘根错节的老树参天挺立，伸出绿色的巨伞掩映着傍水而筑的屋舍，人们悠然地在河畔浆洗、垂钓，一派江南水乡的景色，可是错落有致的吊脚楼却明显属于巴渝人家。这里的景致和人文气息都是独特的，它

有着江南水乡古镇的风韵，更有自己的特色，它既没有丽江的妖娆，也没有凤凰的喧哗，而是一座由小桥、流水、木质吊脚楼、石板街和黄葛树组成的山野古镇，宁静而朴实无华，却最接近美的真谛。

站在高处远眺偏岩古镇，繁茂高大的黄葛古树下，一幢幢别具风韵的木屋瓦舍点缀其中，流水隐隐，小桥绰约，桥下是蜿蜒的黑水滩河，在河水的冲击下，形成了许多沙石浅滩和小岛，清灵灵的河水环绕而过，黄葛古树屹立河畔，翠色葱茏，遮天蔽日，据说古镇最古老的黄葛树树龄在 300 年左右，华盖亭亭，庇荫数百平方米。古镇共有数十株黄葛古树雄踞河岸，与涓涓而流的黑水滩河互相辉映，构成了一道独特的风景线。

最受人瞩目的古树是位于鸳鸯桥桥头的夫妻树，人们为了稳固河堤、美化环境，便在小桥南北两侧的桥头各栽种了一株黄葛树。天长日久，两株树越发繁密高大，逐渐向对方靠拢，伸出的树干和茂密的树枝在上空交叉生长，形成相依相偎的姿态，给人们以无限的遐想。两树盘根错节的老树根穿过了桥面底部，已然融为一体，成为了古诗中所歌颂的连理枝。两树夹一桥构成的画面就像一对缠绵的眷侣深情凝望，它们的根在地下紧紧相连，叶子相触在云端里，微风拂过，树叶沙沙作响，那是它们在互相致意，没有人能听懂它们的甜言蜜语，可是它们紧紧相拥的姿态已经感染了无数人。

游人在此驻足，画院的学生在此写生，摄影师用光影和胶片记录自己的感动，或许就像一千个人眼里有一千个哈姆雷特一样，每个人对这对黄葛古树的看法可能不尽相同，但是对爱情的理解却有惊人的一致之处，两株守候了对方数百年的古树，怎能不让人想到地老天荒这个词呢？

走进古镇，一股古朴、恬淡的气息扑面而来。沿河而筑的青石板街，长约 400 米，走在街上即可享受到水景和河风，很是惬意。街道两旁的建筑多为木石结构，木梁为架，垒石为础，屋顶为硬山顶或悬山顶，撑拱、栏杆、吊柱、撑弓上、花窗均有精致的雕饰。小楼底部为商铺，开设为茶馆酒肆或食品店，上层为住宅楼，为典型的吊脚式穿斗房，靠木

柱支撑悬空而立，既节省地面面积，在空间运用上又达到了“让出三尺地，多占一份天”的理想效果，同时将典型的巴渝建筑风貌淋漓尽致地体现了出来。

木楼清一色黛瓦素墙，清新古朴，清雅宜人，店铺里的陈设也是古色古香，色彩厚重的古椅古桌古雅而精美，和整个古镇典雅庄重的氛围显得十分调和。倚着吊脚楼的护栏，可以近距离地亲近悠悠流淌的黑水滩河，倘是有兴致还可凭栏垂钓，还可循着黄葛树，静听鸟鸣蝉唱、流水潺潺，享受田园生活之乐。最有趣的莫过于顺着吊脚楼直下，挽起裤脚来到黑水滩河寻蟹捉虾，重拾童年的欢乐时光，感受返璞归真的乐趣。

在老街中部，最引人注目的木造楼宇当属九合栈，据说是主人为勉励膝下九子团结和睦而取名“九合”。它是偏岩最高的建筑，为三层结构，在古镇中鹤立鸡群，屋顶到临街水平面约有 15 米高，气度非凡，临街一侧有双层吊脚楼，楼阁花窗和吊楼栏杆雕饰精美，图案华贵大方。九合栈历经两百多年的风雨沧桑，已经壁旧楼空，现出颓老之态，可是仍然桀骜地屹立于古镇的中场，就像一个老当益壮的将士，即便面染风霜，精神依旧矍铄，丝毫没有羞赧露怯的意思。

在古镇的狭长巷子里随处可以看到售卖工艺品的商铺，有木雕的花鸟虫鱼，还有蜀绣、剪纸等令人惊叹的小商品，这些手工制品做工精细，又十分美观，容易激起人的怀旧情绪。在工业化的背景下，机器代替了人力，商品被大批量生产和消费，可是却失掉了自己的特色和真实的质感，只有这些依照传统工艺，纯手工制作出来的东西才更能触碰到人心底的柔软之处，就像这座尚没有被工业文明侵染的古镇一样，永远一如初见，带给人的总是最细微的感动。

趣闻传说

偏岩古镇在古时被称为“接龙场”，乾隆二十四年（1759 年），被更名为偏岩，那么“接龙场”这一名称是怎么来的呢？

相传在康熙执政初年，此地饱受洪灾困扰，据说这无休止的天灾是一条愠怒的青龙降下的。青龙虽然长年兴风作浪，但原本并非是条恶龙，相反它还曾是一条喜欢助人为乐的好龙。一天，青龙得知偏岩连年大旱，田里的庄家都枯死了，丰收季节总是颗粒无收，饿死了不少村民，便动了恻隐之心，来到偏岩降雨，偏岩的旱情因此得到了有效缓解。可村民们并不知道雨水是青龙降下的，误以为是神明赐福，便一味祭拜天神，青龙完全被冷落一旁。

青龙对村民的做法很是愤怒，打算教训一下这群无知的人类。它一次又一次呼风唤雨，最终导致了山洪的爆发，许多庄家和田地都被洪水淹没了。面对突如其来的天灾，村民伤透了脑筋，几经周折才知道了实情。村民弄清事情的原委后，立即敬拜青龙，还举办了盛大的迎接仪式。青龙对此感到非常满意，便恢复了往日的乖巧，不但不再降灾，还将山泉水引入村庄，使其日夜不息地滋养干渴的大地，这里从此再也没有发生过严重的旱情，几乎长年风调雨顺、五谷丰登。青龙引入的清泉变成了一条清澈见底的小河，人们将其命名为黑水滩河。由于这里拥有的好年景都是青龙带来的，人们为了表达对青龙的感谢，就把此地命名为“接龙场”。

龙潭——别样土家风情

漫步龙潭古镇，踏着青幽如玉的石板街踽踽前行，映入眼帘的是飞檐翘角的土家吊脚楼、壁垒森严的封火墙以及古朴幽静的四合院。它无疑是古老的，一千七百多年的历史足以让它变得厚重而沧桑，可是它又是灵动的，涓涓流淌的湄舒河一直滋养着这座古镇，浣衣女子的欢笑声和捣衣声久久在河畔上空飘荡，仿佛在告诉人们静默的古镇从来不缺乏人世的温暖，它不是陈列在博物馆里的古物，而是一座活生生的人文小镇。

古镇沿湄舒河而建，湄舒河是通往江浙一带的重要水道，自雍正末年清政府取消“蛮不出洞，汉不入境”的禁令后，江浙、湖广、重庆等地的客商纷纷涌入龙潭做生意，促成了当地经济的繁荣。遥想当年，河面上船来船往，好不热闹，而今船影不见了，桨声也消失了，龙潭古镇变得宁静了。

走进龙潭，浓郁的生活气息扑面而来，这里没有商业的喧嚣，也没有酒吧和现代化的餐厅，这片 3.2 平方公里的土地上，世代居住的都是土家人。老旧沧桑的木楼、粗糙的墙面，凹凸有致的青石板路，一切都是那么简单和自然。土家人的生活似乎从来就没有改变过，几个老翁三三两两地聚在茶馆里悠闲地喝着茶，白发苍苍的老妪坐在躺椅里，舒服地享受着阳光，调皮的小孩子被晒成了健康的小麦色，肆意地在街头嬉闹追逐，浣衣的女子边洗涤衣物边说笑着，响亮的笑声几乎响彻云霄。安详的老人、打闹的孩子、美丽的土家姑娘，古朴的吊脚楼，姹紫嫣红的花，给人留下的都是十分美好的印象，这里的风土人情总是让人备感亲切，有一种似曾相识的感觉，或许是健康的人性非常接近沈从文笔下旖旎的边城吧。

最能体现土家文化的建筑当属吴家大院了，它汲取了龙潭民居的艺术精华。吴家大院位于九桥溪畔，由两个院落组成，迄今已有两百多年历史了，古老的院落和九桥溪、龙头桥、八卦井、土家民居构成了最和谐的人居环境。其建筑色彩与空间布局与周围的环境无比协调统一，比如它和九桥溪、龙头桥构成了小桥、流水、人家的图景，富有美感的建筑和优美的环境融为一体，又有几分朦胧的意蕴，给人以美的享受。

整个院落气势雄伟，风格古朴典雅，布局合理，装饰不繁复，但又不失细腻和别致，富有艺术特色。建筑外观简洁大方，封闭的院落中设有绣楼、敞厅，厢房的后天井中，利用有限的空间布设了水池，体现出了南方民居秀雅的特点。吴家西院还有一道风景线，缠绕的青藤爬满了封火墙，春夏时节，层层叠叠的青藤叶子构筑了一幅绿色的图景，把春的气息和夏的激情散播开来，与前面古朴的吊脚楼相辉映，可谓相得益彰。院子里还栽种了三棵苹果树，这北国的果树居然在渝东南落地生根，顺利地开花结果了，可真是一件奇事。

古镇三公里的长街上存留了大量的古民居建筑群，黛瓦粉墙的传统民居和“四水归堂”的院落古色古香，古桥、古井、古码头等名胜古迹星罗棋布。乡土文学作家沈从文在 20 世纪 20 年代时栖居在龙潭，创作了描绘湘西风情、颂扬人性之美的代表作《边城》。《国歌》的词作者田汉在挥别龙潭时，吟咏了一首七绝：“酉阳孤塔隐山岚，巨石撑天未可探。闻道鲤鱼多尺半，把竿何日钓龙潭。”

土家人不仅建造了美轮美奂的建筑，还创造了璀璨夺目的民族文化和别具一格的传统饮食文化，令人食欲顿开的冰凉粉、米豆腐，煎得金黄的油粑粑都是名噪一时的美味小吃。最具当地特色的是辣茶，它是用茶、辣椒、胡椒、苏叶、薄荷等原料熬制成汤，加入阴米和炒熟的豆子制成的一种饮品，这种茶不同于普通的茶，风味独特，而且可以驱寒解表，增进食欲。由于辣茶有药用价值，又是风味饮品，所以非常受欢迎。

龙潭是土家人的故乡，无论是建筑、饮食还是生活方式都具有鲜明的民族特色，走进龙潭感受那抹挥之不去的古韵，领略一个民族的风貌，品一品当地最具风味的美食，都能带给你全新的感受。

趣闻传说

龙潭老街上保留着许多别具特色的古井，其中最为知名的当属八卦井，八卦井又叫奶娘井，八卦井呈六角形，由三口井池组成，井水清甜可口，濡养了一代又一代龙潭人，在龙潭至今流传着有关“奶娘井”的动人传说。

相传清朝时期，当地有一个学富五车、才高八斗的秀才，从小由奶娘含辛茹苦地养大。秀才赴京赶考以后，奶娘每天牵肠挂肚，日日在门口遥望，盼望秀才早点回来。奶娘年纪大了，每次思念秀才便忍不住老泪横流，渐渐地视力越来越模糊，几乎快瞎掉了。秀才金榜题名后衣锦还乡，回到家乡第一件事就是要把奶娘接到京城里享清福，可奶娘年事已高，故土难离，不肯离开家乡，秀才不愿勉强，便专门为她修建了一口老井，用以报答对自己的养育之恩，这就是奶娘井的由来。

奶娘井的由来还有另外一种说法，八卦井旁矗立的石碑揭示了所有的奥秘，上面写道：“缅怀奶娘，海外游子，陈德容追思。”显然龙潭镇的八卦井是海外华人陈德容主持修缮的，这不是虚无缥缈的神话传说，而是铁证如山的事实。以前，每每发大水，居民的饮用水就会被倒灌的洪水污染，海外游子陈德容返乡之后为了改善乡人的生活条件，出资修缮了八卦井。他不但将水井平台加高，还科学地划分出了不同的用水功能区，位置最高的水井主要用于饮水，次高的水井用于淘米洗菜，最低的水井用于洗涤衣物，三口水井各司其职、各尽其用，大大方便了乡人的生活，卫生条件也得到了全面的改善。

奶娘井承载的是海外游子不能忘却思乡情以及割舍不断的华夏情缘，这份沉甸甸的海外追思不仅镌刻在了肃穆的石碑里，还深深烙印在每个龙潭人的心坎上。

浙 江

前童——浅吟低唱中的怀旧情调

前童，是江南富有特色的古镇，几乎完好无损地保留着明清时期的风貌，家家临水而居，潺潺的溪水萦绕着整个小镇，碧水幽幽，青砖黛瓦、镂棹雕棂，构成了一幅古韵浓重、和谐明媚的乡村画。在落雨纷纷的时节，踏着卵石小径畅游其中，更能体味出古镇的绮丽与清幽。那时

你定想成为一袭青衫的诗人，抑或衣袂飘飘的仕女，或者更想成为归隐田园的隐士，就像陶渊明。若不亲临，你很难想象这个古镇究竟能带给你多少惊喜与遐想。

江南的水是清浅的，前童的水也是这样，蜿蜒流过河道，流遍千家万户，与其他水乡古镇不同的是，前童先人把白溪水引进小镇，构建了八卦水系，使挨户环流的溪水整体上符合八卦格局。流水中映出的倒影自成一幅美景。白天，清澈的小溪倒映着蓝天、白云、青藤、屋舍、色彩斑斓如梦；到了夜里，屋前挂着的红灯笼发出霓虹般的光，映入水中，伴着粼粼的波纹，和着漫天的星辉，把月色装点得更加朦胧。前童不大，方圆不过两公里，可是这幅由青藤、黛瓦、粉墙、小桥、流水、人家组成的江南水乡风情图却成了人们印象中最美的画页之一。

徜徉在苔痕斑斑的卵石小径上，漫步悠长的小巷里，仰望着高高的院墙，抚摸着漆色剥落的雕梁画栋，以及精美别致的雕花栏杆，谁都会忍不住产生思古的幽情。你会情不自禁地想，在这些老宅院里究竟发生过怎样的故事呢？这些深宅大院里曾经有过怎样的悲欢离合？是否承载了许多风花雪月的往事，抑或是一个家族的兴盛与衰落？

一栋栋老屋本身就是凝固的历史，记录的是一个悠远的时代，透过它们我们所能感受到的更多的是文化沉淀的深厚，至于那些湮没在历史尘埃中的市井人物，通过想象我们仍能使他们在宏大的背景下变得鲜活起来。所以像前童这样的古镇能激起许多文化名人的灵感，陈逸飞就是其中的一位。他的古镇情结由来已久，当他用一幅名画《双桥》使周庄走向世界时，仍没有停下寻觅的脚步，于是走进了藏在深闺中，仿佛空谷幽兰般的前童，带来了他的《理发师》，使这座古朴寂寞的水乡小镇从此名声大噪。

《理发师》的拍摄地其实是个简陋狭窄的屋子，而今墙体已经部分剥落，现出了斑驳的痕迹，裸露的青砖布满了青苔，这景象与《陋室铭》中“苔痕上阶绿，草色入帘青”的描述倒有几分吻合。室内光线昏暗，一面硕大的镜子伴着一只老旧的理发躺椅，木柱上挂着白色的理发号衣，上面留下了淡黄色的污渍，站在这间老屋里，似乎隐隐能闻到老式发蜡的清香，这里的一切都能让你产生怀旧的感觉。

陈逸飞曾经解释过选择在前童拍摄《理发师》的初衷，他说：“我之所以选择前童古镇，是因为前童与江南水乡其他的古镇不同，它不但保护得好，而且给人以古朴、深厚，很有人文精神的感觉，带着浙东古镇的韵味。”如果你细细品读前童，就会发现陈逸飞的诠释是多么准确。前童留下了大量的古祠、旧宅，原汁原味地保留了明清建筑的风格，整体格调保持着传统的审美情趣，蕴含着求吉瑞、明义理的儒学理念，比如，马头墙上书有“群峰簪笏清流映带”的匾额，正房窗棂饰有朱子家训“一粥一饭，当思来处不易”的文字和图案，内涵丰富、意蕴深刻，耐人品读。

前童为我们提供了明清时代的人文风貌，那些爬满青藤刻满雕花的旧宅，有述不尽的光阴故事，那巧妙设计的水八卦显得是那么的扑朔迷离，理发馆吱呀摇晃的老椅子，老屋中精雅细腻的雕刻，处处都焕发着浓郁的人文气息。当你看到 90 岁的老妪步履蹒跚地穿过狭长的巷弄，会觉得小镇越发地古老。缓缓走在卵石铺砌的小径上，一路皆是青藤粉墙黛瓦、精巧的镂花窗棂、溢金流丹的门楼，伴着隐约可闻的流水声，显得越发肃穆和宁静。前童是一幅沧桑而美丽的名画，置身其中，你才能欣赏它奇丽的色彩和不动声色的美。前童是一曲古老动听的歌谣，浅吟低唱中透着怀旧的情调，然而它并不让人伤感，反而让人觉得温馨和舒适，认识前童，就像拾遗一场旧梦，有如返家般自在。

趣闻传说

清嘉庆年间，前童出了个叫童桂林的举人，他膝下三子合力建造了“职思其居”的宅院。童家人不仅文采好，还颇有商业头脑，后来开办了大染坊，做起了生意。当时前童人广泛种植苎麻，自己纺织，然后送到童家的作坊印染，童家人诚信经营，获得了乡邻的称赞，生意越做越红

火，赚得了不少利润。中英鸦片战争以后，宁波成为了对外开放的口岸，来江浙一带的人越来越多，童家人审时度势，关闭了染坊，开办了南北杂货店，在积累了一大笔财富后，又转行开起了恒裕酒坊。

后人童衍就出生在恒裕酒坊里，老房子年久失修，他却极力保护，经过一番修缮后，开设了一家豆腐店。他遵从祖训，非常重视对孩子的教育，使得孩子长大后都学有所成。他常说老房子是福宅，不得拆毁，在祖先留下的老宅里度过了大段时光，由于保护得当，恒裕酒坊成为了当地一景。

东浦——古桥卧碧波，十里闻酒香

远眺青山遮目、重峦叠翠，近看碧波荡漾，艳阳映照，水天之间，乌篷船悠悠而来，轻巧的石拱桥静静地横卧在波澜不兴的湖面上，沿岸飘来好闻的花香、稻香和老酒香……它就是素有水乡、桥乡、酒乡之称的浙江历史文化名镇——东浦。

东浦是典型的江南水乡小镇，境域内东侧的青甸湖，为古鉴湖残余的一角。俗话说“鉴湖八百里”，而今的青甸湖虽不及当年的古鉴湖水域开阔，然而大抵保留了昔日的湖光水色。放眼望去，青山隐隐，绿水迢迢，湖面轻舟荡漾，水光粼粼，千百年来，无数文人骚客被这醉美的风光吸引，写下了流传千古的名句，比如诗仙李白的“我欲因之梦吴越，一夜飞渡镜湖月”，诗圣杜甫的“越女天下白，鉴湖五月凉”，书法家王羲之的“山阴道上行，如在镜中游”，以及爱国诗人陆游的“千金不须买画图，听我长歌歌镜湖”。青甸湖如画如镜，令人如醉如痴。其实湖畔的景致也很不错，岸边的芦苇轻轻摇曳，火红的美人蕉时隐时现，其景色令人陶醉其间，不觅归途。

东浦境内桥梁密布，全镇共有328座千姿百态的桥，有的古朴简约，有的大气磅礴，风格各不相同。有的古桥上建有亭阁，有的将拱式与涵洞相结合，还有的设计成了立体桥，其中青甸湖上的泗龙桥是小镇最为知名的古石桥之一。它由三孔半圆联拱桥和二十孔石梁桥组成，全长96.4米，有如一条矫健的长龙横跨在湖面上，宏伟壮丽，气势迫人，桥上保留了“近千年路达南北，名驰廿眼水通东西”的桥联。

东浦的桥还与酒有关，镇西端有一座三眼石拱桥，上面书有“浦北中心为酒国，桥西出口是鹅池”的字样，寥寥数字为我们勾画出了一幅色彩纷呈的画图：在绿水悠悠的河面上，羽毛洁白、红嘴赤掌的大白鹅悠然戏水，曲颈高歌，完全符合骆宾王的诗句“白毛浮绿水，红掌拨清波”。而对联也点破了东浦真正的特产是酒，这里酒旗飘扬，酒肆林立，到处弥漫着醉人的酒香，是个货真价实的酒国。

古镇的老街店铺林立，在二百五十多家商铺中酒肆就占了45家，街上酒旗招展、佳酿飘香，一派繁华热闹的景象，清人李慈铭为此曾经写道：“夜市趋东浦，红灯酒户新。隔村闻犬吠，知有醉归人。”足见当年东浦酒业发展的盛况。遥想当年酒肆里高朋满座、觥筹交错、笑语喧哗，打破了夜的宁静，人们一醉方休，不醉不归，是多么潇洒惬意的事。现在老街已经无法再现古时的繁华，可是百分之八十的老店铺保留了下来，

源远流长的酒文化因此得以沿承。

东浦是绍兴老酒的发祥地，据说在东浦古镇上，无论走到哪里，都能看到耸立在小镇上空的乾隆帝的留墨："越酒行天下，东浦酒最佳"。东浦的酿酒文化最早可追溯到大禹时代，发展到清代，几乎家家户户都会酿酒，酒坊遍地皆是。人们看见坐落在越甫桥畔的孝贞酒坊，就会想起"风吹柳花满店香，吴姬压酒劝客尝"的优美诗句。

东浦的酒与别处不同，酸、甜、苦、辣、鲜，各种滋味杂陈，其味香醇，入口绵软，又有爽洌之感，饮后留香，实乃越酒中的上上之品。东浦酒口感绝佳的奥秘是什么呢？首先它是甘美的鉴湖水所酿，粮食取自当地盛产的优质糯米，其次它有一套世代传承的酿酒工艺，是东浦人几千年来劳动智慧的结晶。因此，东浦的酒全国驰名，东浦镇也被称为酒乡。饮东浦酒很讲究配菜，不同的酒要佐以不同的菜肴，比如元红酒搭配鸡鸭肉蛋类，加饭酒搭配冷盘，善酿酒搭配甜味菜肴或者糕点。好酒配好菜，边品边酌，风味更佳。

在东浦，游湖赏桥，喝上几杯最正宗的老酒，配上几盘色香味俱佳的小菜，真乃人生一大快事，那种心情也只有用"此中有真意，欲辩已忘言"来形容了。

趣闻传说

东浦是闻名天下的酒乡，酒文化源远流长，这里的婚丧嫁娶和众多活动都离不开酒，酒既是礼俗的一部分，也是人们日常生活不可分割的重要内容。东浦盛产的绍兴酒闻名遐迩，花雕酒是人们最为熟悉和喜爱的酒品之一，它承载着绍兴酒的厚味，传承着绍兴酒的传统，关于花雕酒的由来，民间流传着这样一个传说。

相传清朝时期，东浦有个叫阿根的油漆师傅，母亲即将过八十大寿，他想送一个特别的礼物为母亲贺寿，可一时不知送什么好。他认为母亲庆贺寿辰不仅要聊表孝心，还要为其营造喜庆和祥瑞的气氛。于是就想寿酒是寿宴上必不可少的，能不能把老寿星、天女下凡等这些民间传说绘制到酒坛上呢。经过几个日夜的辛苦努力，他终于实现了自己的构想。他在酒坛的外壁精心雕了几个泥塑，并施以彩绘，原本一个平平无奇的坛子经过精雕细琢之后马上变得光彩四射，笑容可掬的老寿星、栩栩如生的仙女简直呼之欲出，酒坛俨然成了一件精美绝伦的工艺品。

母亲大寿当日，阿根当众献上了那只流光溢彩的精致酒坛，其母大喜，连夸儿子有孝心，宾客亲朋连连赞叹，都说从来没有见过这么漂亮的坛子，今天算是大开眼界了。阿根的酒坛在寿宴上一亮相即一鸣惊人，引来许多人效仿，从此这种精心雕刻的酒坛就成了绍兴酒最受欢迎的容器，花雕酒就这样在民间流传开来，成为当地独树一帜的特产。

乌镇——穿梭千年的心灵驿站

如果说人生是一场无尽的路途，那么乌镇的午后时光则是路途中最惬意的心灵享受。湿漉漉的青石板，宁静悠长的江南小巷，你踏着落日余晖，穿梭在这个千年古镇，感知它历经千年的朴实与沉静，聆听它走过千年的古老与倾诉。

乌镇地处浙江省桐乡市北端，具有六千余年的悠久历史。刚刚走进乌镇，你就会感受到一股浓郁的中国水墨气息，白墙、黛瓦、小桥、流水，仿佛一幅绝美的泼墨山水画置于眼前；雕梁、画栋、石巷、老屋，仿佛一幅见证历史沧桑的风情画卷映入眼帘。黑白的构色，简洁利落的线条，干净清爽，温婉沉静。过来过往的乌篷船，船桨在水面荡起涟漪，让人再一次不自觉地沉浸在这个江南古镇古老而温润的感觉中。

夕阳西下，此时的乌镇更有一番别致的美丽。夕阳的余晖衬托出它的静谧安闲，曲曲折折的青石板路，也在这一刻的夕阳照射下泛起了柔和的光。古旧的门楣残雕昭示出时光的魅力，斑驳的漆痕在无声地诉说着它古老的记忆。

对于乌镇这样典型的江南水乡来说，水与桥自然是最为浓墨重彩的风景了。据说，乌镇共有桥一百二十多座，或拱或平的桥在流水上蜿蜒而至，连接着乌镇的家家户户。虽然桥身不长，更没有伟岸的形象，可正是因为它们的玲珑娇小，才正好构成了乌镇简洁精干的水乡风韵。

乌镇是因茅盾而出名，所以来到乌镇，一定要去茅盾故居看一看。

那是一座典型的江南水乡建筑，端庄凝重，古朴典雅。与茅盾故居一墙之隔的就是茅盾童年读书的立志书院，书院中陈列着近300幅照片，100件实物，并对茅盾先生的一生做了系统详尽的介绍，为乌镇增添了浓厚的文化气息。

除了优雅宁静的景色，乌镇还有各种各样的民间艺术，比如皮影戏、花鼓戏等，为乌镇增添了一笔不一样的文化色彩。

置身乌镇，让人有一种超然于世的感觉，仿佛享受一份千年以前的宁静、悠远，让疲惫的身心找到一份宁静的田园、心灵栖息的驿站。

趣闻传说

乌镇的隆源路自古就是个热闹的街市，相传西栅有个叫隆夏婷的哑女，自幼丧父，母亲因病卧床不起，隆夏婷早早就担起了家庭的重担，靠卖鸡蛋来支付母亲的医药费。东栅有一个年轻憨厚的小伙子名叫源城志，是一个大户人家的伙计，经常帮主人从集市上采购东西，有一天傍晚在凉亭里歇息，邂逅了身世凄楚的隆夏婷，对这个楚楚可怜的女孩动

了恻隐之心。

两个素昧平生的人相识了，善良的源城志想方设法帮助隆夏婷，他把微薄的工钱全部省下来购买她的鸡蛋，还把买来的鸡蛋偷偷地送回到她家的鸡圈里。日子久了，隆夏婷也有所察觉了，便在卖给源城志的鸡蛋上偷偷地做了记号，事后证明的确是源城志在暗暗帮助自己。隆夏婷很感动，两个人坠入了爱河。可是造化弄人，这对恋人还没有享受多少爱情的甜蜜，源城志就在一次意外中受了重伤，变成了瘸子，为了不拖累心爱的女孩，他选择了逃避，默默地躲了起来。

隆夏婷伤心极了，一个人默默地卖着鸡蛋，孤单地度过了一年。到了生日那天，天降大雨，她赶路的时候不小心被石头绊倒了，腿上渗出血来。躲在后面的源城志忍不住飞奔过来，马上为她包扎了伤口，背着她消失在了风雨中，泥泞不堪的路上留下了深深浅浅的脚印，而他们的爱情故事至今为人们所传颂。他们相遇的这段路被命名为隆源路，这就是乌镇隆源路名字的由来。

南浔——小桥、流水、人家

如果说乌镇的青石板路让你着迷，然么南浔的小桥流水则一定会让你沉醉。与乌镇相比较，南浔少了一份喧嚣，多了一些曲深幽径，而这，正是江南名镇——南浔的魅力之处。

置身南浔，你从小桥流水中慢慢走来，在曲径幽深处感受一份江南独有的水墨特色，渐入夜色，红灯高悬，南浔的夜色之行就此拉开帷幕。

南浔是一座有着悠久历史的古镇，早在四五千年前，南浔的先民们就在此处耕作、渔猎。后来到了北宋时期，这里已经形成了很大规模的村落，同时，因为这里水路发达，所以富商云集。“四象、八牛、七十二墩狗”，这是南浔坊间以财富多寡来称呼镇上的江南四巨富、八位大富及众多的财主。其中，“四象”分别指：刘镛，据说财富达二千多万两银子之多，被誉为“四象”中“刘家的银子”之美称；张颂贤，据传他的财富仅次于刘家，占“四象”之第二位；庞云曾，曾是丝业行学徒出身，故通晓蚕丝经营之道，并因此发家；顾福昌，因排行第六，所以创业之后又被称之为顾六公公。“八牛”分别指：邢庚星、周昌大、邱仙槎、陈煦元、金桐、张佩绅、梅鸿吉、邵易森。而至于“七十二墩狗”，是泛指一些有钱人家，其中比较有名的是邱茂泰、邱盖茂、邱义昌、邱德升、沈涂记、沈永昌、沈永丰、沈天长、李恒德、李万顺、李德茂等。“四象、八牛、七十二墩狗”都是以湖丝发家，或有近亲为丝通事者。而“象”、“牛”、“狗”是按照其身躯的大小，分别比喻富商财产的巨细。“象”者，财产达百万以上；“牛”者，财产 50 万以上但不过百万；“狗”者，即财产在 20 万以下不达 50 万者。不过，“四象、八牛、七十二墩狗”的这种说法只属民间流传，历史上并没有正规的统计和详细的记载。据说这些富商当年的财产总额约为 8000 万两白银，而当时大清帝国一年的财政收入才只不过 7000 万两白银，可以说，南浔富商是名副其实的富可敌国。

随着岁月的流逝，曾经的富可敌国造就了南浔小镇的底蕴和坚实。沿着河边的小路前行，沉浸在江南水乡温柔的同时，还可以感受其悠久的历史、丰厚的文化。河岸是白墙黑瓦撑起的老街；木制小楼是江南独有的水乡特色；石桥、青石板让人流连忘返，拱形门洞横跨河岸两边，偶尔乌篷船从中穿过，仿佛时光逆流，你也置身世外。

南浔古镇最美的地方是它的房子，白墙黑瓦，造就了不一样的水上人家，形成了不一样的美感。同时，江南的雨水在白墙上“刻画”出岁月的痕迹，为古镇增添了一丝的斑驳感。让人更加向往这个古镇过去的故事与传说。

百间楼是南浔最美的景色之一，有着三四百年的历史，其实，这里就是寻常百姓居住的地方，而它之所以美，是因为这里的一切搭配和谐。

行走在屋檐下，让人有一种悠然、从容的放松。所以说，来到南浔，如果你未曾去过百间楼，那就不代表你来到过南浔。

南浔的美并不是用笔墨就可以带过，南浔的历史并不是用文字就可以诉说，当你置身于这座江南小镇，仿佛所有的美都不言而喻；当你踏步幽静小路，仿佛一切的历史都不需要倾听。用心去感受一段历史，放眼去追逐一段时光，就在南浔这片净土，寻找心灵的释放，卸下灵魂的伪装。任凭历史的车轮碾过岁月的痕迹，你身处其中，与那个饱经岁月沧桑的古镇，悠然相望。

趣闻传说

南浔的百间楼是当地标志性的建筑，因为沿河而建的房屋约有上百间，又被称为“百间楼河”。在百间楼的河岸上，有一个叫“洗粉兜”的地方，流传着一段有关范蠡和西施的历史传说。

相传赵王勾践被吴王夫差打败后，欲将赵国美女西施进献给吴王，于是范蠡便奉命带着西施沿水路向姑苏进发，途经南浔时，天色已晚，他们只好投宿到百间楼东边的一个村庄里。西施想起自己就要远离故土，进入吴国，心里非常难过，辗转反侧难以成眠，于是悄悄地来到了百间楼河边透气。她俯下身来掬起一捧清凉的河水洗净了脸上的脂粉，又扔掉了头上的钗簪，神情恍惚起来。

侍女发现西施不见了，赶忙告诉了范蠡，最终范蠡在河边找到了正在悲伤饮泣的西施，一番软语宽慰后，西施情绪稍解，随着范蠡回到了投宿的地方。翌日，西施精神振作起来，经过一番梳洗打扮，当天就进入了姑苏城。后来人们就把西施洗面的地方叫作“洗粉兜”，直到今天，南浔百间楼河岸还流传着有关“洗粉兜”的趣闻传说。

皤滩——鹅卵石铺就的千年古镇

白色鹅卵石铺就的蜿蜒小路，形似“神龙”的古老街道。当你双足踏上这座古老的小镇，你就已经走进了一段安静的历史——皤滩古镇。

走进皤滩，最先映入眼帘的是映月湖，此湖面积不大，湖面上停留的两三只小舟为小湖增添了别样的历史味道。沿着小路继续往里走，一座古老而安静的江南小镇逐渐呈现眼前。

皤滩原为河谷平原中凸出的一块滩地，因为布满了白色的鹅卵石，所以得名“白滩”，后来当地的一名秀才将“白滩”改名为“皤滩”，意为洁白无瑕。不过，这只是皤滩名称来历的其中一种说法，而关于“皤滩”名称的来历，历史上并没有明确的记载。

似乎所有的江南小镇都会在夕阳的映衬下显得格外的朴素静谧，皤滩也是一样。在夕阳余晖的映衬下，小镇逐渐变得温柔起来，白色的鹅卵石在夕阳的映照下，显现出岁月走过的斑驳痕迹。

继续往小镇里面走，用鹅卵石垒成的房子形成了一道独特的风景线，远远望去，五颜六色的房屋，为低沉的古镇增添了许多生气。房屋的窗是用木头精心雕制，花样繁复。虽然窗棂斑驳得很，可正是因为这种斑驳，才使小镇看起来古老而神秘。

在古镇中，有这样一条老街，因为形似神龙而被称之为“龙街”。在这个古老的街道两旁，至今还保存着二百六十多家店铺。不过可惜的是，虽然店铺还在，但大多数的店铺都已经没有人经营了，被封上了木板门，改为百姓居住。外观看起来有些破败，有些萧条，生出一丝让人心疼的味道。

徘徊在龙街之间，脚踩在鹅卵石之上，聆听雨水顺着屋檐滴落在石阶上的嘀嗒声，仿佛时光逆流，仿佛自己穿梭时空，走进了那个经济繁荣的古镇之中。

如果说古镇中最惹人注意的是鹅卵石铺就的蜿蜒小路，那么最吊人胃口的则是传说中的勾栏院——迎春院。迎春院分为外院、中院和内院，据说大厅是艺妓们表演歌舞诗乐的地方，地上所铺的鹅卵石也是别有寓意——鹅卵石做成的一颗心和九个铜钱的图案，寓为“脚踩九连环，方得美人心”，为这个古老的小镇增添了不一样的文化韵味。

皤滩，就是这样一座古老而别致的江南小镇，一个用鹅卵石铺就而成的繁华集市。走过小镇的每一个角落，仿佛是在追忆一段经历百年的历史传说。朴实的老屋、沧桑的店铺、吱呀作响的木门，依附苍瓦上的青苔黄草……每一处的印记都是代表着古镇的一段历史和文化，每一处的沧桑都诉说着古镇所经历的岁月蹉跎，而这，也正是皤滩古镇的魅力之处。

趣闻传说

在皤滩古镇还有这样一绝——无骨针刺花灯，又被称之为“仙居皤滩花灯”。这种花灯起源于唐朝，据说，在很久以前，皤滩民间就有盛大的闹花灯活动。人们将这种花灯称之为“唐灯”，也称为“神灯”。为什么叫“神灯”呢？这是因为这个花灯有这样一个神奇的地方——灯身没有骨架。全由用绣花针刺成各种花纹图案的纸片粘贴而成，轻巧能飞，造型别致，工艺独特，制作精美，小巧玲珑，古朴典雅，堪称花灯一绝。而关于这种花灯的来历，还有这样一个传说。

相传，在很久以前，有一对秀才夫妇，因为受到传统花灯的启示，创制出了这种灯身无骨架的花灯。这种花灯一被创制出来，就马上因为别致的造型而受到广大百姓的喜欢，在当地广泛流传开来。

后来到了明朝，皤滩发展成为了重要的商埠，更加促进了花灯的发展，而无骨刺绣花灯也就是在那个时候广为世人所知的。再后来，到了清朝，花灯的品种越来越多，艺术也更臻完美，而关于花灯的故事也流传广泛。

如今，无骨刺绣花灯已经成为了皤滩古镇的一绝，成为了一种不可替代的历史文化。

西塘——水墨之乡，烟雨江南

江南的美，美在它的水，而西塘的水，当属江南之最。

西塘是一个河道纵横的古老小镇，那水光潋滟的河道将小镇“分割”成了大大小小的几处。河水轻柔地流淌，宛若温柔的江南女子一般。

漫步在青石桥之上，脚下踩着厚实稳重的青石，悠然闭上双眼，倾听耳畔丝丝的风声，如若正值桃花盛开的季节，还会感受到空气中淡淡的桃花香气。缓缓睁开双眼，低头凝视桥下清澈的流水，偶尔一叶扁舟渐行渐远，扰乱水中平静，却又在顷刻间恢复，仿佛从未有人经过一般。

走下青石桥，来到长廊之中。长廊是临水而建，青檐错落别致，可为你遮风挡雨，也可为你遮蔽烈日。长廊是历史为后人留下的无声记忆，时隔千年，似乎万物都发生了改变，而唯有这条长廊，依旧承载着岁月最古老的印记。被雨水轻叩过无数次的廊檐，经历千年的斑驳石墙，轻轻用指尖触及。感受一段岁月的存在，感受一段历史的尘埃。

如果说欣赏美景是一次精神的放松，那么记录美景则是一次心灵的享受。在西塘，你可以看到四处拿着相机或者画板记录西塘美景的人们：在长廊中，在青石桥上，在古屋里，在某棵盛开繁茂的桃花树下……五颜六色的搭配，五彩缤纷的笔墨，为西塘这座古老的小镇又平添了几分生机。

西塘的弄堂也可以说是西塘的一道独特风景线，而这道风景线的特别之处就在于它的多。据说，西塘的弄堂正好 99 条，走在其中，古老的青石板，满是苔痕的墙壁，穿梭几条，你已不知东西南北，只能凭借感觉信步游走。偶尔抬头仰望蓝天白云，侧耳倾听不知何处传来的丝竹之声，沉醉在自己的精神享乐中，没有方向地前进，或许，你所等待的，是转弯后的某次邂逅。

西塘不大，却能给人无限留恋；西塘不华，却能让人无限沉醉。简单而朴素的江南小镇，装载了无数现代人的理想殿堂，走进西塘，让你享受宁静，走出西塘，让你感悟人生，而这，正是西塘古镇的魅力之处。

趣闻传说

当你置身西塘、了解西塘的同时，你有没有想过这样一个问题：这个江南小镇，为什么被称之为西塘呢？而关于这个问题的答案，还有着这样一个有趣的传说故事。

在西塘镇域东北处有一个3400亩面积的湖荡，相传在北宋真宗大中祥符年间的时候，湖荡边迁来了一户姓唐的大户人家。这户人家在湖荡边居住下来之后，见这湖荡的景色秀丽，盛产翠鸟和红菱，便认为翠鸟和红菱是吉祥植物。当时恰逢祥符年，于是这户人家便以“祥符”两个字来称呼这个湖荡。

这户唐姓的人家有两个兄弟，本都在祥符荡边乐悠悠地生活，但后来因为一些事情分了家，兄长搬到荡东边去居住，人称“东唐”；弟弟搬到荡西边去居住，人称“西唐”。再后来，哥哥这一房日渐衰落，而弟弟这一房却十分兴旺。就好比是一棵大树，生出了许许多多的树枝，无比繁盛。于是人们便将“西唐”的“唐”字边上加了一个“土”字，将此地称之为“西塘”。

斯宅——凝固在古老建筑中的静谧时光

斯宅，一座朴素而神秘的小镇，一个隐藏于世的古老村庄。同时，因为它是美女西施的故乡，所以更是为这个平凡的小镇增添了别的小镇所没有的“风光”。

去斯宅的路很曲折，所以才说它是一座隐藏于世的古老村庄，不过，虽然路途艰辛，但沿途风光无比秀丽，可以让你遗忘旅途的疲惫。

到了斯宅，清新的空气让你神清气爽，满眼的青山绿水让你心情豁然开朗。无论是朴实的村庄还是古老的建筑群，每一处都有历史的印记，每一处都有着它独一无二的古老诉说。如果说，你来到斯宅的目的只是想欣赏美景，观赏建筑，那么，你则失去了“翻山越岭”来到这个古老村镇的意义。来到斯宅，除了四处的美景和历史悠久的古建筑群，你最该“欣赏”的，还有这里的人。

斯宅人居住在古老而有特色的明清建筑群中——一种你从未见过的建筑模式。一幢宅院上千平方米，对于久居城市的现代人来说，这种“豪华”，是不敢奢望的。在斯宅，大多数的居住形式都是几户人家共住一个宅院，邻里之间相处的和睦，互帮互助，可以说是现实版的大同社会。平日闲来无事的时候，女人们喜欢聚在院子里一起聊聊天，男人们喜欢聚在一起玩玩麻将，日子没有太多的欲望，没有太多争抢，简单、快乐。所以当你同斯宅人沟通的时候你会发现，在他们的脸上，看不到半点的压力或无助，永远都是一副满足、幸福的神情，让人羡慕。

来到斯宅，绝对不能错过的自然是享有盛名的千柱屋。千柱屋，因屋有千柱而得名，建于清代嘉庆年间，为当地巨富私宅，由富商斯元儒建造。当你走进千柱屋，仿佛是走进了一座民居博物馆。虽然屋内因为年代过久而显得有些破旧，但房屋的整体保存尚好，里面的格局也从未改动过，与当年建成时的格局一样。站在大院中间，环视四周连成一片的老屋，仿佛时光定格在了历史上的某一天，安静而舒适。

与其说千柱屋是一户大人家，不如说它是一座小城市。里面大大小小几十户人家，一旦对外关起大门，便形成了一个朴实安逸的小城镇。这样奇特的建筑风格，相信现在真的很难找到第二个。而这，就是千柱屋的神秘之处。

斯宅，与其说它是一座朴素而神秘的小镇，不如说它是一座隐藏于世的古老村庄。那里的人不争不抢，从不为名利而左右；那里的景色独一无二，从不因外界而改变。在这里，你感受不到任何的压力，也可以完全抛开任何烦恼。漫步于某幢古宅间，感受一段历史的轨迹，感受一段安静的时光。让你的身心完全放松，将所有的压力抛之脑后，而这，就是斯宅古镇的魅力之处。

趣闻传说

斯宅最有名的建筑是千柱屋，关于千柱屋，民间流传着这样一个趣闻传说。

相传，千柱屋拔地而起时，声势浩大，引来不少乡邻围观，屋主人斯元儒为此非常骄傲，可是人群中却传出了一个不屑的声音："房屋造的是不错，可惜用的都是杂木。"说这话的是一个换糖佬。斯元儒一听，顿时火冒三丈，怒斥道："你凭什么说我造屋用的是杂木?"换糖佬不动声色地解释道："我是说你用的都是些乱七八糟的木料而已，没有别的意思。"说完就转身离开了。

千柱屋落成后，斯元儒打算大摆酒席庆祝，于是亲自到义乌采办宴席所需的酒肉，在路上又遇到了换糖佬。换糖佬竟邀请他到家中做客，斯元儒推辞不掉便去赴宴，这才发现换糖佬也造了一幢千柱屋，不过整幢屋都是杉木做的，斯元儒顿时明白了换糖佬为什么说自己用的都是杂木。

经过交流，斯元儒才知道换糖佬家财万贯，可从不铺张浪费，还经常出钱接济穷苦人，对比自己的所作所为，他感到十分羞愧。临行告辞时，换糖佬送了他四个字：盘小肚大。斯元儒颇为受教，以前他气量狭窄，为人又自私，一心跟人争“首富”，不赢不罢休，浪费了大量的钱财。醒悟之后，他开始广施善举，经常赈济灾民、捐资助学，为此道光帝还钦赐给他一块“乐善好施”的匾额。千柱屋的故事也成为民间广为流传的一段佳话。

陕 西

漫川关——不似江南胜江南

漫川关地处金钱河和靳家河的交汇处，水域辽阔，水旱码头通往全国各地，有“水码头百艇联樯，旱码头千蹄接踵”之说，古时为秦楚要塞，历代均在此地设有边防，可见它具有重要的军事战略地位。提起漫川关，人们也许会想起“雄关漫道真如铁”的豪放诗词，历史上的漫川关确实符合这样的描述，而今战争的阴云已经散去，人们都有了“而今迈步从头越”的准备。现在的漫川关不仅古风犹存，新貌也更加迷人，人们对它有了更好的评价，赞叹说：“漫川关，景色鲜，不似江南胜江南。”

夕阳西下，暑气渐渐消退了，人们纷纷来到靳家河畔纳凉休憩，

眼前是碧波荡漾的风景。亭台楼阁映着潋滟的水光，氤氲在迷蒙的水汽里，真有几分“小江南”的味道。秦风楚韵的建筑和水光天色浑然成为一体，令人赏心悦目。汉白玉栏杆低调奢华，叫人想起李后主吟哦的“雕栏玉砌”。突兀嶙峋的山石、古典小巧的楼台以及河畔边上的绿树红花，静静地倒映在水里，形成了一幅绝妙的水墨画卷。水中鱼儿快活地畅游，河面上泛起点点银光，又给这幅静态的画面添加了些许动感。

沿岸漫步移步换景，处处都是好风光，走过风雨廊桥，踏上“Z”字形彩虹桥，但见靳家河两岸到处都是攒动的人群，有三三两两聚在一起闲聊的老年人，有成双入对的情侣，走走停停，边观赏风景，边感受风花雪夜的浪漫，还有带着孩子出行的夫妻，一家人说说笑笑，场面很是温馨，还有陪伴父母散步的儿女，孝心拳拳，很是感人。当然这里少不了酷爱旅行的背包客，他们时不时举起相机，只听咔嚓一声，便将美景定格在一瞬之间。

漫川关，古时为秦楚咽喉，朝秦暮楚的成语就出自此地，它的历史几乎就是一部浓缩的华夏文明史。凭借着水旱码头的优势，这里曾经繁荣一时，成为陕鄂豫蜀商品贸易的主要集散地。而今这里不再是兵家争夺的战场，也不再单纯依赖水旱码头的地位带动经济，古朴典雅的建筑群落和不输江南的秀色成为了它最大的亮点，吸引着各地的游客慕名前来。鸳鸯双戏楼、骡帮会馆、北会馆、武圣宫、蛮王洞、藏经洞、千佛洞、古庙宇等文化遗迹令人目不暇接，而靳家河畔的优美风光，则呈现出水乡小镇的独特风韵。

遥想当年，这里舟来楫往，豪放的纤歌此起彼伏，水码头热闹非凡，一派繁华景象。一队队马帮带着沉甸甸的货物风尘仆仆地直奔骡帮会馆，一路铃声叮当作响。骡帮会馆位于古镇的老街上，具有典型的清代风韵，分为上殿和下殿，东西两侧各分布着三间厢房，木雕、砖雕和墙绘都异常精致美丽，建筑工艺非同一般。会馆内设有北戏楼和南戏楼，北戏楼

顶部为歇山顶，显得宏伟大气，南戏楼顶部为重檐，灵秀逼人，两楼之间以休息室巧妙连接。传言戏剧伶人常在这里唱对台戏，北楼唱秦腔，南楼唱汉剧，表演者在戏楼同台竞技，毫不示弱，南腔北调各有千秋，引得人们纷纷拍手叫好。

古镇里从不缺少秦腔楚韵，这座陕北的古镇，既有北方豪放的一面，又有江南的柔情。可能是因为来这里做生意的南方人比较多，他们在促进当地经济繁荣的同时，将南国文化也融入了小镇之中，为漫川关增添了别样的色彩。漫步漫川古镇，感受它的古雅和灵秀，包揽水天相接的美丽画面，仿佛来到了杏花春雨的江南，踏着狭长的石子街走过去，推开古旧木屋的门窗，精美的浮雕和瑰丽的彩绘映入眼帘。这富丽和端秀的风格，更似江南的小家碧玉，这一切都证明了一个观点，漫川不似江南，却有江南的风情，甚至比江南更胜一筹。这种景象在北国是很少见的，在陕西的土地上窥见江南是一种奇异的经历，也是一种独特的体验，看来漫川“小江南”的雅号是货真价实的，并非浪得虚名。

趣闻传说

据说漫川以前叫“蛮川”，因“蛮”字不雅，遂取其谐音更名为“漫川”，那么“蛮川”这个名字是怎么来的呢？传说和当地的蛮王有关。

相传在宋代，土地岭有一个野蛮残暴的大力士，他盘踞在蛮王寨的山洞里，聚集了数十万兵丁，人称“蛮王”，他占领的地盘就叫蛮川。蛮王经常胡作非为，对百姓烧杀掠抢，成为当地一霸，还经常和朝廷对抗。宋朝皇帝于是便派杨家将讨伐蛮王，最后征讨蛮王的重任落到了杨八姐身上。

杨八姐和蛮王战斗了几十个回合，打得难分难解，蛮王寨久攻不下。杨八姐意识到要想歼灭蛮王，只能智取不可强攻，于是便私下里派人和蛮王说和。后来杨八姐亲自面见蛮王谈休战条件，她说："我们已经大战了几十次了，现在还是没有分出胜负，再打下去也不会有结果，不如讲和算了。听说你力大无穷，不如和我比试比试。我拉弓朝山坡射一箭，山上必有大石滚落，假如你能把巨石搬回原地，我便撤兵，若不能，你就要归顺朝廷。"蛮王同意了，但提出了一个附加条件，说若是自己能搬回巨石，杨八姐收兵之后必须留下来做压寨夫人。

条件谈妥后，杨八姐搭弓射箭，只听一声巨响，一块巨石从山头滚落下来，滚到了小河里。蛮王果然力大无比，眼见他毫不费力地背着巨石一步步走回了山岭。杨八姐暗叫不妙，灵机一动便心生一计。她假意逃跑，意图扰乱蛮王心智。蛮王一看压寨夫人逃跑了，马上放下巨石追赶，杨八姐趁机回头猛射一箭，射下了蛮王的头颅。谁料无头的蛮王并没有气绝，依旧对杨八姐穷追不舍。杨八姐脱不了身，就摇身一变，变成了一个在河边洗菜的老妪，蛮王没有认出她，还向其索要萝卜吃，得到萝卜之后蛮王并没有吃，而是把萝卜变成了头颅，继续赶路。

后来杨八姐又幻化成客栈女掌柜，蛮王又累又饿，进了客栈就要了三大碗面条，狼吞虎咽下肚之后，面条和肚肠搅在了一起，没过多久就一命呜呼了。杨八姐顺利完成了剿灭蛮王的任务，为百姓除了一大祸害，人们为了纪念她就将土地岭山的山寨更名为姨娘寨。因为蛮王的恶势力已除，蛮字又不好听，蛮川后来就被更名为漫川了。

党家村——黄土高原上的魅力古村

人们印象中的古镇和古村落，除了遗存了大量的古民居和名胜古迹外，便是小桥、流水、人家的景致，篷船轻摇、桨声欸乃，一派江南水乡的风情，北方的古镇和村落总是被忽略。其实它们也有属于自己的特色，那便是布局更为大气、建筑更为古朴凝重，那厚重的质感常令人难以忘怀。党家村东临黄河，南傍泌水，是黄河下游的一个古老村落，它既有江南水乡的灵气，又具有典型的北国风格，整个村落布局紧凑，庭院深深，老宅古朴典雅，人文气息浓郁，完整地保留了古代传统民居的风貌，因此被誉为“东方人类传统居住村寨的活化石”。

党家村的民居沿狭长的崖沟依次排开，布局紧凑，从高处俯瞰有如一艘静静停泊在沟谷中的古船。党家村的知名度比不上壁垒森严的

山西大院，也比不上小桥流水的江南人家，然而它的古朴、厚重却是一般古镇、古村不能比拟的，它寓华于朴、寓浓于淡，沉稳大气，巍然屹立在雄浑苍凉的黄土地上，却不染纤尘，这的确是一大特色。

走进党家村，漫步在坑坑洼洼的青石街上，一股幽古的气息骤然袭来，两侧的院墙历经岁月的打磨留下了斑驳的痕迹，一条长长的小巷自然延伸至村落深处，颇有几分曲径通幽的味道。石砌的巷道和鳞次栉比的建筑相得益彰，村中形态各异的高大门楼、高耸挺拔的文星阁、高高的矗立的节孝碑、别具一格的四合院、考究的上马石、精雕细琢的门雕都似乎在显示着这个古老村落曾有过的繁荣与辉煌。

党家村完整保存的四合院有125座，它们由北京的四合院演变而来，但又不同于北京的四合院。党家村四合院多为长方形，少数为正方形，俗称“一颗印”。东西厢房较长，为“四檐八滴水”的模式，布局结构紧凑、典雅大方，狭长的院子是以青石铺砌的，整洁美观。北京的四合院精湛的建筑工艺主要体现在通向内院的垂花门上，党家村的四合院则体现在走马门楼上。党家村的走马门楼高大气派，气势恢宏，装饰朴实精美，三雕艺术荟萃，门楼两侧有华美的砖雕峙头，图案丰富多彩，琴棋书画、梅兰竹菊、鹿兔象马、虎牛麒麟以及万字拐、八卦图等无所不包。门外的上马石、拴马桩、拴马环都是用青石雕成的，人物形象形神兼备，表情动作逼真，动物活灵活现，仿佛呼之欲出，狮子门墩尤其令人印象深刻，无论是粗略雕琢还是精雕细刻，这些凶煞猛兽都显得威风凛凛，即使没有咆哮之姿，也尽显王者风范，令人畏惧。

党家村的标志性建筑是文星阁，它是一个六角形的砖塔，塔高为37.5米，有直穿云霄之势，势不可当，然而塔身却很细瘦，显得玲珑有致。六角飞檐末端各悬挂着一只大铁铃，风吹铃摆，发出悦耳的叮当声，据当地人说，如果塔铃连续响两天，十之八九就要下雨。文星阁共有六层，各层都供奉着牌位，顶层供奉的是文曲星，他一手执笔，一手执卷，表情严肃。党家村人重文风，对文星阁极为重视，站在这座古塔下，脑海里不禁浮现出那些穿着青衫的读书人沉静而庄严的面孔，这个不大的村落，仅明清两代就涌现出了5名进士举人和44名秀才，足见党家村鼎盛的文风。

党家村是一个充满魅力的村落，当我们穿行在狭长的石砌巷道上，欣赏这些错落有致、装饰古雅精美的四合院，或者站在直插云天的文星阁的高塔下时，就已然沐浴在了古朴典雅的文化气息里。到了说离别的时刻，却仍不住转过头来时时回望，这个历经沧桑却荣辱不惊的古村落，繁华不再，却定然会光华永驻。

趣闻传说

一百多年前，党家村三兄弟分家，因为都不争财，互相礼让，而被传为一段佳话。

三兄弟之中老大叫党天保，老二叫党天佑，老三叫党之学。党天保负责务农，党天佑做些小生意，供弟弟党之学读书。起初三兄弟生活都很清苦，直到善经商的党天佑发迹，党家的日子才过得滋润起来。

党天佑为了改变党家的生活，跟东家到河南做起了大生意，创下了家业，在家乡兴建了三院房（现大巷），又在后院盖了一条巷的房屋，还在寨子上盖了五院。党家家大业大，是时候分家了。

党天佑很厚道，建议将河南和党家村的家产平均分成三份，三兄弟每人一份。弟弟党之学说家业都是二哥创下的，大哥负责经营管理，自己并未出力，河南的家产自己分毫不取，把村中的财产留一点给他便行。老大说家业都是老二创下的，自己理应少分一点。

三兄弟互相推让，谁也不愿多占家产，所以半年过去了，仍然没有分成家。后来是族内的长辈为他们制定了分家方案，把寨子的四院次旁分给了党之学，把村中一院和寨子上的一院分给了党天佑，把村中下巷几院分给了党天保。河南的家产分成四份，党天佑占两份，党天保和党之学各占一份。党家这才解决了分家的问题。

山 西

碛口——头枕黄河入梦来

碛口位于黄河之滨，具有典型的黄土高原风貌，这里沟壑纵横，目力所及处唯有亘古不变的黄色和灰色，色彩单调，却有一种无法形容的沉雄壮阔之感。在苍蓝的天空映衬下，给人视觉上的冲击力更增添了几分。在这片神奇的土地上，再深邃的目光也无法穿透厚重的历史尘埃。碛口，这个被称作“九曲黄河第一镇”的古镇，曾经有过怎样的浮华和荣光我们已经想象不出了，但是黄河激起的滔天浪花，那激流涌动的浅滩，仍旧为我们勾勒出了“虎啸黄河，龙吟碛口”的壮丽图景。

李白说“黄河之水天上来”，这条孕育出泱泱华夏五千年文明的母亲河，九曲十八弯，裹挟着数以亿吨的泥沙奔涌咆哮而去，气势磅礴，俯冲而下，浊浪排空，宛若天降，其气魄远远赛过“疑是银河落九天”的描述。碛口镇地处湫水河与黄河交汇处，湫水河也是席卷了大量的泥沙，挤占了黄河水道，黄河宽阔的河床陡然变窄，由原来的 400 米猛缩至 80 米，水流变得更加湍急，使碛口镇变成了险滩。人们常常“黄河行船，谈碛色变”，由于商人们不敢在此地行船，就只好把载满货物的船只泊靠在碛口岸边，然后用驼队把货物转运出去，成就了碛口“水旱码头小都会”的地位。

古镇上原有三条繁华的商街，其中一条长街绵延五里，林立的店铺超过400家，街上车水马龙，行人络绎不绝，民谚有云：“驮不尽的碛口，填不满的吴城。”足见其当年的盛况。古镇背山临河，依山势高低而建，许多建筑都是在下面挖筑窑洞，窑顶支撑上层的院落，最高的建筑足有五层窑洞，层层叠叠，非常有特色，形成了黄土高原一道独特的景观。老街是黄河卵石铺砌的，很多房舍已是年久失修，却依然风骨苍劲。那些古老的高墙大院是抹不去的历史痕迹。一条条青石，一排排大瓮，一个个油篓子，一座座饮马槽，都曾经是这里商业文明的见证，而今它们静默无声，似乎已然接受了古镇辉煌远去的事实。

碛口的建筑群依河分布，沿着黄河和湫水河呈直角形排列分布，一条长街贯穿整个小镇，依据地理位置和职能划分为三段，分别为西市街、中市街、东市街。西市街临近黄河码头，那里货栈云集，中市街是全镇主要的商业区，东市街是商旅们去旱路的地点。主街道顺着卧虎山，自东向西沿着湫水河二区，然而逆黄河曲曲折折北上，仅有200米的后街却有18道弯，着实不可思议。主街道南有二道街、三道街，长度依次减短，呈梯子格局。十几条小巷纵横交错与长街形成四通八达的交通网络，街道两侧密布着货栈、商号，商业气息浓郁。

碛口的标志性建筑是黑龙庙，迄今已有三百多年历史了，它坐落于卧虎山上，布局严谨，规模壮阔，甚为奇伟。仰观见其高居石崖之险，倚庙廊俯视，只见黄河水滔滔，整个小镇全在眼底。奇山、河水、古镇、庙堂相映成趣，为秦晋之少有。乐楼音效效果极佳，无须借助任何扩音器，万人看戏，声音响彻苍穹，惊动数里。因此有“黄涛共鸣，湫水助唱”的说法。

过往的商客每每望见高耸在山崖上飞檐挑梁的黑龙庙，便会长长地舒一口气，因为这就意味着要告别险象环生的黄河水道，可以脚踏实地地赶路了。他们纷纷兴致勃勃地卸下沉重的货物，一身轻松地走进客栈，痛痛快快地喝几碗当地的老黄酒，吃一盘油炸花生米解馋，吃饱喝足后就在昏暗的光线下响亮地拨着算盘，认真结算几天来买卖的盈余。所以从某种意义上说，黑龙庙曾经是人们翘首企盼的吉祥路标。

昔日的繁荣兴盛已成为历史，现在的碛口已经完全安静下来了，到了夜里，街畔红灯高挂，一切都显得那么安谧和富有诗意，到了放河灯的日子，水面上漂浮着成千上万闪烁的河灯，摇曳的烛火散发出柔和又诱人的点点红光，从黄河的上游顺流而下，越漂越远，载着人们的美好希冀和祈盼，漂向暗夜深处。

趣闻传说

碛口有一种特产的酱，味道十分特别，相传是一个财主的儿子发明的。碛口有个财主，想要教儿子做生意，便给了他 60 只船和一些钱，让他沿着黄河河岸走，多买些便宜东西。有一天，财主的儿子带着船队来到了一个陌生的地方，他一时不知道该买些什么好，正巧感到肚子饿了，就到餐馆里吃了一碗面条。他觉得面条很好吃，价钱又非常便宜，想起父亲的叮嘱，便打算大量采购面条，于是把所有的钱都用来买面条了，并将其用船队运回了碛口。

财主见儿子买回了那么多面条，气得面如土色，吩咐伙计把面条统统扔掉，财主的妻子认为这么做太浪费了，于是把面条分给伙计和邻居们吃。没想到搭配面条的酱放置得时间长了，发酵后反而更加美味了，人们都很爱吃这种酱，纷纷打听做法。越来越多的人为了尝酱而来吃面条，后来这种特制的酱就成为了当地的一道名吃。

北留——宏伟古朴的名相故里

提起北留镇，也许绝大多数人都会感到陌生，可是提起名满天下的皇城相府几乎无人不知、无人不晓。两者在名气上的悬殊虽然十分耐人寻味，但赫赫有名的皇城相府就坐落在这个籍籍无名的小镇境内。皇城相府枕山面水，城墙宏伟，雉堞连云天，旧院古宅古朴典雅，又有青山作伴、绿树掩映，魅力尽显，堪称太行山上的一朵绮丽的奇葩。

皇城相府又名午亭山村，是康熙三十五年（1696 年）经筵讲师陈廷敬的故居，因为康熙皇帝两次下榻于此，故而得名皇城相府。整个建筑群落依山就势，层层叠叠，形成了一座瑰丽堂皇的明清式古堡，被称作"东方第一双城古堡"。而今斯人已去，古堡犹存。皇城故里，历经风云变幻，风采依然。推开厚重的木门，拉开历史的帷幕，陈氏家族史诗般的传奇故事时时浮现在脑海里，这是一座具有强烈人文精神的东方古堡，浓缩的不仅是陈氏家族的辉煌家族史，还见证了大清王朝的兴衰过往。大型历史连续剧《康熙王朝》当年就在这里取景，那些帝王将相的动人故事就曾经在这里上演。

皇城相府建筑面积为 6 万平方米，分为内城和外城。内城是陈家人的居住地，外城是在内城基础上扩建的。内城由八个互相联通又相对独立的四合院组成，院门口各有一对威武的石狮子。走进相府，首先看到的是斗拱飞檐、金瓦红柱的御书楼，御书楼的雕梁画栋和金黄色的琉璃瓦在阳光的照射下，熠熠生辉。御书楼始建于康熙五十年（1711 年），至今保留着康熙为陈廷敬赐御书“午亭山村”匾额和“春归乔木浓荫茂，秋到黄花晚节香”楹联，运笔俊逸有力、苍劲潇洒、浑厚雄健、气势磅礴，颇有大家风范。

进入中道庄，映入眼帘的是一大一小两座牌坊。大牌坊建于康熙年间，为四柱三门式，龙飞凤舞，珍奇异兽环绕。正楼顶部书有“冢宰总宪”四个大字，其下是对陈氏家族所授官职的描述。护柱雕有狮子滚绣球和梅、兰、竹、菊等花卉植物的图案，狮子雕刻得动感十足，有一种八面威风的凛然感，梅、兰、竹、菊则十分清雅细致，意蕴深远。小牌坊建于清顺治年间，两柱一楼，上书自清代顺治到清代嘉靖年间陈廷敬父辈历代所授的官职。两座巍巍矗立的牌坊，足以使陈氏家族光耀门楣，也体现出主人显赫的地位。

继续前行，便进了总宪府。相传康熙帝南下时曾两次下榻皇城，并钦点陈廷敬之子陈壮履为“新科翰林”，相府前堂因此更名为“点翰堂”，康熙帝穿过的正门随即成了御道，此后所有官民只能从偏门出入。过大门西折复往北走，穿过狭长的通道，可以看到花园、假山、鱼池等遗迹。池中水波荡漾，数尾漂亮的金鱼在水里游弋。花园面积不大，假山怪石、亭台楼阁、小桥流水却一应俱全。曲径回廊，青草吐翠，鲜花争奇斗艳，驻足观赏，心旷神怡。

走进筑居，跃入视野的是皇城相府的标志性建筑——河山楼，它始建于名崇祯年间，正值兵荒马乱的年月，修筑此楼主要是为了避难。建筑材质为砖石，极为坚固，经过四百多年风风雨雨，依旧巍然挺立、雄踞一方。河山楼共有七层，其令人惊叹的高度在明清建筑中是很少见的，这座可以居住的军事防御壁垒，三层以上才有窗户，石门设在二层之上，想要进入堡垒必须经过与地面相通的吊桥，收起吊桥，外人只能望楼兴叹。楼顶设有用于瞭望和侦查情况的口和堞楼，底层联通秘密的地下通道，以作逃生之用。楼内还备有水井、碾、磨等日用生活设施，并贮备了大量粮食，足以应对长期围困。

在皇城相府，无论是雉堞林立的城堡，还是错落典雅的宅院，都能给你以耳目一新的感受，踽踽而行你会忘记了归路，驻足观瞻你会忘记了时间，绮丽的景致和浓郁的历史气息让人深深陶醉。皇城相府，这座雄踞北留镇的豪奢相府，为这个朴实无华的小镇增添了最为光鲜亮丽的一笔，成为人们了解北留镇文化底蕴的一个瞭望口。

趣闻传说

皇城相府是陈廷敬的故居，人们对气派堂皇的相府已然十分熟悉，可是对相府主人陈廷敬才略和品行的了解恐怕就十分有限了。那么陈廷敬究竟是何许人呢？他又有着怎样传奇的一生呢？

陈廷敬曾经做过康熙皇帝的老师，官拜文源阁大学士兼吏部尚书，清廷不设宰相，大学士的官位便相当于宰相。在53年的宦海生涯中，陈廷升迁28次，从未被贬黜，可谓是一路高升、仕途平顺。他参与国家重要事务四十余载，深受康熙帝的赏识和信任，一直是朝廷的股肱之臣，为康熙盛世的出现立下过汗马功劳，在康熙眼里俨然就是一个无可指摘的完人，那么他是凭借什么获此殊荣的呢？这主要归功于陈廷敬的才能和人品。

陈廷敬学识渊博，才华横溢，曾担任过大清皇帝的老师，主持编纂过《康熙字典》，凭借拔萃翰林的才能得到了朝廷的重视，前程一片锦绣。最为难得的是陈廷敬德才兼备，廉洁奉公，从不参与党争，兢兢业业辅佐康熙，面对复杂的环境能独善其身，一生两袖清风，官至宰辅却不改初衷，深得康熙欣赏。

陈廷敬一生励精图治、恪守本分，不仅成就了自己，成为政坛上屹立不倒的常青树，还为大清王朝的长治久安做出了巨大贡献，生前荣耀加身，死后名垂青史，成为中国历史上最受崇敬的名士之一，其故居皇城相府也因为他美好的品德操行而增光不少。

张壁——罕见的袖珍古堡

在中华大地上，古老的建筑因为记录并镌刻了历史而显得弥足珍贵，雄伟的长城、金碧辉煌的故宫、古朴的石碑，美轮美奂，令人叹为观止。如果说古建筑是凝固的音乐，那么由古建筑群落组成的古镇、古村落就是荡气回肠的史诗。张壁，这个集军事、居住、生产、宗教为一体的袖珍型“城堡”，遗留下了夏商古文化遗址、隋唐地道、金代墓葬、元代戏台、明清民居等众多文物古迹，隋唐地道、刘武周庙、琉璃碑等在我国是绝无仅有的。张壁，这个历史悠久的古老村落，堪称一首载录华夏文明的壮丽史诗，值得细细阅读。

张壁地理位置险要，三面沟壑，一面平川，建在海拔 1040 米的山地上，具有易守难攻的优势，建筑群落依山就势，南高北低，错落起伏，井然有序。从堡北向下俯瞰，有三条令人目眩的深沟向下延伸。堡南有三条向外的通道，堡西临近数十丈的悬崖峭壁，堡东有天然沟堑阻隔，可以说张壁具有天然的坚固屏障，面对天险，外敌恐是插翅难入。堡下筑有长达 3000 米，上下三层的古地道，地上筑有可屯甲驻兵的瓮城，堡墙是用挖掘地道的黄土垒砌的，足有 1300 米长，沿着山崖的走势而建，虽然没有采用一砖一石，可是却坚固如铁。城墙南北两侧各设一城门，城门是用青砖和红砂石砌成的，厚厚的城墙、高高的城门将整个村子围得严严实实的，给人以一种戒备森严之感。堡内街巷曲折迂回，还巧妙布设了机关，军事气息浓郁，这一切都说明张壁是一座货真价实的军事堡垒。

主街是一条红砂石铺成的街道，主街东西两侧各有数条小巷。主街的墙壁明显更为高大，街上除了更窑、厕窑和刚刚开张不久的店铺外，所有建筑的大门都背街而设，只要有人关闭巷口的巷门，狭路相逢的巷战便开始上演，逼仄的空间令人窒息，更不要说加上刀光剑影了，想必在古时这些狭窄而封闭的巷道就足以使外敌胆寒。全村的制高点是可罕庙的高台，方便瞭望和观察外面的动向，此处白天挂着猎猎彩旗，晚上红灯高悬，人们这样做是为了传递情报，所以才会有“张壁点灯，介休看明”的说法。

虽然这个古村落本质上是一个森严的壁垒，可是也不缺乏生活和艺术气息，主街是一条红砂石铺成的街道，主街东西两侧各有数条小巷。街道两侧店铺民居林立，参天的古槐翠色欲流，古色古香的门楼精雅别致，十余座庙宇殿堂、亭台楼阁巍然耸立，这些建筑都是琉璃瓦盖顶，溢金流丹，一派金碧辉煌。

古堡地道的设计非常先进，为立体网状结构，在功能上攻防俱备，最上层离地面仅有 1 米左右，中层距离地面为 8～10 米，最下层距地面则高达 17～24 米。地道里设有哨卡、马槽、藏粮洞、伏击窑、通气孔等，各层之间可自由出入，地道曲曲折折地通往全村的各个角落，居室里、水井旁、街巷里都有进入地道的入口，村中的居民随时可以潜往密道藏身，也可以出其不意地出现在任何角落，给予敌人致命一击，扮演来无影去无踪的神秘角色。张壁庞大的地下通道系统，不禁让人联想到了电影《地道战》里的场景。这是劳动人民智慧的结晶，也是特定时代留下的特定产物，是我国军事文化的集中体现。

张壁最大的特色就是“地上明堡，地下暗道”，地下是四通八达的秘密通道，地上兼有民居、寺庙、店铺、城门等，整个村子的格局都是为了过硬的军事防御体系服务的。更绝的是这个微型的古堡地下还藏有一条三千余米长的隋唐古地道，它一直延伸到村外的绝壁下，堪为古今奇观。张壁，这个神秘封闭的古堡，曾经在中国的历史上留下过多少扑朔迷离的故事，而今它虽然已然失去了军事价值，然而却为我们揭开历史至关重要的一页提供了蓝本。

趣闻传说

提起张壁古堡，人们首先想到的历史人物便是刘武周，古堡遗留下来的隋唐地道就是刘武周对抗李世民所建的军事壁垒。刘武周是一位隋朝将领，在隋末唐初时担任农民起义军的将领，曾经两次重挫唐军，成为李渊的劲敌。

公元617年，李渊率军南征，攻克了长安，为大唐一统天下奠定了基础。可是让他万万没有想到的是，他南下不久，刘武周便收编了宋金刚的军队，一举攻陷了太原、榆林、介休，对大唐的统一大业构成了威胁。李渊心急如焚，立即派李世民征讨刘武周。李世民率军远征，众将士三天不解甲，与刘武周多次交锋，击溃了刘武周的主力军队。节节败退的刘武周撤退到了雀鼠谷一带，在张壁古堡囤积了大量的兵马粮草，还挖掘了地下通道，作为军事防御工事，试图负隅顽抗。

最后刘武周兵败身死，李世民大获全胜，唐朝的大业得到了巩固。

张壁人普遍认为他们是刘武周驻扎军队的后人，所以对刘武周这位历史人物始终敬重有加，还专门修建了祠堂纪念他，刘武周和李世民征战的故事也一代代流传了下来。

静升——晋中民居大观园

静升镇坐落在风光优美的绵山脚下，倚山面水，古街、古巷、古建筑散布于山麓间，偎依在清清河畔的王家大院、直指蓝天的文笔塔等名胜古迹是这个古镇悠久历史文化的见证，散发着浓郁的人文气息，大大小小的商铺、光滑可鉴的石板小路，还有那古老的水井和戏台依稀显示出静升镇曾有过的繁荣。

王家大院是静升镇也是整个山西省最大的一座保存完好的建筑群，它是晋中民居的大观园，最能体现晋中建筑的特色。王家大院依山势而筑，随地势高低起伏而变化，层楼叠院鳞次栉比，窑洞瓦房布局合理。整个建筑群落包括高家崖和红门堡，两者东西对峙，遥守相望，由一桥巧妙相连。从选址上看，王家大院居高临下，雄踞静升镇北山坡的黄土高地，气势天成，蔚为壮观，而且从高处俯瞰风景视野更佳，向下看田园浪漫，河水波光潋滟，全镇风景收于眼底，而且周围风光旖旎，夏日林木森森，翠色盎然，冬日周遭粉妆玉砌，有如童话世界一般。

高家崖为前堂后室格局，这种庭院风格早在西周时期已经形成，所以它的设计比较复古。红门堡部分为前园后屋格局，主要是为了应对地理环境。王家大院是混合型四合院建筑群落，规模庞大，站在任何一个院落的高台上举目远眺时，都会感到天地雄浑辽阔，把酒临风，心旷神怡。

王家大院的建筑结构符合力学原理，又贴合美学的标准，并融入了历史学和哲学的基本知识。前院的建筑多为木质结构，后院是双层窑楼，具有典型的黄土文化特色，底层是窑洞，二层是木屋，将木质结构的建筑和砖石结构的窑洞完美融合，而且装饰富丽，雕刻精美，做工精细考究，充分体现出北方民居的特色：坚固、美观、实用性强。

王家大院的雕刻艺术在整个晋中是首屈一指的，匠心独具的精致三雕艺术使整个建筑群落华光四射。雕刻技法纯熟，取材广泛，采用了象征、隐喻等各种表现形式，将花鸟鱼虫、戏曲故事、民间传说精心雕刻或镂刻砖石、木料上，又将儒家文化和汉族传统民俗文化淋漓尽致地表现出来，寓情于物，意蕴丰富。院内有十块高为 1.6 米的墙基石，上面饰有五子夺魁、指日高升、飞马报喜等图案，雕刻工艺了得，凤戏牡丹、喜鹊登梅、一品青莲、杏林春宴等装饰手法，融合了南北文化和情调，体现出了一种包容开放的态度。

比起璀璨夺目的三雕艺术，王家大院的楹联更显得卓尔不凡，无论行书、隶书，还是篆体，都端秀仓健，极具观赏性，内容丰富，寥寥数字，内涵深刻，意境悠远，这些楹联为宅院增添了书香气和儒雅之气，意蕴悠远，耐人品读。

除了气势恢宏的王家大院，静升镇的另外一个代表性建筑便是三晋多塔。三晋多塔又称文笔塔，塔高 26 米，下粗上细，为圆锥形，宛若一支细长的巨笔直指苍天。塔刹为笔尖造型，和作为笔杆的塔身完美融为一体，形成文笔冲天的气势。塔旁有一打谷场，打谷场上状如墨砚的碌碡和一方长年不枯的水池，笔、墨、水、砚俱全，寓意此地人才辈出，文脉不断。

有人说建筑是不朽的艺术，有人说建筑是无声的书卷，静升镇在黄土高坡上建造的深宅大院和静静矗立数百年屹立至今的文笔塔，不仅向我们展示了北方独特的建筑文化，还为我们勾勒出了一幅波澜壮阔的黄土高原风情画。静升是一部厚厚的史书，你只有怀着敬畏之心，才能真正了解其丰厚的历史文化沉淀。

趣闻传说

在静升镇，王家是一个影响力颇大的家族，这从气势恢宏的王家大院便可窥见一斑。王家人多涉足官场，有的在刑部任职，有的在户部做过郎中，还有的做过知府、知州、县令等。清康乾年间，为王家题匾题诗撰联撰文者皆为文化名人和朝廷政要，可见王家地位无比显赫。王家出了不少大人物，其中不乏忠勇刚烈之辈。

乾隆三十年（1765 年），王家子孙王如玉奉命赶赴四川平叛，在途中遭遇了埋伏，虽然险象环生，王如玉却面不改色，横刀立马奋力拼杀，歼敌无数，可惜寡不敌众，没能突破重围，最终战死沙场。事后，朝廷为表彰其忠烈精神，为其立坊挂匾，并赐予王家许多抚恤银两，其后世子孙也因此受荫，得到了朝廷的重用。

道光年间，王家子孙王奎聚没有顺利涉足官场，便投幕于山东阳谷县衙。咸丰四年（1854 年），太平天国攻打县城，县令文公劝他早早逃走，说他只是幕友，不拿朝廷俸禄，无须舍身。王奎聚却说一定要严遵祖训，不失忠义，像先祖王如玉那样乐于马革裹尸，战死沙场。他一直死守城垣，最终城破身亡。事后阳谷县为其建立祠堂供奉，表彰其忠义行为。

平遥——粗犷悠远的古城池

平遥古城是豪放、苍凉和粗犷的，这里受到过战火狼烟的洗礼，有过金戈铁马的悲壮，它属于大西北，属于黄土高坡，悠远、粗犷、豪迈，有着黄土的韧性和刚强。它曾是一座坚固的城池，那巍峨的古老城墙、固若金汤的瓮城，就是历史的明证，而今烽火硝烟远去了，大西北的高

坡上依旧回响着荡气回肠的信天游。这座古城也有属于自己的儿女情长，同时又不乏灿烂的民间艺术文化，一把剪刀、一双巧手就能创造出精美绝伦的剪纸艺术品，瞬间剪出一座西北古城的明晰轮廓。平遥的味道也是独特的，一盘牛肉，一碟老醋，就能让你领略什么是豪气干云的西北风情。

平遥古城墙屹立于古城的中心位置，始建于西周宣王时期，是陕西现存的规模最大最古老的一座城墙，总长度为6157米，墙高6～10米，垛堞高耸，垛堞连绵，奎星楼、点将台、文昌阁分布其间，格局颇为独特，整个城池的平面结构形似乌龟，遂平遥被称为“龟城”。城墙外部以砖石铺砌，内部则用泥土夯实，东西两侧筑有四座瓮城，两两相对，便于防守。瓮城均为方形，高大森严，城门设在侧面，利于士兵从大城和瓮城两个方向御敌，共有内、外两个城门，如果遇到可疑情况，守卫立即关闭两座城门，即可形成“瓮中捉鳖”的优势。

瓮城上建有城楼和角楼，每隔50米，筑有一座观敌楼，整个古城墙上共设有72座观敌楼，垛口共有3000个，象征着孔圣人3000门生和72名学有所成的弟子。这道坚不可摧的军事壁垒却以儒道诠释，文武辉映，实则有趣。巍峨绵延的古城墙，在夕阳的映照下，显得越发深沉厚重，不由得让人想起了明人任良弼的一首古诗：“山城周室六军台，世远星移紫雾埋。将垒四围无铁马，女墙半落有苍苔。殿廊重建人安在？草木成林鸟复来。从今谁主争雄地？明月清风任往回。”

古城完好地保存了四百多栋古民居，其建筑形式分为三种：第一种是砖木结构的瓦房，第二种是瓦窑洞加木廊外檐，第三种是下为瓦窑洞，上为二层木楼。民居布局符合四合院的规格，各建筑严格地按照中轴线分布，院落中间以矮墙、垂花门分割，屋舍多是黛瓦粉墙。

平遥古城店铺林立，装饰风格古色古香，其中最具文化风韵的当属一间间各具特色的剪纸铺了。那琳琅满目、精巧入微的剪纸艺术品绝对会让你惊讶不已。平遥的剪纸工艺尤为精湛，其线条明快流畅，意境悠远，图案精彩纷呈，花鸟鱼虫、飞禽走兽栩栩如生，《红楼梦》、《水浒传》等经典名著中的人物形神兼备，逼真传神。这些剪纸作品或质朴大气或婉约柔美，花样繁多，剪刻细腻，给人以心灵的震撼和性情的陶冶。古老的黄河文化激发了一代又一代三晋人的创作激情，每当逢年过节或是举办婚礼、寿宴，人们都要把精美的剪纸贴在门窗、灯笼、礼品上做装饰，以此增加喜庆的气氛。因此剪纸铺的剪纸作品在当地一直颇受欢迎，这种传统的民间艺术文化由此得以世代传承。

平遥的饮食文化也非常有特色，和山西大部分地区一样，基本上以面食为主，馒头、烧饼、打卤面是当地人的主食，最美味的菜肴当属平遥牛肉了，它是精选优质的小牛腿肉制成的，肉质鲜嫩爽口，不腻不柴，口感极佳。在山西，醋是最具代表性的调味品，平遥最久负盛名的特产也是老陈醋，它从明朝中期开始就已经远近驰名了，风味尤为独特。来到平遥，津津有味地吃一盘当地特产的美味牛肉，品一品最正宗的老陈醋，那狂放、率直的大西北的味道就全都在嘴里了。

趣闻传说

康熙年间，平遥曾因为一把雨伞闹出了一段官司，成为民间的一则趣闻。相传范村人宋忠原背着一把大伞到平遥城看病，行至落邑村村南时，天空突然乌云密布，眼看就要下一场大雨了。邻村人毋连迟慌慌张张地跑了过来，请求借伞避雨。宋忠原答应了，两人一起同行，没过多久果然天降暴雨，多亏了宋忠原帮忙，毋连迟才没有淋湿。

行至高林村时，因为风大，背着大伞的宋忠原累得大汗淋漓，毋连迟于是接过了他的伞，来到了南门外的一家饭庄。雨霁天晴后，宋忠原来取伞，毋连迟却迟迟不肯归还，还说雨伞是自己的，两个人吵得不可开交，一直闹到了平遥县署。

升堂后，知县让宋忠原讲述了事情的原委，毋连迟却不认账，坚持说雨伞是他的。两人各执一词，县令不好定夺，思索了一会儿，把惊堂木一拍嚷道："大胆刁民，这点鸡毛蒜皮的小事也敢闹到县衙，把本县当成杂役不成?"说完就气冲冲地把伞撕得粉碎，当即把破伞抛下堂来，然后不由分说地下令退堂。

宋忠原从堂上下来，因为心疼自己的那把伞，流下了伤心的眼泪，而毋连迟因为没有受到任何损失，脸上露出了幸灾乐祸的表情。两人没有走出县衙几步，就被重新传唤到大堂上，通过两个人退堂后的表现，县令认定伞是宋忠原的，于是重责了毋连迟，判他罚钱十贯，并赔偿宋忠原一把新伞。

内蒙古

室韦——草原上的俄罗斯风情

室韦是一代天骄成吉思汗的故乡，马头琴声悠扬，玛瑙草原神秘而辽远，不由得让人想起“天似穹庐，笼盖四野。天苍苍，野茫茫。风吹草低见牛羊”的优美诗句。这里有保存最完好的原生态自然景观，额尔古纳河水潺潺流淌，白桦挺拔、山花烂漫，与俄罗斯的奥洛契村隔河相望，是我国唯一的俄罗斯民族之乡，充满了浓郁的异国情调。森林、草原、俄罗斯风情成为这个小镇最大的特色，旖旎的自然风光和独特的民俗风情赋予了这个边陲小镇无可抵挡的魅力。

“室韦”是林中人的意思，成吉思汗完成统一蒙古的大业后，从室韦走向了世界，这里的草原曾经孕育了蒙古文明，现在的室韦人依旧有草原鹰的影子，勇敢、坚强、热情、豪放。19 世纪末，沙俄贵族和资本家纷纷来到我国开矿、经商，逐水草而居的俄罗斯平民出现了一股移民潮，逐渐在室韦安定下来。迫于生计，我国的淘金者和猎人也移居到了室韦，和俄罗斯人通婚后，室韦逐渐成了华俄后裔的聚集地，形成了今日的俄罗斯民族乡。这里的民风民俗至今保留着浓厚的俄罗斯风格。

室韦镇位于中俄边界的额尔古纳河畔，河的左岸是俄罗斯的奥洛契村。额尔古纳河宛转萦回地静静流淌，以优美的曲线勾勒出巍巍中华雄鸡版图上的巨冠，沿岸土地丰饶、水草丰美、林木森森，分布着中俄两国的村庄。在额尔古纳河畔，对岸的异国风光尽收眼底，俄罗斯牛羊遍地、鸭戏池塘，木刻楞映衬着苍蓝的天空，一派原始的俄罗斯风情。沿着河岸走马信步，眼前是浩瀚无垠的大草原，一群群牛羊悠闲地吃着青草，美丽的俄罗斯姑娘挥舞着鞭子，骑着骏马疾驰而过，留下一抹矫健的倩影。这样的画面美好得让人感觉有点不真实，可是它确确实实是真实存在的。

走进室韦小镇，街上只有三三两两的行人，不时有几个金发碧眼的少年牵着小狗悠然地走过，沙石铺砌的“中央大街”缓缓地延伸到远方。白桦木篱笆围起的院落，焕发着天然的美感，具有浓郁俄罗斯风韵的“木刻楞”散落在蓝天绿野间，就像童话世界里的小木屋，唯美、原始、古朴、自然，比任何现代建筑都更富亲和力。

木刻楞是典型的俄式建筑，全部用圆木对接垒成，不费一钉一铆，全凭木架相互咬合，但却异常坚固。室内铺有木质地板，干净整洁，十分雅致。木刻楞风格简约，透着一股粗犷的美，而且冬暖夏凉，住在里面非常舒适。有的木刻楞建有阁楼，还设有木质的桑拿浴室，阁楼里备有为桑拿房供热的炉子——葛栏。室韦人的精致小木屋给人留下的印象极为深刻，这一栋栋简朴美观的房舍，皆是当地人就地取材而建，既是大自然的慷慨馈赠，又是室韦人劳动创造的结晶。试想一下，足不出户待在自家的居室里，就能闻到天然木材散发的馨香，这是一种多么美妙的事。那粗糙的木头纹理有着清晰的质感，摸上去就像在和亘古的大自然对话，这种感觉是在别处找不到的。

来到室韦，一定要充分利用不出国门便能近距离接触俄罗斯民风的机会，住一次木刻楞、观赏一次俄罗斯舞蹈、尝一次正宗风味的俄式晚餐。室韦人保留了很多游牧民族的习惯，性情坚韧，个性奔放，劳作之余，常常聚在一起载歌载舞。踏进草原，你便会被悠扬的手风琴声和欢快的俄罗斯舞蹈包围。边赏歌舞，边品尝俄罗斯正宗的列巴，再配上酸黄瓜、鱼子酱和红豆酒，瞬间就能感受到浓郁的异国风情。更有趣的是，许多长着中俄混血面孔的室韦人能说一口流利的东北话和山东话，所以和他们交流起来几乎没有任何障碍。

室韦是一个神秘的所在，这里是我国游牧民族的发祥地，又由于特殊的地理位置和历史原因，成了俄罗斯族人和华俄后裔的故乡。浓浓的草原风和浓郁的异国情调，交织融合，构建起了非常独特的文明，或许这就是人们为此着迷的原因所在吧。

趣闻传说

室韦是蒙古室韦突兀部落的发祥地，因此流传着许多关于一代天骄成吉思汗的故事。相传，八百多年前，成吉思汗出生在额尔古纳河流域的"蒙兀室韦"部落里，其父是乞颜部落的首领，刚刚联合同盟打败了宿敌塔塔尔部落，俘获了敌人的首领铁木真，为了纪念这次胜利，就把刚诞生的男孩取名为铁木真。铁木真 9 岁时，父亲被塔塔尔人毒死，蒙古草原陷入动荡。凶险的成长环境，使铁木真养成了坚韧、勇敢的性格，他暗暗发誓要替父报仇，还要统一蒙古草原，结束部落间连年的征战。

长大后的铁木真成为了杰出的军事人才，他深谙兵法，又精通谋略，每次打仗都身先士卒，其率领的铁骑成为蒙古草原上最强悍的军队，后来他消灭了害死父亲的塔塔尔部落，终于报了大仇，又陆续征服了蒙古高原的其他部落。1206 年，44 岁的铁木真被尊为全蒙古的大汗，尊号成吉思汗。成吉思汗统一蒙古后，建立了蒙古帝国，一度西征，在客观上促进了东西文化的交流。成吉思汗凭借着雄才大略和勃勃野心成为了蒙古人心目中最有影响力的英雄。

额济纳——胡杨林的生命之歌

额济纳，一个遥远神秘的边陲小镇，放眼望去，是一片广袤无际的戈壁、沙漠，不由得让人联想起王维“大漠孤烟直，长河落日圆”的描述，可是它却没有那么苍凉。澄蓝的天空、浩瀚的大漠、金色的胡杨林以及醉美的夕阳霞光，构成了一幅色彩绚烂的迷人画面，那大漠落日中的驼影、那成片成片明媚灿烂的胡杨林、那枯而不朽的怪树，组成了额济纳最为独特的景观。这一切都仿佛在提醒你，在这片干渴而热情的沙漠上，有一个比绿洲更美的地方，它就是胡杨林的故乡——额济纳。

在人们的固有印象中，大漠是荒凉而苍茫的，干燥的气候、稀疏的植被、稀少的人烟，是浩瀚沙漠的共同特征。然而额济纳却是不同的，因为它是胡杨的王国。到了秋天，胡杨林仿佛一夜之间被熏染成了绚烂的金色，每一片叶子都绽放出了最耀眼的光辉，处处闪烁着跳跃的火焰，金黄的叶子被阳光照得通透，叶片变得脉络分明，从婆娑的枝叶间望向湛蓝的晴空，真不敢相信自己的眼睛，金光闪闪的树叶映衬着幽蓝的天空，那种色彩上的强烈反差着实令人震撼。如果你是诗人，会搜肠刮肚，试图用华美的言辞来形容它；如果你是画家，会倾尽所有的热情，想要用最艳丽的彩色来描摹它；如果你是摄影师，会忍不住耗用大量的胶卷来捕捉和定格它的美。

胡杨林是大漠里的桃源盛境，它挺拔的造型、迷人的色泽和多姿的线条，无一不引起世人的惊叹和迷恋。那一抹望不穿的黄，是生命的华丽赞歌，凄美而壮丽，漫步其间，你会忘乎所以，更会欣喜若狂。额济纳林区面积多达 38 万亩，额济纳河沿线共有八道桥，每道桥都各具特色，且都被胡杨环抱。胡杨林最佳观赏地位于一道桥和八道桥之间，其中二道桥水域开阔，又有圆形的蒙古包和低缓的沙丘相称，金秋胡杨也显得更富有生机。三道桥是最热闹的地方，胡杨林中常有骆驼、骏马和羊群出没，这些沙漠生灵给整个画面带来了锦上添花的效果。

额济纳最负盛名的胡杨林位于四道桥，当年张艺谋拍摄《英雄》就是在这里取景。电影中，两个美艳的红衣女子在漫天飞叶中打斗，画面唯美，色彩浓烈，人们都说从没有见过这么美的叶子，更不敢相信它们会出现在贫瘠的沙漠中。那片征服了亿万观众眼睛的胡杨林，成为了人们心目中最美的画页，而额济纳，这个默默无闻的小镇自此也成了人们的向往之地。人说天地自有大美，只要你用眼睛去观察，用心灵去感悟，沙漠也会充满诱惑和激情。

在沙漠深处生根发芽，蔚然成林并不是件易事，可是胡杨做到了，这里的干旱、烈日、风沙并没有让它屈服，恶劣的自然环境造就了它不屈的灵魂，它用顽强的生命和绚烂到极致的色彩书写着属于自己的生命史诗。即便它倒下了，成为了死亡之林，也仍向世人展示着自己的铮铮铁骨。在怪林，有一片枯死的胡杨，它们的生命在一百多年前就终结了，树皮已经剥落殆尽，强劲的风沙不断侵蚀着它们，保留了它们最后的造型，有的横卧伏地，有的做挣扎状，似乎在仰天长啸，有的俯身颔首，似乎在低低地悲吟。它们就像战死沙场的壮士，共同谱写出了一曲大漠悲歌，告诉我们一个最为简单的道理，那便是生命是不朽的，精神亦然。

大漠中的胡杨，是对生命的最高礼赞，它美得壮阔，沙尘不曾征服它，世间也没有什么力量能让它臣服，无论面临多么严酷的境遇，它都顽强地生存下来了，并轰轰烈烈地铺开了灿烂的颜色，那是金色的凯旋，置身额济纳，你便会读懂其中的意义。

趣闻传说

额济纳境内的古遗址可谓是星罗棋布，然而最受人关注的却是黑城，黑城古称亦集乃，那么人们为什么把它命名为黑城呢？相传黑城的得名源于当地的一名将军。

古时候，亦集乃驻扎着一支蒙古军队，军队中有位皮肤黝黑的彪悍将军——哈喇巴特尔，他经常头戴黑色头盔，脚蹬黑靴，看起来英姿飒飒。哈喇巴特尔骁勇善战，治军严明，又懂得体恤百姓，深受群众拥戴，大家尊称他为黑将军。有一年，明军趁元朝内讧，集合了大量的兵力进攻亦集乃，将城池重重包围。由于朝廷危机四伏，无暇顾及亦集乃，黑将军迟迟等不来援兵。

两军对峙数日，黑将军多次打退了敌军的进攻，后来敌人连夜筑起堤坝拦河，使河水改道，城中水源断绝，大批的将士被活活渴死。黑将军忧心如焚，为了求得一线生机，带领士兵昼夜不停地打井，可是无论挖了多深，也始终不见一点湿土，井壁坍塌还压死了不少士兵。最终黑将军决定带领残存的将士杀出城外，经过一番浴血奋战后，全军覆没，黑将军自刎身亡。人们为了纪念他，就把亦集乃改称为黑城。

河南

荆紫关——一脚踏三省，浩气贯长空

荆紫关历史悠久，早在春秋战国时期，就已经成了一个人来熙往的码头，码头上桅樯林立，商船绵延数里，丹江横贯东西，见证了这里的商业传奇。而今这个一脚踏三省的古镇，遗留下来的古码头、古街道、古建筑成为了最好的明证。

站在高处俯瞰荆紫关镇，只见丹江河绕镇奔流而下，宛若一条飘逸的白练，给古镇平添了些许灵动的色彩。毗邻河道的是一条绵延五里的长街，街道两旁集中了七百多幢砖木结构的清代建筑，仅在一条老街上就云集了如此大规模的古建筑落，这在全国都是非常罕见的。在这里，精美的雕刻、色彩斑斓的壁画和夺目的古彩绘比比皆是，山陕会馆、平浪宫、禹王宫等名胜古迹星罗棋布，游客驻足其中，不由得生出一种梦回大清的恍惚感。

山陕会馆精雕细琢的廊柱，平浪宫外气势恢宏的钟鼓楼，禹王宫里巧夺天工的壁画，在岁月的洗礼下显得更为古朴也更加光彩夺目。若论雕刻艺术，山陕会馆堪称一绝，木雕、石雕均栩栩如生，门两侧各伏有一尊造型威武的石狮子，门楣和檐间有两层精细的石雕图案，戏楼的前后檐饰有唐僧取经的木雕图案，人物形象丰满，动作神态逼真，足见技艺精湛。钟楼和鼓楼内部饰有“哪吒闹海”、“仙鹤送书”等取材于神话传说的木雕。

平浪宫是由船工集资兴建的，浩浩丹江，不可能永远风平浪静，船行江上自是有几分风险，船工们为了祈求平安到达目的地，就在街市南端建造了一个十分特别的建筑——平浪宫，建筑的装饰都与船工们的生活息息相关，反映出船工对未来美好生活的向往。

古街上的建筑基本上原汁原味地保留了原来的风貌，清一色黑漆的门板门楣，古色古香，色彩凝重而古雅。从风格上来看，既有着北方建筑的宏阔与大气，又不乏江南的精致和细腻。远远望去，青砖灰瓦层叠错落，飞檐翘角勾勒出完美的天际线，大红灯笼高高挂起，给人以一种深宅大院的清幽感。而细观之下，又别有一种风味。走进寻常百姓家，推开厚重的木门，只见墙壁上挂满了农具，纤细的竹编立在墙头，做工是那么精细，简直可以视作艺术品。老字号的商铺里，坐满了喝茶的人，历史和现实在同一个空间里交织，似乎有着泾渭分明的界限，又似乎融为了一体，让人无法甄辨。

五里长街被称为明清长街，因为它的缘故，界碑界定的河南就显得热闹了些，街上药铺、商行林立，游人络绎不绝，经营店铺的老人时常搬条木凳坐在自家门口，身后是幽暗的门板，他们悠闲地看着来来往往的行人，神情淡然，似乎所有的热闹都与自己无关。

紫荆关古街上最引人注目的景点当属界碑了，它只是一块仄石，然而这小小的仄石却像泰山一样有分量，把紧邻的街区划分成了三段，南面属于湖北，北面属于陕西，下方属于河南。由于街道不是完全笔直的，所以有的人家上屋隶属于湖北，庭院却属于陕西。而紫荆关的白浪街则有着一脚踏三省的说法。

在这条小街上，屋舍犬牙交错，分界线其实是很难确切划清的，然而即使近在咫尺，无论是在建筑风格还是风土人情上都是截然不同的，均带有鲜明的地域色彩。比如湖北的屋顶多为马鞍形，陕西人的屋子都是前低后高的，而河南人的屋顶都是平顶。最为有趣的是，街坊邻居有唱豫剧的，有哼秦腔的，还有喜欢汉剧的。走在街上，你可以同时听到三种腔调的曲目，而且随便走走就能出省，这的确是一种非常有意思的体验。行走在多元化的老街上，会觉得脚步分外轻快，这轻轻一踩，踩到的可能是历史的尘埃，也可能是其他地域的文化沉淀，就仿佛是在不同的时间和不同的空间里穿梭，这种感觉自然是非常自由和惬意了。

趣闻传说

据说荆紫关原名为金子关，因出产金子而得名。相传在很久以前，曾有两个纤夫和一个老板途经这里，船老板见此处山水秀美、风光旖旎，便带着两个伙计弃船登岸游玩。老板沉醉于优美的景色中，边走边欣赏山光水色，走着走着，不知被什么绊到跌了一跤。低头一看，地上竟有一块金灿灿、亮闪闪的金子。他欣喜若狂，立即把金子据为己有，并打起了淘金寻宝的主意。

老板认定此地蕴含金矿，不过一个人的力量有限，要想找到更多的金子还得依赖手下的两个伙计，于是便把随行的两个纤夫叫来，承诺要给他们盖房娶妻，诱惑他们和自己一块淘金。这两个纤夫一个叫金大，一个叫金小，都是穷苦出身，听到老板描绘的宏伟蓝图，顿时热血沸腾，便死心塌地地跟着老板一起淘金。很快三人就捡到了满满一船舱的金子，两个伙计都想回家，老板不同意，他不愿与别人分享财富，遂起了杀机。

狡猾的老板诓骗两个伙计把金子埋在河岸，告诉他们用树籽儿封住藏金的洞口，然后插荆条做标记。老板吩咐金大去砍荆条，自己和金小负责埋金。金大见老荆树被砍得七零八落，不由得伤心落泪，孰料老荆树竟开口了，对他说起了老板谋财害命、独吞金子的企图，并嘱咐他带上荆条对付老板。

金大赶回去的时候，金小已经命丧刀下，老板凶相毕露，手持钢刀向他扑来，金大慌忙把手中的荆条对准老板，摇了一下之后老板双眼失明，又摇了一下，老板发出了凄厉的惨叫声，接着死在了江里，摇到第三下时，江上刮起一阵大风，把载满金子的大船掀翻了。金大看着地上剩余的金子，想起金小的惨死，只觉得财富害人，贪心是祸，便一边撂金子一边狂笑起来，笑着笑着就咽气了。后来藏金坑洞里的荆籽在雨水的滋润下慢慢发芽了，上面的荆条也渐渐长成了一片荆木丛，蓝紫色的荆花次第绽放，开满了江岸和山野，后来人们就把金子关更名为荆紫关了。

朱仙镇——悲情化尘土，不见将军奏凯歌

朱仙镇是悲情的，提起朱仙镇，人们必然会想到爱国将领岳飞和他的那首《满江红》，“抬望眼，仰天长啸，壮怀激烈”的悲愤，“三十功名尘与土，八千里路云和月”的惆怅成为了这位爱国诗人最令人叹惋的基调。朱仙镇成了一代名将最后的战场，当年岳飞就是在这里收到12道金牌班师回朝，继而被奸臣所害，留下了千古遗憾。人们为了纪念他建起了岳庙，朱仙镇也因为这座古庙成了人们悼念一代爱国志士的地方。

朱仙镇外，是一片丰美的良田，显得如此的诗情画意，谁又能想象到，这里曾经是金戈铁马的战场，岳家军将士曾在此地浴血奋战，谱写出了一曲慷慨激昂的热血赞歌。当年，岳飞在这里实现了精忠报国的光荣梦想，也同样是在这里走向了悲剧性的结局。镇口赫然矗立着岳飞的塑像，旁侧的石碑上书有镇名。有一条小河纵向穿镇而过，把整个小镇划分成了东西两部分，河道两旁分布着古朴的老店铺。到了盛夏，河里开满了荷花，田田的叶子衬着朵朵莲花，眼前的景象只用一句诗便足以概括，那便是“接天莲叶无穷碧，映日荷花别样红”。可是荷花的美不只在于外在，更在乎其神韵，于是脑海中不停地搜索起关于描写荷花高洁品性的诗章来，比如“予独爱莲之出淤泥而不染，

濯清涟而不妖，中通外直，不蔓不枝，香远益清，亭亭净植，可远观而不可亵玩焉”，这种品格不正是对岳飞人格的精准描述吗？

朱仙镇最负盛名的建筑当属始建于明成化年间的岳庙了，它是后人专门为民族英雄岳飞而建。岳庙殿堂恢宏壮观，碑亭林立，刻绘塑铸绚丽多彩，于谦、乾隆皇帝等历史名人还曾在此留墨。走进庙门，首先映入眼帘的是万俟卨、张俊、秦桧、王氏、罗汝辑五位奸佞之人的塑像。由于百姓对这五大奸人恨之入骨，所以把他们塑造得丑态毕露，个个都是一副狼狈相，五个奸党双手被反绑，且都是跪姿，似乎在向英雄叩首谢罪。

岳庙大殿的正中立着岳飞的泥塑人像，塑像高达 4.3 米，是全国最高的岳飞像，他头戴帅盔，身披金甲，脚蹬虎头战靴，显得威武雄壮、器宇不凡。然而他并不单纯是一名骁勇善战的武将，这从他的塑像上可窥见一斑，他身着紫罗袍，手执兵书，隐隐透出一股书生气，显然他是个有勇有谋的儒将，而且是个文武双全的奇才，否则也不能写出像《满江红》那么脍炙人口的诗词。岳飞表情凝重，浑身上下透着一股凛然的正气，令人肃然起敬。

塑像上方悬挂着“还我河山”的匾额，乃是岳飞手书的复制匾，笔力苍健，从中可以看出这位抗金将领收复祖国大好河山的决心，左右楹柱上有一副楹联，是河南省诗词家协会主席李允久先生所撰，书法家周俊杰先生所书，上联是“一笑十牌凭浩气”，下联是“常思三字仰精忠”。

正殿后为后寝宫，里面有岳飞夫妇青铜鎏金像，还有“岳母刺字”的彩塑。相传岳飞毅然从军时，母亲为了激发他的爱国情怀，在他的背上刺下了“精忠报国”四个大字，在以后的军旅生涯中，岳飞时时不忘母亲的教诲，以收复失地、一雪民族前耻为己任，最终打造出了让金军闻风丧胆的岳家军。金人曾说：“撼山易，撼岳家军难。”足见岳家军的战斗力。在庙里有一口重达千斤的大钟，钟高 1.5 米，为宋代所铸，上书“国泰民安，风调雨顺”的字样，是大宋百姓用缴获的数万件金兵兵器铸造的。

走出岳庙，天色已晚，巍峨的庙宇在苍茫的暮色中越发显得沉郁，一代爱国志士含冤而逝了，可是他的精神却永远鼓舞着热爱他的人。每年都有敬重和仰慕他的人从远方来到朱仙镇，专门到岳庙凭吊他，人们用自己的方式表达着对这位民族英雄的怀念。朱仙镇，这个岳飞留下过悲怆传奇的地方，因此也在中国历史文化名镇上有了举足轻重的地位。

趣闻传说

在朱仙镇流传最广的一段传说便是岳飞大战朱仙镇。相传宋高宗年间，金人完颜阿骨打第四子完颜宗弼南下进犯，力图一举歼灭大宋，岳飞临危受命，率军驰援，颜棕弼扬言要大军压境郾城，宋高宗惶恐，命令岳飞不要轻易出战，岳飞却认为金人色厉内荏，不足为惧，率兵冲锋陷阵，杀敌无数。

金兵有一支精锐部队叫拐子马，作战时每三匹马用绳索相连，马上骑兵身披重甲横冲直撞，势不可当，宋军多次败给了拐子马。岳飞经过一番研究，发现了其中的破绽，令士兵挥镰砍马足，一匹马倒地，与其相连的马就不能作战了，绳索反而成了负累，结果拐子马大败，金兵人马死伤不计其数。

完颜宗弼败走，逃到颍昌，岳飞奔赴颍昌，和部将王贵合力追剿金军，又取得大捷。完颜宗弼又逃窜到离汴京 45 公里的朱仙镇，岳家军火速拦截，构成了防守汴京的一道防线。岳飞乘胜追击，不给金军一点喘息的机会，派精锐部队冲向敌阵，岳家军浴血奋战，金兵再次败走，狼狈向汴京逃窜。岳家军连连告捷，声威大振，可是宋高宗听信了投降派秦桧与金讲和的谗言，命令岳飞班师回朝，一日之内发下了 12 道金字牌。岳飞长叹道："十年之力，废于一旦！"遂下令班师。

朱仙镇的百姓听说岳家军要撤离，众人拦马痛哭，他们担心金军报复。岳飞没法违抗圣旨，只好奉劝百姓出城逃命。岳家军撤军时，很多百姓携家眷和军队一起南下，后来定居在湖北山水上游一带。

岳飞班师回朝不久，便被解除了兵权，后来被秦桧、张俊等人以"莫须有"的罪名杀害，时年 39 岁。一代抗金名将没有战死在沙场上，却无辜冤死，何其可悲可叹！

上海

朱家角——桥影流虹一洗秋，清水长天共一色

朱家角坐落于上海西郊，濒临淀山湖，又有黄金水道槽港河穿镇而过，水域辽阔，河道纵横，站在放生桥上居高临下，两岸美景一览无余，烟波浩淼的水面上，船只往来穿梭，沿岸蜿蜒的小巷和黛瓦青砖的古建筑氤氲在迷蒙的水汽里，真有几分烟雨江南的味道。难怪它还有个雅致的名字叫作珠溪，像珠玉一样温润剔透，又不乏水乡的灵秀，实在是妙不可言。

朱家角是名副其实的水乡，桥自然成了它最大的特色。小桥流水是朱家角的精髓，如果把柔美的流水比作小镇的秀发，那么精巧坚固的小桥便是它乌发上的玉簪，看似不经意的一绾，或婉约或平和，万种风情尽在其中。36座古桥风韵犹存，把蜿蜒的长街点缀得分外清丽，然而朱家角的桥并不同于传统意义上的石拱桥，也不像周庄的古桥那样错落有致，朱家角的桥总是那么毫无征兆而又自然而然地出现在河面上，供两岸人家通行，起到的是不可或缺的作用。

放生桥是小镇最具代表性的石拱桥，也是上海最长、最高的五孔石拱桥，它雄踞槽港河之上，联动朱家角景区的南北两部分。整座桥气势

如虹，桥上有龙门石，上面刻有八条盘绕的游龙，形态逼真，活灵活现。桥顶有四只造型奇特的石狮，皆是昂首张嘴，但却一点都不狰狞，反而显得憨态可掬。站在放生桥上环顾四周，观赏黛瓦粉墙的民居和桥下来来往往的小舟，顿感心胸无比开阔，登高望远未必非要爬上泰山不可，站在高高的石拱桥上，其实也能获得类似的感受。

放生桥是一个不错的观景点，可是它的价值远不止于此，顾名思义它的最大用途在于鼓励人们放生。每年的农历初一、十五，人们都会聚到桥下将各种水生动物放生到河里，这个习俗始于明朝隆庆五年（1571年），一直延续至今。现在仍可看到许多人纷纷将小鱼和小龟放归河里，对人类来说这只是一个小小的善举，可是对自然界弱小的生灵来说却意义重大，生命是应该被尊重和认真对待的，放生无疑是一种敬畏生命的表现。

朱家角水系纵横，有九条长街依水而建，沿着河巷漫步，不时会看到几只小船悄无声息地划过来，艄公动作娴熟地摇着橹，船影慢慢地远去，消失在水天相接的画面里。如果茫茫的水域让你感觉视觉疲劳，你可以欣赏一下古镇的建筑。朱家角街道两侧是飞檐翘角的明清建筑，古宅有四五百幢之多。据说朱家角有二十六弄，其实它的古巷远远超过26条，其路街相通，街弄相通，弄弄相通，形成网络式错综复杂的格局。古弄深巷数量之多，年代之久，环境之幽，是其他江南古镇所不能比拟的。穿梭在古弄幽巷中，如入迷宫，与北方多如牛毛的胡同有着异曲同工之妙。

朱家角的特色是“小桥流水自然景，原汁原味明清街”。沪上第一明清大街的北大街，号称“长街三里，店铺千家”，久经风雨洗礼，还能保持得如此完好，那“一线天”似的独特构筑，莫不让人称奇，林立的老店红灯高悬，把古老的街道点缀得更有韵味了。如果说周庄玲珑雅致，似温婉的小家碧玉，那么朱家角在气质上更接近落落大方的大家闺秀。古镇面积为周庄的三倍多，街巷纵横，名胜古迹云集，花岗岩铺砌的街面整洁美观，更为难得的是人文景观和自然风光和谐共融。

朱家角的自然风光在于一山一湖，山是淀山，此山虽然既不高峻也不雄起，可是名气甚大，主要是因为登山望湖，湖光山色美不胜收。湖是上海最大的天然淡水湖淀山湖，面积为62平方公里，是杭州西湖的11倍，站在山顶俯瞰，湖水苍茫，水天一色，给人以浩渺之感。湖畔芦苇轻摇，野鸭水鸟突然惊起，映着瑰丽的晚霞，真有几分“落霞与孤鹜齐飞，秋水共长天一色”的感觉。

朱家角山美、水美、桥美、古街古巷美、古建筑也美，可谓处处皆是风景，移步换景，徜徉其中，听着水声、桨声和笑语喧哗，仿佛走进了最美的梦境里，久久沉迷在水乡小镇的独特韵味里，忘记了世间的一切，甚至忘记了自己，这就是物我两相忘的境界吧。

趣闻传说

朱家角依水而生，自然盛产水产，而水产之中最美味的当属鲈鱼了，鲈鱼无论红烧、煮羹都异常鲜美，“四鳃护”在古时曾是朝廷的上等贡品。关于鲈鱼，历史上还发生过“莼鲈之思”的故事，讲的是西晋文学家张翰借口思念故乡的“吴中花菜、菠菜、鲈鱼脍”弃官归隐的典故，成为民间的一则美谈。

张翰才华横溢，为人狂放，有阮籍之风，素来不被功名利禄所诱。齐王司马冏当政时期，任命张翰为大司马东曹掾，张翰认为当下时局动荡，战乱不止，统治者争权夺利，与其出仕还不如隐居山林之中，落得逍遥自在。一日他见秋风乍起，便借口说自己思念家乡吴郡的菰菜、莼羹、鲈鱼脍，不愿跑到千里之外做官，于是毅然辞官还乡。

后来齐王司马冏兵败，张翰免于落难，世人都为他感到庆幸。有人问他："你只追求当下的自在和快乐，有没有想过百年的名声呢?"张翰笑笑说："给我百年后的好名声还不如现在给我一杯酒。"足见其为人豁达。

金泽——名誉江南的桥乡

金泽是典型的江南水乡，它南邻太浦河，北抵淀山湖，一条市河贯穿全镇，境内湖塘密布，河港纵横。水多自然桥也多，早在宋代金泽就有"六观、一塔、十三坊、四十二虹桥"之说，金泽方圆仅有0.6平方公里，一个弹丸之地却云集着42座古桥，这的确让人惊讶。难怪著名书画家钱君陶饱含热情地为其留下了"金泽古桥甲天下"的碑刻。金泽的古桥不仅数量多，而且各具特色，风姿婀娜，故而有"江南第一桥乡"的美誉。

关于桥，诗人余光中曾这样记述过自己的态度："人上了桥，却不急于赶赴对岸，反而欣赏风景起来。原来是道路，却变成了看台，不但可以仰天俯水，纵览两岸，还可以看看停停，从容漫步。"金泽的小桥因为它的玲珑和秀美，人行其中边走边看，从不同的角度欣赏风景，堪称一件美事。金泽，这个有着一千三百多年历史的古镇，最适合领略"四朝古桥一水牵"的美妙景致。

人说桂林山水甲天下，而金泽的古桥不仅仅名震江南，而且名扬全国，之所以称"金泽古桥甲天下"，是因为它至今完好保留了宋元明清四个朝代的七座风韵独特的古桥。它们分别是迎祥桥、如意桥、放生桥、普济桥、天皇桥、万安桥、林老桥。这七座古桥形态各不相同，精巧美观，具有很高的观赏价值和历史价值。

在七座古桥中，万安桥具有不可撼动的地位，它是古镇最大也是最古老的桥梁，故而有"金泽四十二虹，万安桥居首"之说。万安桥迄今为止有七百四十多年历史了，坐落在小镇的北端，桥面上建有飞檐翘角的亭阁，并挂有铜铃，风过铃摆，清脆悦耳，有若环佩作响，据《金泽志》所载，亭阁是用珍贵的楠木所造，可见当时人们对此桥的建造有多么重视。桥的东堍有引桥，形成桥上挑桥的格局，看起来非常壮观。万安桥雕刻也是十分讲究的，桥栏石上云纹延绵，变幻多姿，雕琢精细，凸显出高超的技术工艺。

与万安桥并称为姐妹桥的古桥是普济桥，此桥始建于南宋咸淳年间，是一座长度为 26.7 米的石拱桥。普济桥的用材和设计非常考究，拱圈砌置和著名的赵州桥相同，桥身全部用稀有的紫砂石砌成，

通体为紫褐色。新雨初歇后，桥石晶莹发亮，整座桥就宛若用熠熠生光的紫宝石镶嵌成的一般。

迎祥桥是江南鲜有的元代桥梁，它距离普济桥仅有200米之遥，是一座用砖、石、木混砌而成的五孔桥。整座桥为弧形，横跨水面有如长虹卧波，美观而精巧。更为独特的是此桥没有桥级和桥栏，据说是为了迎合蒙古骑兵疾驰过桥的需要。月夜下赏桥，便可饱览“月印川流，水天一色”的胜景。桥下是潺潺的流水，波光粼粼，一弯月影倒映其中，与水面上轻巧多姿的古桥交相辉映，水光天色中，小桥和明月相依成画，不由得让人联想到了“二十四桥明月夜”的意境。即便古桥之上没有出现吹箫的美貌仕女，眼前的景色仍是十分迷人的。小桥如此多娇，秀色不比美人减三分，登桥赏月，风光无限好，月影、流水、古桥组成的就是一幅最美的天然画卷，无须修饰，无须遐想，只要静静地观赏，便能心满意足了。

金泽的古桥秀色冠江南，声名甲天下，它们不仅仅是道路，不仅仅是看台，自己便是一景，畅游金桥古镇，最大的收获就是看遍了形态各异、美轮美奂的古桥，它们是小镇最独特的风景，尽管古老却不失风姿，魅力依旧，令人流连。

趣闻传说

金泽是有名的桥乡，湖塘星罗棋布，波光滟潋的水面上横卧着大大小小的古桥，不少古桥不仅是当地一景，还流传着许多优美动人的佳话。比如见证七百多年历史变迁的普济桥，就和我国著名书画家赵孟頫有过一段不解情缘。

赵孟頫是宋朝开国皇帝赵匡胤的后裔，南宋灭亡之后，他携夫人管道升隐居金泽，以抄书作画排解内心的苦闷。夫妇二人常漫步普济桥，对月朗诵著名抗金将领岳飞填写的《小重山》词。南宋灭亡前夕，大奸臣秦桧把持朝纲，推行绥靖政策，爱国将领饱受打压，岳飞目睹国家山河破碎，忧愤难平，所以写下了这首哀痛凄绝的《小山词》。遭受了亡国之痛的赵孟頫每每吟咏此诗都会潸然泪下。

赵孟頫视普济桥为南宋遗物，故经常携妻子在桥上徘徊，他一遍遍轻抚桥栏，吟诵岳飞的《小山词》，表达对故国的怀念。赵孟頫还时常在桥畔赏景遣怀，将所有的愁思付给桥下脉脉流淌的悠悠流水，昔时的伤怀往事虽不能随风消散，但每次登临普济桥赏景抒怀，他内心的沉痛便减弱了一分。赵孟頫和普济桥就这样结下了不解之缘，普济桥成了赵孟頫缅怀前朝的精神寄托，它陪伴赵孟頫度过了人生中最为难熬的一段岁月，见证了这位大才子深深的爱国情怀以及国灭之后的彷徨岁月。而今斯人远去，但他和普济桥的故事却在民间广为流传，给这座历经沧桑的古桥平添了更多的文化底蕴和精神内涵。